U0336137

The
Self-Driven
Child

The Science and
Sense of Giving Your Kids
More Control
Over Their Lives

自驱型成长

如何科学有效地
培养孩子的自律

［美］威廉·斯蒂克斯鲁德（William Stixrud）

奈德·约翰逊（Ned Johnson）/ 著

叶壮 / 译

机械工业出版社
CHINA MACHINE PRESS

图书在版编目（CIP）数据

自驱型成长：如何科学有效地培养孩子的自律 /（美）威廉·斯蒂克斯鲁德（William Stixrud），（美）奈德·约翰逊（Ned Johnson）著；叶壮译 . —北京：机械工业出版社，2020.1（2025.4 重印）

书名原文：The Self-Driven Child：The Science and Sense of Giving Your Kids More Control Over Their Lives

ISBN 978-7-111-63688-5

I. 自… II. ① 威… ② 奈… ③ 叶… III. 自律 - 家庭教育 IV. G78

中国版本图书馆 CIP 数据核字（2020）第 063550 号

自驱型成长：如何科学有效地培养孩子的自律

出版发行：机械工业出版社（北京市西城区百万庄大街 22 号　邮政编码：100037）

责任编辑：袁　银　彭　箫　　　　　　　责任校对：殷　虹

印　　刷：三河市宏达印刷有限公司　　　版　　次：2025 年 4 月第 1 版第 24 次印刷

开　　本：170mm×230mm　1/16　　　　印　　张：22.75

书　　号：ISBN 978-7-111-63688-5　　　定　　价：75.00 元

客服电话：（010）88361066　68326294

　　本书中提及的故事都源于真实事件，这些故事就发生在我们多年来一直与之合作的孩子、父母和教育工作者身上。无论是助人与受助，或是施教与受教，其实都需要参与者彼此的信任，然而这种信任又往往很脆弱。

　　所以，我们真挚地感谢本书涉及的孩子及他们的家人，感谢他们表现出的信任。同时，出于保护当事人隐私的目的，在书中提到的一些案例中，我们使用化名并修改了一些事件的细节。

对于当前普遍焦虑的中国父母来说，《自驱型成长》是一剂及时的清醒药。书中既有脑科学、心理学、教育学的原理，又将作者数十年的教育工作经验娓娓道来，论证了一个育儿中的根本道理：父母最重要的事不是让孩子取得成功，而是让孩子努力活出自己人生的意愿。为了孩子暂时的成绩或表现而损害他们长期的驱动力，会得不偿失甚至后患无穷。幸运的是，这本书也给出详细的操作方法和建议，可以帮助你重新找到人生的动力。

——赵昱鲲，清华大学社会科学学院积极心理学研究中心常务副主任

最好的成长是自我成长，最好的控制是自我控制。为人父母，最重要的是引导孩子学会独立思考、独立决断、为自己负责，充分释放孩子自我完善的内驱力，身体力行，体验成长的困惑与获得成长的勇气。这不是鸡汤文，这是叶壮翻译的一本引导家长和教师转变教育观念、获得教育技能的指南。作者基于60多年的孩子教育工作经验，从一般的发展理论到新近的脑科学研究成果，理论联系实操，通俗生动，引人入胜，值得推荐和阅读！

——高雪梅，西南大学心理学部教授，博士生导师

作为一名美国心理学教授和两个孩子的母亲，多年来我除了带领团队进行儿童心理方面的研究之外，还在闲暇时阅读了大量的关于家庭养育和儿童心理健康教育的中英文书籍。当我第一次在书店里翻阅《自驱型成长》这本书的英

文版时，我发现这真的是一本我期待了很久的书，它带给我的就是那种句句敲击内心的感觉。

全书用简洁流畅的语言和生动真实的案例，向读者娓娓地讲述了要如何在学习和生活中有意识地培养孩子的内在驱动力，培养孩子自控且自律的能力，培养他们为自己的决定和行为负责的能力。正如作者在书中所说，这并不意味着家长要少做，恰好相反，这要求家长和孩子合作，要多做并且要做得有策略、有智慧。那么如何做呢？这本书在每章的结尾部分都给出了切实可行的实践指导，让家长可以更有针对性地提升自己的养育能力。

我非常欣喜地看到叶壮老师精心翻译了这本书。我把这本书推荐给所有的准父母、父母、祖父母，以及儿童教育领域的工作者。相信这本书会带给你很多全新的思考以及养育实践的深度提升。或许，孩子的一生也因此改变。

——宋海荣，美国俄克拉何马大学心理系副教授，博士生导师

这是一本观点鲜明的书。作者提醒我们，如果我们总想着安排孩子、规划孩子，用胡萝卜加大棒驱使着孩子按照我们的意愿行事，那么孩子很难成长为一个自我驱动的自律者。要想让孩子走到台前，父母就需要隐入幕后。

这本书充分阐释了父母对孩子的过度干涉是如何破坏孩子的积极性和自控感的。作者针对家庭生活和学校学习两个方面，提出了提升孩子内驱力和自律性的实操办法。这本书能够给我们中国家长们抵抗过度学习之风的勇气和证据。

——王怡蕊，澳大利亚注册临床心理学家，昆士兰大学心理学博士

结合脑科学发现，以控制感贯穿全书，着眼于孩子自律独立能力的培养，立足在今晚就要改变，《自驱型成长》这本书是在焦虑的养育大环境下，让父母放下焦虑，重新找回控制感，也让孩子发展出自己的控制感，掌握自律、实现独立的一本好书，值得推荐给每位家长、教育工作者和发展与教育领域的研究者。

——林思恩，中科院心理所和香港中文大学认知神经科学博士、Talking Brain（探客柏瑞科技（北京）有限公司）联合创始人兼 CEO

当把孩子控制过紧时，我们不自觉地沦为解决问题的标准机器，夺走了本属于孩子自己的变得坚强自信、勇敢成长的机会。没有被动要求，没有评级，更没有奖励，但恰恰就是这种"自驱动时光"，是孩子走向成功的必备经历。

——樊登，樊登读书会创始人兼首席内容官

这是一本能减轻父母焦虑感的育儿书，有任务清单，有问答，能帮助父母应对孩子成长中的问题。一个有求知欲，有好奇心，又能自律的孩子实在是天赐之福。但很可能，我们会忽略他的焦虑、压力、不开心。实际上，父母如果不是处在压力过大、焦虑、生气或疲惫的状态中，就能更好地安慰一个婴儿，也能更好地应对一个调皮的孩子，更好地面对一个青春期叛逆少年。

我们跟着两位作者，学习处理那些让我们担忧的问题。同时我们要记住作者所说的，父母的不焦虑状态，对孩子而言是最好的环境，而不焦虑这种状态还不能伪装。

——苗炜，作家

The Self-Driven Child，这个英文表达相当传神，自律的最高境界，是自我驱动，就像给人生安装了一台永动机。我认为叶壮老师的翻译更传神，想要用自己的力量改变世界，还得先学会控制自己。希望看这本书的人，不仅知道怎么让自己的孩子更自觉，也能让自己更自律。

——张杨果而，著名节目主持人，儿童有声阅读平台"果酱故事"创始人

想知道如何让孩子更自律、更有学习主动性吗？这是一本讲原理、讲方法、干货满满的育儿好书。两位作者从心理学、神经科学的视角，结合各种真实案例，深入浅出地告诉你答案。

更难能可贵的是，译者的翻译通俗有趣，即便是零基础的家长也能轻松看懂。

——覃宇辉，知乎心理学领域优秀回答者，中国心理学会会员，

宾夕法尼亚大学教育学硕士

相较于信任孩子做出的决定，许多家长都坚持要一手操办孩子的一切，从作业到交友，家长都要说了算。斯蒂克斯鲁德和约翰逊有一个很简明的建议给这类家长：停手。与其把自己当作孩子的老板，倒不如试着成为孩子的顾问。

——美国国家公共电台

斯蒂克斯鲁德和约翰逊所关注的问题是，在当下这个时代，孩子总是与对个人生活的掌控感隔绝，没法在自主自觉的前提下做自认为有意义的事情、追逐成功、体验失败。在两位作者看来，今天的孩子虽然爱盯着电子屏幕，但这仅仅是个小问题，而那些望子成龙的家长和老师，倒恰恰是更大的问题，大人不自觉地就夺走了本属于孩子自己的机会——那些让他们变得坚强自信、能够成就自我的机会。

——《科学美国人》

如果要给各个年龄段孩子的家长推荐书，那我认为，本书适合从学龄前到高中三年级阶段的孩子。

——"原子妈妈"艾丽·诺斯

在把孩子控制得过紧的时候，家长很容易不自觉地就沦为自己需要解决的问题的一部分。通过在临床实践和教育辅导的深度结合下的探究，斯蒂克斯鲁德和约翰逊写下的内容直击要害，揭露了许多家庭现在就要面对的长期问题，并给出了实用的针对性指导，让家长可以在一定程度上把问题解决……对所有教育工作者和家长而言，这都是一本必读书。

——肯·罗宾逊爵士，教育家，《纽约时报》评选最畅销作者，
著有《创新始于学校》(Creative Schools)

如果你还有所困扰，不知道过多的压力和对成功的狭隘理解会不会真的伤害到孩子，那么《自驱型成长》一定是你的必读书。有很多书借着一些奇闻逸事和临床案例来阐述压力对儿童发展所造成的影响，不过斯蒂克斯鲁德和约翰

逊在这本书中靠着翔实的研究成果,解释了孩子为何没有按照我们所预期的那样茁壮成长。

健康的孩子要有健康的大脑。一方面,两位作者有理有据地证明了,持续不断的成绩压力对孩子是一种毒害;另一方面,他俩也向人们揭示了另一种引导孩子健康发展的方式的本来面貌。毫不夸张地说,在培养健康、坚韧、目标导向的儿童方面,《自驱型成长》是最富创见、最有权威的书籍之一。

——玛德琳·勒文(Madeline Levine)博士,

著有《给孩子金钱买不到的富足》

《自驱型成长》是一部引人入胜且充满革命性与智慧的作品,它让家长有勇气、有方法、有意识地减少孩子面对的毒性压力,进而成就孩子坚韧不拔、追求成功和积极发展的能力。对于书中的内容——我们应该信任我们的孩子,并让他们更多地控制自己的生活,每个家长都需要有所了解。

——蒂娜·佩恩·布赖森(Tina Payne Bryson)博士,《全脑教养法》

(The Whole Brain Child and The Yes Brain)之一

有时候,为人父母所能做的最有帮助的事,其实就是给孩子少些约束。在这部有人情味又心思缜密的作品中,作者将最新的脑科学成果融入实用的建议,告诉家长如何放孩子自己闯荡,以及什么时候该介入,什么时候又该放手。读读这本书,你的孩子会感谢你的。

——保罗·图赫(Paul Tough),《纽约时报》评选最畅销作者,

著有《性格的力量》(How Children Succeed)

这本书有着严谨与深入的视角,谈及了怎么才能让孩子正确地掌握自立能力,书中同时也向我们展示了,家长到底干预多少才能确保孩子的最佳发展。书里还讲了怎么让孩子变得真正独立起来,同时也让我们自己在这个过程中远离纠结。

——安德鲁·所罗门(Andrew Solomon),著有

《背离亲缘》(Far from the Tree)

《自驱型成长》能指导家长在望子成龙和放任自流之间，找到那个最合适的"度"。基于多年的青少年工作经验和最前沿的研究成果，斯蒂克斯鲁德和约翰逊在书中阐述了一系列简洁而可行的建议。

——丽莎·达莫尔（Lisa Damour）博士，著有《理清》（Untangled）

这本书就像一架战斗机，向毁了孩子并扼杀他们的天赋的焦虑情绪发起精确打击，这本与众不同的书将一道光射进黑暗，那里存在着厌学畏考、长期睡眠不足、在社交媒体上全天候地炫耀攀比和各种各样危及孩子的毒性压力。不过斯蒂克斯鲁德和约翰逊不光会找出这些黑暗中的"恶魔"，还会"猎杀"它们。本书的内容诙谐、深刻，还有理有据，更能帮你的孩子学得高效、玩得开心。这真的是一本必读书。

——罗恩·萨斯坎德（Ron Suskind），普利策奖获奖记者，

著有《生活与动画偶像》（Life, Animated）

斯蒂克斯鲁德和约翰逊动之以情晓之以理地证明了，家长如果约束过紧，孩子的自信心、心理健康和能力就会遭受损害。通过大量易于理解、内容丰富的研究，他们在《自驱型成长》中揭示了，学业竞争的压力与今天孩子中普遍存在的焦虑抑郁之间确实存在联系。这本有可能给教养方式带来变革的作品，是家长的及时雨。

——朱迪思·沃纳（Judith Warner），著有《完美的疯狂：焦虑时代中的母性》

（A Perfect Madness: Motherhood in the Age of Anxiety）

还记得你以前参加过的一些活动吗？它们既不是在课堂上完成的，也不是什么被动参加的体育活动，而是单纯地让你享受其中。它们既没有评级，更没有奖励，但恰恰就是这种"自驱动时光"，是孩子走向成功的必备经历。

——雷诺·斯科纳兹，著有《释放愤怒的孩子》

本书作者从宏观和微观两种视角，来观察众多青少年所面临的困难。对当

代教养来说，这是一本无与伦比的参考书，足以把那些缺少价值的育儿书从书架上挤下去。

——《读书派》(*Booklist*)

为了让父母帮自家孩子适应竞争极大的课业与生活，斯蒂克斯鲁德和约翰逊提供了一系列资源——在富于同情心的同时，还提供有理有据的建议与策略。两位作者给出了极具说服力的事例，来告诉父母究竟该怎么做，才能让孩子从压力重重转为感受到爱、信任和支持。

——《出版者周刊》(*Publisher Weekly*)

在本书于中国出版时，《自驱型成长》已经或即将在 10 个不同的国家出版。这其中每个国家都有其独特的历史背景、教育体系和针对养育子女的特殊期待。本书那些已为人父母的读者，一部分身处于非常强调个人主义的国家，还有一部分则身处于强调个人从属于家庭、社区或国家的地方。与此同时，本书的一些受众高度重视积极变革与创新，而其他受众则更加重视对传统的遵循。在某些文化中，父母通过很高的行为标准和明确的期望来传达关怀，而在另一些文化中，父母则通过支持孩子本人的意见和愿望来表达同样的关切。除此之外，在某些家庭中卓有成效的养育和教学方法，放到另一些家庭里则可能变得没那么有效。那么，《自驱型成长》究竟是否在全世界范围内具有足够的适用性呢？对于美国读者来说，他们不难领会我们从书名中就在暗示的那种"自我约束"。但我们的书，究竟能不能打动一位来自中国的读者呢？

答案是，我们在本书中所讨论的四个核心要点，以及我们向家长和教育工作者所提出的大多数建议，都具有相当的普适性，因为它们并非基于文化或传统，而是基于适用于任何人类个体的神经科学。首先，严重或慢性的压力，对发育中的大脑具有非常负面的影响，这也是全球流行的与压力相关的情绪问题（例如焦虑和抑郁）的重要基础。其次，过低的控制感，是人类个体所能经历的最有压力感的事情之一，因此，它会进一步引发与压力相关的心理健康问题，并减少孩子在学业上的学习水平和表现水平。再次，所有健康的自我激励，其实都植根于控制感、胜任感或自主感。最后，培养出健康的控制感，还会进一步带来各种积极结果，包括更高的身心健康水平、更充盈的内部动机、更优异的学业成就和更高水平的职业成功。

到 2020 年，精神障碍和物质滥用障碍，作为与压力直接相关的疾病，将超过全世界范围内所有的身体疾病，一跃成为残障的首因。在一些国家中，太高的压力水平可能已是导致焦虑症、抑郁症、自残或化学物质滥用的首要原因，而在另外一些国家中，则可能更多地表现为引发睡眠障碍、网瘾或电子游戏成瘾（在中国，电子游戏和网络成瘾正困扰着多达 2400 万年轻人）。世界卫生组织还发布，不仅仅在中国，抑郁症在全球范围内，都已成为一个日益严重的健康问题。目前，有 5400 万中国成年人有着与抑郁相关的问题，这一数字从 2005 年到 2015 年已增加了 18%⊖。由于大多数焦虑症和一半的抑郁症都在 14 岁之前出现，世界卫生组织和其他全球卫生机构都非常强调预防焦虑症、抑郁症和其他心理健康问题的进一步恶化，积极改善年轻人群的心理健康水平也迫在眉睫。

虽然在不同的文化中，压力的具体表现各不一样，但对于世界任何地方的孩子来说，只要他们感受到压力，大脑中发生的事就一模一样。这就是为什么我们所传达的信息以及本书中的种种应对之法，对全世界的父母、教师和年轻人都很重要。首先，让我们来看看与压力有关的科学事实。我们今天对压力的种种反应（比如逃避、对抗或僵住）是为了保护我们免受威胁进化而来的，且被认为与我们的祖先在 10 万年前的状态几乎完全相同。当人类和其他所有哺乳动物感受到压力时，他们的杏仁核（这是大脑里古已有之的"威胁探测器"）会让大脑进一步关闭能让其仔细思考的前额皮质，从而让个体对威胁回以本能反应。因此对压力的反应就演变为对"遭遇捕食者"这种紧急情

⊖ 数据来源于世界卫生组织中国办事处资料，2017 年。

况的一种既重要又短暂的反应。你要关闭自己的思考，而尽力地逃跑、对抗，甚至装死。

人类并没有靠进化得到持续"开启"压力反应的能力，但这种情况目前发生在世界各地的许多儿童和青少年（及其父母）身上。只要想到那些潜在的威胁，不管你是哪个国家的人，你都会变得紧张和焦虑起来。更糟糕的是，长时间保持这种压力反应，还会对大脑和身体造成伤害。例如，慢性压力实际上会让杏仁核变得更大，反应更敏感，还会导致前额皮质持续紧张，结果就会让我们变得更容易感受到压力感和焦虑感。不过我俩在书中强调过，我们其实并不希望保护儿童和青少年免受种种压力源的影响，因为通过成功掌控压力情境，年轻人可以在应对未来的挑战时更具灵活性，也能掌握更多相关技巧。纵然如此，慢性压力对个人发展的各个方面，都有着非常不利的影响。还有一点特别值得关注，因为人类的大脑是依据其使用方式得以发展的，所以当低龄人群经历高水平的压力和疲劳时，无论他们身处何处，都会被塑造得越来越容易感到持续焦虑，于是导致大脑反复受到抑郁情绪影响，或者发展为习惯靠化学制品、互联网或电子游戏来暂时逃避压力。

本书还涵盖了控制感背后深厚的科学背景。关于控制感，已有很多举足轻重的研究得以在动物活体（例如大鼠和狗）上完成，其结论并不限于任何特定的种族或文化。对大鼠的生理学研究表明，控制感对大脑本身具有强大的影响力，因为能够控制好压力情境的经验，可以有效增强前额皮质的功能性，还能降低压力水平，并在一定程度上主动塑造大脑，保护它免受压力的负面影响。与此相应，神经科学领域的其他研究也已经表明，低水平的控制感，会让人感到极度紧张——这对心理健康问题的恶化起到了推波助澜的作用。每一个曾经焦虑过的人，都有过认为事态已经失控的经历，任何一个心情沮丧的人也都感受过对自己的生活失去控制的感觉。不争的事实是，无论人们来自何处、如何长大，只要缺少控制感，就会有压力。我们一再强调，好的控制感引发好的改变，我们要相信自己可以做出对生活至关重要的选择，也要相信在面对外力影响时，我们并不无助。

我们通过研究知道，就算孩子在一个领域中没有控制感，只要他们在另一个领域中能实打实地有控制感，他们就能更好地应对挑战。因此，如果孩子在家里很自由，例如，能选择自己的活动形式以及参与频率，那他们就能更好地专注于比较严苛的校内环境。但我们常常看到这样的问题——孩子在任何地方都缺少控制感：在学校，他们被管得很严；而在家里，也是如此。随着社交媒体的崛起，孩子在社交上的控制感愈发缺失。给照片美颜，放到社交媒体上，然后等着别人来评价——在这些环节里，存在控制感吗？其实一点控制感都没有，这会让孩子迷失真实的自我。

在我俩的书中，你还会读到与休息和活动相关的科学知识。同样，这些科学研究也超越了地理上的限制，所有自然功能其实都是通过休息和活动的循环来发挥作用的。在任何有电灯的国家里，休息和活动之间的平衡都经历过变化，而且是往活动更多的方向变化——儿童、青少年和成年人的睡眠时间比广泛使用灯泡之前的睡眠时间要更少。睡眠不足带来了巨大的负面影响，这已是整个工业化世界所面临的主要挑战之一。

电子技术的广泛采用，进一步使得休息与活动的失衡变得严重，因为电子技术在设计上的本意，就是要让人上瘾。电脑和手机让年轻人睡得更少，进而更难在行动上表现出色。孩子也更难获得足够的"不插电休息时间"，而在这样的时间里，他们才能培养出强烈的个人认同感以及更高的同理心水平。我俩当然不提倡那种"零科技"文化，毕竟这种文化既不受欢迎，也不现实。但我俩的确认为，增加睡眠和我们称之为"彻底停工期"的休息时长，能够激活大脑内很重要的默认模式网络系统，让大脑得到休息，才能让它从过度的刺激和疲劳中恢复过来。我俩在关于"停工期"的那几章中所提出的建议，涉及人体的神经系统，与每个人都息息相关。

我俩主要投身的另一个科学领域是关于协调性的科学。婴儿的主要情感需求是温和与回应，他们对纪律与说教是不做回应的。那婴儿和父母之间在情感上的协调性发展，就需要温和的回应，正是这种协调性，能让婴幼儿在他们的世界中获得安全感，并培养出扎根内心的勇气和安稳。人类对温和回应的需求存在于所有不同的文化中，而我们不该戒除或摒弃这种需求。我俩在书中提出这样的建议：为了孩子，父母要努力不去传播自己的焦虑，这样他们就可以对孩子保持足够的温和与积极的回应（同时也该设立好行为边界与标准），在中国，这一条原则就像在美国、英国、俄罗斯和捷克一样适用。

所有父母都希望自己的孩子能够取得成功，并有着尽力而为的上佳表现。唯有真正的内心感召或自主动机才能使这种愿望成为可能，而与动机有关的科学研究则清楚地表明，它们都由胜任感或自主感发展而来。自主感的重要性部分要归因于一个普遍原则：你不该逼着一个人违背他自己的意愿去做某件事。从这个角度来看，强迫儿童接受特定的想法或以特定的方式行事的企图，很可能会有适得其反的效果，因为这让孩子变得极度紧张，还可能进一步破坏父母与子女的关系。从动机科学的角度来看，中国年轻人群中的"丧"或"失败主义"文化，是很有道理的。如果某个个体不觉得是在靠自己来驱使行为，那就会产生挥之不去的淡漠感。人类的大脑是以这样一种方式连接起来的：我们会抵制那些强加在我们身上的企图，而渴望自主感，后者对自我动机的真正发展，有着至关重要的作用。

研究还表明，自主感有助于领导力的提升。这也合乎逻辑：如果一个孩子每次在琢磨该做什么或怎么做的时候，都要找父母帮忙，那他什么时候才能学会相信自己的判断呢？他怎么可能会自信地担任领导者的角色呢？

我俩的许多来访者（尤其是奈德的）来找我们，是希望能帮助他们的孩子尽可能地表现出某个领域的最高水平。他们想要孩子有最好的考试成绩，希望孩子能上最负盛名的大学。他们知道，成人世界里竞争激烈，所以他们希望自己的孩子能做好万全准备。他们中的许多人在走进我俩的办公室时，都对我们那些以"让你的孩子来决定"作为开头的建议持怀疑态度，我俩已经意识到，说服这些家长了解本书所谈及策略的价值的最佳方法，就是让科学为它自己代言，让他们看看自己的孩子，究竟如何才能收获更强大的自信心、掌控感和满足感。感谢几十年来与我们一起努力的数千个家庭，正是他们让我们有充足的机会设身处地地了解，本书中提出的诸多科学原理，到底是如何结合实际、投入实践，并改变生活的。

2018 年年初，俄克拉何马大学心理系的宋海荣教授在微信上突然闪了我一下。她发来了一本书的封面，说："很值得一读，推荐给你！"

如果你喜欢阅读的话，你会发现，每当有人给你推荐书时，最开心的事儿其实未必是对方推荐的那本书多有价值或多么新奇，而是对方所推荐的那本书，你本人恰恰正在津津有味地读着。

我觉得吧，这起码能说明两点：你喜欢的这本书真的是好书，而非你一厢情愿；你结交的朋友也真的是有足够共鸣的好朋友，而非泛泛之交。

宋教授推荐给我的，便是你手中这本《自驱型成长》。

在中国家庭教育的话语体系中，有三个词往往在使用上互相混淆，甚至在不少家长看来，这三个词说的其实是同一个意思——"自律""听话"和"守规矩"。其中，"守规矩"还有一种常见的表达方式，就是"懂事"。

这三个词都直指那种家长觉得合适、老师觉得恰当、孩子能从中获得进步的行为。

当然，很多时候，老师、家长和孩子都能达成这些行为上的共识，比如按时睡觉，有节制地吃零食，上课的时候别玩手机游戏。这些行为也恰恰同时满足了自律、听话和守规矩的要素。

可一旦共识成了奢望，齐心协力变成了三足鼎立，矛盾就自然而然地产生了。

有的矛盾存在谁对谁错的标准答案，孩子应该得到适当的约束、管理和引导。比如，一个 5 岁的孩子餐餐只吃肉不吃菜，一个 8 岁的孩子向你要钱买烟抽，或者一个 12 岁的孩子决定去当古惑仔。

但我想你也知道，人这么复杂的生物，在成长的过程中，怎么可能面对的都是有标准答案的问题呢？

如果你 9 岁的孩子因为在学校里打抱不平，为了保护被欺负的同学，把打人的校霸揍进了校医室，你要怎样教育他呢？

如果你 15 岁孩子在木工上的兴趣和能力远远超过了常人，你愿意让他在一定程度上舍弃标准化的教育吗？

如果你 17 岁的孩子把他的恋人带回了家，你会对这对小情侣抱以怎样的态度呢？

甚至，如果你 30 岁的孩子，醉心于独立研究某个非常小众而不能很好"变现"的课题，既不上班也不着急婚事，你又打算怎么做呢？

比起那些斩钉截铁的回答，这些模棱两可的问题，其实才更接近养孩子的真相。

可惜的是，在这些没法达成共识的真相里，孩子往往是弱势的那一方。

因为在成人的眼光看来，他"不听话""没规矩"，甚至"不自律"。这也好理解，毕竟，在大人看来，这三个词之间有着绝对的连带关系，一荣俱荣，一损俱损。

这孩子既然"不听话"，那就是"没规矩"，说白了，还是"不自律"。

但我，以及本书的两位作者（威廉·斯蒂克斯鲁德和奈德·约翰逊）都不这么认为，在我们看来，孩子可能弱势，但他其实并没犯错。

因为自律在本质上与听话和守规矩就不是一个事儿。比之另外两个，自律有着更高的优先级，也有着更大的影响力，如果让我在这三个特质里面，只能为我自己的孩子挑一个，那我绝对想都不想，挑"自律"。

因为话是家长说的，就算听，对孩子来说，也是听别人的话；而规矩是社会定的，就算守，也是守外界定下的规矩。

但自律最强调的，是自己听自己的话，自己守自己的规矩。与此同时，你只要是个靠谱的人、有正确自律观念的人、觉得自己能主宰自己生活的人，那你自己说的话和立的规矩，就差不到哪里去。

中国家长爱说这样一句话："不要让孩子输在起跑线上。"

这些年来，这个起跑线一直在提前。从小学提前到幼儿园，又提前到早教，再提前到胎教。前一段时间，有个孕期妈妈还跟我说："叶老师，我不要让我的孩子输在子宫里。"

但是咱们要明白，起跑线是服务于赛道的，而人的生命历程是赛道吗？

很多人会说"当然是"，幼升小、小升初、初升高、考大学、考研求职、升职加薪、嫁娶生育，再给孩子拼套房产，哪个不是你追我赶的赛道？

但我觉得不是。赛道是标准的，赛道是组委会确定的，赛道是摩肩接踵大家一起跑，谁也逃不掉的——总之呢，赛道是不以你的意志为转移的，发令枪一响，你不用多想，在你的那条道上，拼命跑，准没错。

但对孩子来说，出生也许不以意志为转移，但生命总是有可能性的。虽然生活可能艰难，竞争也许激烈，选择的空间也被迫变得狭小，但你总是可以主动地决定一点事情的，就像小鸡破壳，从狭小的空间里啄个洞，也能变出一片天来。

这份"自己说了算"的感受，才是健康心智的前提，才是主动进步的源泉，才是跌倒了能爬起来的动力。因为"你想要"，而不是被迫地成为这样或者那样的人。

当家长的，终点在哪里？

不是孩子过上了你想让他过的生活，而是你帮孩子过上他自己想过的生活。

想要做到这点，靠着听话与守规矩，恐怕是不够的。更多的还是要靠带着孩子的个人气息、个人理想、个人牺牲的"自律"，而这一点恰恰是中国孩子以及全世界的孩子都非常欠缺的。归根结底，是因为孩子在成长的过程中，其实一直没有什么真正意义上的"自己说了算"的机会。

近几十年来，中国家庭的可支配财富越来越多，随着倒金字塔型的家庭组成越来越普遍，一个孩子可能有 6 个成年人来倾注资源和心血。

这看似给了孩子更多的选择空间，毕竟，6 个人合力能买得起的东西，肯定是更多了嘛。

但就像尾大不掉的大型企业一样，人多船就大，船大就不好变方向。于是，我们看到中国孩子得到了巨量的关爱和资源，但从小开始，路子却变得越来越趋同——都要学乐器，都要学画画，都要学主持，都要穿名牌，都要去国外玩，都要用某款刚上市的好手机。

但标准化的养育路径，未必有标准化的烦恼，更谈不上标准化的解决方案。

不让孩子在"能做什么"上有主动性，他们自然会在"不该做什么"上有极强的创造力。所以近几年来，孩子表达负面情绪，舒缓个人压力，在家庭以及学校矛盾中的行为表现，越来越多样化和极端化——抑郁症高发、线上校园霸凌、物质和药物滥用、虐待动物、不安全的性行为，层出不穷。

一个人过不上自己想过的生活，他就会以自己决定的形式，来毁掉自己的生活，因为这最起码能证明"我的生活还在我的掌控之中"。

这就是听话、懂事、起跑线对今天的孩子所起到的负面影响。

这也是我在翻译本书的过程中，得到的最真实也是最沉重的启发。

好在这本书给我带来的不仅有启发，更有宽心的解决方案。

希望这本书能够让你对孩子真正"自律"的成长通途，有更进一步的认识。

感谢我的父亲帮助我完成了译稿最初的审阅和校对工作，感谢我的母亲和妻子在我翻译本书的过程中，为我提供的帮助和支持，还要感谢我的助手毕凌飞为翻译做出的巨大贡献。

为何控制感尤为重要

乍看上去，我们并不像是那种能成为合作伙伴的人。威廉是享誉全美的临床神经心理学家，30年来，他一直致力于帮助孩子应对焦虑、学习障碍和行为方面的问题。他练了几十年"超然静心"冥想技术，由此练就的冷峻气质很是引人注目。而奈德创立了PrepMatters——现在全美最成功的教育辅导公司之一，他把好好培养当下的年轻人作为自己的事业。奈德的精力非常充沛，以至于他的学生经常说他有着三倍于别人的热情。

几年前，我们出席了同一个活动，作为演讲嘉宾我们一见如故。当我们聊起来时，彼此间很快就产生了化学反应。尽管我们有着不同的背景、学科出身和服务对象，但我们都在试图帮助孩子解决类似的问题，而且我们采用的方式还出人意料地互补。威廉从脑发育的角度来探究孩子，而奈德则选择了艺术和行为科学作为手段。我们那时就一拍即合，我们的知识和经验就像两块拼图一样，紧密地连接在一起，简直天衣无缝。奈德的客户可能会因为无法顺利进入斯坦福大学求学而担惊受怕，而威廉的客户则可能连好好上学都有困难，但其实我们都在试图解决同一个最本质的问题：我们该怎么帮助孩子获得对自己生活的控制感呢？我们又该如何帮助他们找到自己的内驱力，并充分发挥自身潜能呢？

我们发现，压力对儿童的行为表现与心理健康都有着负面作用，而我们的许多工作其实都涉及帮助孩子缓解压力。因此，我们以此为切入点，开始投身于压力感受和行为动机方面的研究，并就此开始了对控制感的深入探索。我们试着引导孩子达到健康的自我激励水平，而这个水平应该恰恰介于过度追求完美主义和"我要回去打游戏"之间。当我们发现控制感偏低会导致非常大的压力且自主性是提升动机的关键时，[1] 不出所料，这条门路我们算是找对了。随着研究的深入，以上这些效应得到了进一步证实，我们还发现，我们想给孩子的一切，其实都与帮助他们获得健康的控制感息息相关，比如身心健康、学业有成以及生活中的幸福感。

1960～2002 年，高中生和大学生对于自己的内控倾向（认为他们能控制自己的命运）的报告指数稳步下滑，相应地，他们对于自己的外控倾向（认为他们的命运是由外力左右的）的报告指数却在稳步提高。之所以会产生这种趋势，是因为这些学生在面对焦虑和抑郁时越来越脆弱了。事实上，今天的青少年患焦虑症的概率是以前的 5～8 倍——就算把大萧条时期、第二次世界大战时期和"冷战"时期都算上，这个论断也依然成立。[2] 难道现在的日子比大萧条时期还要困难吗？抑或是新时代的生活削弱了孩子原本具备的压力应对机制？

倘若没有健康的控制感，孩子就会感到无能为力和不知所措，也往往因此变得过度被动与顺从。孩子一旦被剥夺了做出有意义的选择的能力，就更有可能变得焦虑，且爱发脾气，甚至还会自暴自弃。在这种情况下，如果没有父母所提供的资源和机会，孩子就没法完成自我发展。在缺乏控制感的情况下，不管孩子的成长背景如何，内心的混乱总是会带来伤害。

只要我们觉得自己能够影响周围的世界，我们就能做得更好。这很好地解释了，在日常生活中，就算大多数电梯的关门按键其实不起作用，我们也总是喜欢一直按。[3] 在 20 世纪 70 年代有一个经典的研究，养老院里的老人被分为两组，分别被告知"你的寿命掌握在自己手中"与"护工会负责管理你的健康"，前者的寿命最终会长于后者，这其实是同样的道理。[4] 自己决定做不做，以及怎么做家庭作业的孩子，会更加快乐，压力更小，甚至最终能够更好地主导自己的生活，同样也是因为这个效应产生了作用。

我们总是对孩子的未来充满愿景，期待他们能够有足够的能力参与到竞争激烈的全球经济体系中，并取得成功、胜利归来。我们也深爱着他们，衷心希望他们能开心、快乐，就算在我们百年之后，也能够永远过着好日子。诚然，这些愿景都很有意义，但在实现这些愿景时，我们中的许多家长被一些错误的观念误导了。

错误观念 1：通往成功的途径是一座独木桥，而孩子万万不能被别人挤下来。这么一看，一旦让孩子自己做主，那赌注可就太高了，毕竟他和他的家庭都"输不起"嘛。这种观点基于一种对成功的稀缺性假设，而年轻人要想成功，就要不惜一切代价始终保持自身的竞争力。

错误观念 2：如果你想拥有好生活，在学校里就得拥有上佳表现。要知道，有赢家就有输家，而且往往输家比赢家多。这种错误观念的恶果是，太多的孩子不是被逼得太过急躁，就是自己破罐子破摔，放弃了所有能尝试的机会。

错误观念 3：催得越紧，逼得越狠，我们的孩子就能越成功，长大后就越有出息。照这个逻辑来说，如今美国小学里的六年级学生的确没有中国的同龄孩子数学好，那填鸭式地教美国孩子九年级的数学，难道就能够解决问题吗？如今大学的入学标准越来越高，上好大学的确更困难了，可仅仅是逼着孩子忙起来，让他们学更多的知识，做更多的作业，就能解决本质问题吗？

错误观念 4：今天的世界比以往要凶险得多。家长必须一直紧紧盯着孩子，才能确保他们不被伤害，也不至于让孩子闯祸。

其实，现在已经有很多父母在一定程度上意识到，以上这些观念都不正确（稍后我们将在本书中专门揭穿这些错误观念）。但是，当他们感受到来自他人、学校以及其他家长的压力时，为了保证自家孩子不落下风，那些富于批判性的宝贵观点就烟消云散了。压力深深扎根于恐惧，而恐惧又总是招致糟糕的抉择。

　　我们真的没法控制自己的孩子，而且我们也不应该控制他们。为人父母，其实是要教导孩子独立思考、身体力行，这样，他们才能拥有在校园里乃至生活中取得成功的决断力。我们更应该想方设法地帮助孩子找到自己挚爱的事物，并进一步激发他们的内部动机，而非逼着孩子做那些他们不想做的事。父母施压给孩子，这种培养模式并不可取，我们的目标就是要改变这种模式，转而让孩子能够培养出属于他们自己的驱动力。这样的孩子就是我们所说的自驱动型儿童。

　　我们不妨从这样一个假设开始说起：假设每个孩子都有属于自己的大脑，而且明白自己的生活到底是怎么运转的，如果能获得一定的外界支持，他就能把自己的事儿打理得井井有条。他自然而然地知道，早上起床穿衣很重要。同时他很清楚，完成家庭作业也很重要。

　　就算孩子在生活中感受到了压力，他们也未必会流露出来。要是他们本来就费着劲搞定自己身边的烦心事，那些来自父母的唠叨就只能进一步逼着孩子去对抗家长。这里有个诀窍，那就是要赋予孩子足够的自由和尊重，进而让他们自己把困难搞定。

　　就算有这么一种可能：父母真能控制住孩子，也真能把孩子打造成自己所期待的模样，这么一来，或许真能让父母松一口气，可孩子本人对生活的自我控制会遭遇弱化，于是就过上了愈发"由别人说了算"的日子。

　　在本书中，我们将探讨神经科学和发展心理学领域的一系列重要研究，还将分享我们共计60年的儿童工作经验。我们希望你能明白，你其实更应该把自己看作孩子的顾问，而不是他的老板或经理人。我们会努力让你了解，要尽可能多地和孩子说"你来定"，以及这其中蕴含着什么样的智慧。我们会提供一些好点子，能让你帮助孩子找到属于他自己的内部动机。除此之外，我们还将手把手教会你，如何通过系统性的教育切实做到这一点，而不只是简简单单地把自主权交给孩子。我们会帮助你一步步靠近平和与恬淡，不再传播自身的焦虑，而这对于你的孩子、家庭乃至你自己来说，都将是一次最好的改变。在每章的结尾，我们会告诉你一些具体的行动步骤，这些方法都是切实可行且能快速生效的。

我们的一些建议可能会让你觉得不太对劲，不过其中的大部分应该还是能让你有如释重负的感觉的。如果你对我们所说的话产生了疑虑，请别忘了，我们每每把自己所谈到的技术和其背后的科学原理与我们所服务的家庭分享时，往往卓有成效。我们看到过服务对象那根深蒂固的蔑视最终转化为深思熟虑后的决策，也看到过孩子的学业水准和考试成绩显著提高，还看到过一些迷茫、无助和绝望的孩子最终掌控他们自己的生活，更看到一些孩子纵然彷徨过，但最终还是收获了成功与幸福，而且变得比任何人之前所预想的都更亲近父母。同时为你以及你的孩子提供健康的自主感是完全有可能的，这其实比你想象的要更容易。下面，就让我们来告诉你到底应该怎么做。

目录
Contents

作者按

赞誉

中文版序

译者序

前言

第 1 章

天底下最让人紧张的事 | I

击中"甜区":更好地理解压力 | 6

脑内有乾坤 | 8

压力、焦虑与抑郁 | 15

为何这事关紧要 | 16

对控制的警告 | 19

今晚怎么做 | 20

第 2 章

"我那么爱你,才不愿跟你吵家庭作业的事":
   顾问型父母 | 22

"家庭作业之战" | 26

为什么大脑喜欢顾问模型 | 31

"但是……"家长作为顾问的挑战 | 35

总结 | 43

今晚怎么做 | 45

第 3 章

"这事听你的"：能自己做主的孩子 | 46

"你来定"不该有如此意味 | 49
有 6 个理由能证明我们没错 | 52
对行动的控制感 | 58
难处何来：一些常见的问题 | 64
今晚怎么做 | 71

第 4 章

非焦虑临在：如何帮助你的孩子找到自己的控制感 | 73

涓流焦虑 | 75
平静亦会"传染" | 82
怎样成为一个"非焦虑临在" | 86
淡定面对你最大的恐惧 | 89
今晚怎么做 | 93

第 5 章

内驱力：如何培养孩子的积极性 | 96

什么东西吸引着我们 | 98
"我才不要像中年大叔一样思考" | 104
动机方面的常见问题及其解决方法 | 107
今晚怎么做 | 120

第 6 章

彻底停工期 | 122

心智漫步：白日梦的好处 | 123
冥想的心灵 | 128
正念 | 129
禅定 | 130
父母经常问我们什么 | 134

今晚怎么做 | 135

第 7 章

睡眠：最彻底的停工期 | 137

睡眠和大脑 | 139
一旦得到休息…… | 143
今晚怎么做 | 152

第 8 章

把控制感带进学校 | 155

让孩子多投入 | 157
降低学业要求和压力水平 | 159
家庭作业：要启发，别强制 | 164
等孩子准备好再教他们 | 166
用正确的方式来测验孩子 | 170
如何把控制感带进学校 | 172
今晚怎么做 | 174

第 9 章

全天候在线：驯服技术的野兽 | 176

新技术的弊端 | 182
驯服野兽 | 189
一些常见问题 | 195
另一种文化上的转变 | 199
今晚怎么做 | 200

第 10 章

锻炼大脑与身体 | 202

练习 1：设定明确的目标 | 203

练习 2：注意你的大脑要告诉你的事 | 207
练习 3：练习备选计划思维 | 210
练习 4：带着同情心与自己交谈 | 212
练习 5：练习重构问题 | 214
练习 6：动起来，多玩耍 | 216
今晚怎么做 | 218

第 11 章

学习障碍、注意力缺陷多动障碍及自闭症谱系障碍 | 220

学习障碍 | 222
注意力缺陷多动障碍 | 227
自闭症谱系障碍 | 234
今晚怎么做 | 239

第 12 章

SAT、ACT 和另外四个字母 | 242

一般而言，考试这玩意，简直烂透了 | 242
N.U.T.S. | 245
父母们，放松点 | 259
今晚怎么做 | 260

第 13 章

准备好去上大学了吗 | 262

大学不能靠混 | 268
他们准备好了，还是尚欠火候（如何判断孩子是否做
　好了准备） | 269
如果你的孩子还没准备好，该怎么办 | 273
这事听你的，但钱是我出的 | 276
今晚怎么做 | 277

第 14 章

替代路线 ┆ 278

重负下的青少年宣言 ┆ 278

真正的现实 ┆ 281

多样性的美德 ┆ 282

击破乌合之众 ┆ 283

比尔 ┆ 285

罗宾 ┆ 286

布莱恩 ┆ 287

彼得 ┆ 288

本 ┆ 289

拉克兰 ┆ 290

美乐蒂 ┆ 290

"但是……"关于替代路线的问题 ┆ 291

关于金钱、职业和幸福 ┆ 293

今晚怎么做 ┆ 294

展望 ┆ 295

致谢 ┆ 296

注释 ┆ 299

第 1 章

天底下最让人紧张的事

亚当是一个 15 岁的高二学生，住在位于芝加哥南区的一所狭窄的公寓里，每天他都从这里步行到他所在的那个办学经费紧张的公立学校。去年夏天，他和哥哥一起在街角闲逛时，一辆驶过的汽车里伸出了一把枪，射杀了他的哥哥。如今，他发现自己在学校里很难集中注意力，听不进去课，还总是因为自己的暴脾气被请进校长办公室，他的睡眠状况也很糟糕，与此同时，他以前就不怎么样的成绩进一步下滑，已经到了有可能留级的程度。

15 岁的萨拉则住在一个价值数百万美元的豪宅里，并在华盛顿特区的一所豪华私立学校里上学。她的父母希望她在今年秋天参加 PSAT（Preliminary SAT）考试时，能够争取到全国绩优奖学金（National Merit Scholarship），为此她紧锣密鼓地做着相关准备：练习打曲棍球，在仁人家园（Habitat for Humanity）当志愿者，每晚还要做三四个小时的家庭作业。纵然萨拉的成绩相当不错，但她的睡眠质量很糟糕，她开始跟父母顶嘴，对自己的朋友恶言相向，频发的头疼也让她很困扰。

我们都知道，亚当的情况恐怕不乐观，毕竟有统计数据表明，他的人生前路困难重重。但我们不知道的是，其实我们同样应该担心萨拉。在大脑发育的关键阶段，她的身心健康在很长一段时间里，都会遭受慢性睡眠剥夺和毒性压力的影响。如果将萨拉的脑扫描成像与亚当的加以对比，你会看到两者惊人的相似性，尤其是涉及应激反应系统的脑区。

近些年来，从一些运动员所蒙受的伤痛中，我们研究出了不少成果。他们有个共同点：都被外力撞到过脑袋——不管这外力是一个足球还是重达 260 磅⊖的橄榄球线卫。这些成果让我们开始顾忌脑震荡所造成的长期后果："被撞的人虽然看上去没啥事，但实际情况可复杂多了，有的人现在甚至连自己孩子的名字都记不住了。"

我们认为应该以同样的视角来讨论压力。慢性压力会对大脑造成严重的破坏，而对于年轻的大脑尤为如此。这就像是在过小的花盆里种植物，就算再业余的园丁也知道，这么做会给植物带来负面影响，而且是长期的负面影响。对每个人群来说，压力诱发疾病的概率都非常大。如今年轻人越来越容易出现焦虑症、饮食功能失调、抑郁症、酗酒现象，甚至一些让人忧心的自伤行为，而研究人员正在全力以赴地研究，试图揭秘这背后的真正原因。[1]玛德琳·勒文（Madeline Levine）的研究发现，在家境富足的儿童和青少年中，焦虑、情绪困扰和化学品滥用等与心理健康有关的问题尤其高发。[2]事实上，最近的一项调查显示，在既富足又竞争激烈的硅谷，有 80% 的高中生报告自己的焦虑程度正处于中度到重度的水平，同时有 54% 的普通高中生报告自己的抑郁程度也处于中度到重度的水平。[3]抑郁症现在已是全世界范围内导致失能的首要原因。[4]我们还认为，儿童和青少年所经历的慢性压力对于社会的影响，在机制上类似于全球气候变化——

⊖　1 磅≈0.454 千克。

这个问题随着一代又一代人不断恶化，要想解决它，就需要付出相当大的努力，还要克服旧有的习惯。

　　我们上面谈的这些与控制感有什么关系呢？答案是：它们之间有着千丝万缕的联系。简单地说，控制感就是应对压力的解药。所谓的压力，都来自我们未知的、嫌弃的和惧怕的事物。对我们来说，小到感觉有点失衡，大到为生命而战，都和压力有关。人类压力研究中心的索尼娅·卢比安（Sonia Lupien）总结了那些给生活带来压力的事，并巧妙地将其缩写为——N.U.T.S.（坚果）。

- 新奇（novelty）
  你之前从没经历过的事。
- 不可预知（unpredictability）
  你预想不到却发生了的事。
- 对自我的威胁（threat to the ego）
  你作为一个人的安全感或能力遭到质疑。
- 控制感（sense of control）
  你感到几乎根本不能驾驭局势。[5]

　　有一项早期研究探究了老鼠对压力的感受。实验中的老鼠会遭遇电击，如果老鼠此时有一个能转动的轮子，而轮子一转起来就可以停止电击，那么老鼠会高兴地转着轮子，也没什么压力。可一旦轮子被拿走，老鼠就会承受巨大的压力。倘若随后把轮子重新放回笼子里，哪怕轮子这回实际上并没有连接到电击设备上，老鼠的压力水平也会低得多。[6]对人类来说，如果在听到让人难受的声音时，手头有个按钮可按，就能够降低压力水平。就算按钮实际上并不会对声音有什么影响，甚至就算这个人根本就没有按下按钮——结论也依然成立。[7]事实证明，控制感起到了举足轻重的作用，它甚至比你实际的行为更重要。如果你有可以影响局面的信心，那么你的压力就能降下来。相应地，缺少控制感则可能是天底下最让人感到压力大的事情了。

其实在某种程度上，你可能早就明白这个道理。正因如此，你在开始一项艰巨的工作前，会先把桌子整理干净；大多数人觉得开车要比乘飞机更加安全（实际上恰恰相反），因为他们认为在开车时更具控制感；我们平时碰上交通堵塞，感觉到压力大的原因之一，也是我们对此无能为力。

你可能在亲子关系中体验过控制感的作用。如果你的孩子生病了或是碰到了很大的难处，而你发觉自己无能为力，那么你的压力水平很可能会上升。就算是一些没那么让人纠结的事，比如第一次看到孩子独自乘车出行、参加体育竞赛，或者在戏剧中登台演出，也会导致你感觉有压力。这时你扮演的是旁观者的角色，除了希望孩子诸事顺利、平平安安之外，你也做不了别的什么。

对于人类的幸福来说，自主权可能是最重要的元素了。我们每个人都想要掌握自己的命运，我们的孩子也是如此。所以两岁大的孩子才会说："我自己来！"而四岁的孩子则会一直说："凭什么要听你的！"这就是为什么我们就算快要迟到了，哪怕会花掉两倍的时间，也该让孩子"自己的事情自己做"。这也是为什么将餐盘一分为二，再让孩子自己选择要吃哪一半，才是让一个挑食的五岁小孩吃蔬菜的最好方法。奈德的一位客户卡拉对此深有感触。"当我还是个小孩的时候，爸妈会跟我说：'你必须吃这个！你必须吃那个！'我很讨厌他们这么讲，"她说，"所以，当他们逼我吃任何我不想吃的东西时，我就会直接把那东西扔回桌子上。"卡拉还提到，在她的童年时期，外出露营的经历之所以给她留下了深刻的印象，恰恰是因为露营的参与者必须要自己做一系列决定，从一整天干什么到具体吃什么。而依托于这种能让她自主行事的自由，她在饮食方面表现得不那么挑食了。

可惜露营远远不能等同于我们真正生活的世界。当卡拉十二三岁时，她开始感到焦虑了。"每当别人要我做这做那的时候，我就感到焦虑，"她说，"这让我觉得自己无法控制身边的事物。后来我转了学，又不得不担心融入新集体的问题，更要顾忌其他人对我的想法，我觉得这让情况变得一天不如一天。对我来说，能感觉到自己的生活自己说了算的掌控感，是尤为重要的。就算是现在，我也希望父母能让我感觉到有选择的余地。我朋友的妈妈会跟她说，'咱们玩一会儿游戏，然后就一起去烤饼干吧'。这固然不错，但总是告知我'计划就是这样'而不是问问我到底想要什么，还是会让我特别不爽。"

这正是大多数孩子每天都会经历的情况。你或许对于卡拉这样的青少年到底有多缺失控制感还持有保留态度，所以为了打消你的疑虑，你不妨想想他们的日子是什么样的：他们必须坐在自己没法选择的班级里，必须听被随机分配来的老师授课，还要和恰好被分配进同一个班里的孩子相处；他们必须整齐列队、服从安排、有序就餐，就算想上个厕所，也要看老师今天有没有允许他们去的好兴致。你也可以想想我们是如何评判他们的——不是通过他们付诸实践的努力程度，也不是通过他们进步和提升的幅度，而仅仅是通过上周六碰到的别人家孩子是不是比自家孩子游得更好、跑得更快。我们不评估孩子对元素周期表的理解程度究竟怎样，倒是更重视他们在一系列相关事件的随机组合中的得分。

很多孩子会对此颇感无力，随之而来的沮丧和压力无时无刻不在困扰着他们。作为成年人，我们有时会告诉孩子，他们自己的生活自己说了算，但实际上我们一直对孩子的家庭作业、课外活动甚至交友情况进行细致入微的全方位管理。或许我们该告诉孩子真相了：实际上他们的生活他们说了并不算，我们说了才算。不管怎样，我们这样做都让孩子深感无力，如果一直沿着这条路走，亲子关系会逐渐瓦解。

不过还是另有出路的。在过去的60年里，一项接一项的研究相继表明，健康的控制感与我们对孩子的积极期待其实是相辅相成的。自我控制感——一种我们可以通过自身努力引导生活进程的信念，会带来很多健康的表现：更好的身体状况、更少地摄入毒品和酒精、寿命更长、压力更小、更积极的情绪感受、更高水平的内驱力、更强大的自控力、更好的学习成绩，而且还能增强职业成就。[8]就像运动和睡眠一样，自我控制感似乎对任何事情都有好处，这大概是因为，它代表了人类的某种深层需求。

　　无论孩子是在南布朗克斯、硅谷、伯明翰，还是在韩国长大，他们都与控制力有着不解之缘。作为成年人，我们其实并不是要迫使孩子走上我们为之定下的道路，而是要帮助他们成长，进而让他们找到真正适合自己的人生道路。孩子终究还是要找到属于自己的路，并在之后的人生中，凭借一己之力修正这条路的方向。

击中"甜区"：更好地理解压力

　　我要说明一下，我们并不认为孩子该被保护得密不透风，规避掉所有的压力体验，我们也不赞成这样。事实上，当孩子长期被屏蔽在压力之外，接触不到导致焦虑的情境时，这往往会让他们在焦虑时的情况更加严重。我们要让孩子学会怎么才能成功地应对压力，也就是培养出较高的压力耐受性。对孩子而言，韧性就是这么培养出来的。如果一个孩子能在有压力的情况下感知到自己处于一个可以掌控的状态，那么有朝一日，就算处于不可控的状态之中，他的大脑也能更好地处理这些压力。[9]实际上，他已经获得了应对压力的免疫力。

　　比尔在刚上一年级的第一周时，因为不认识班上的任何一个同学，每天都会哭。他的老师罗伊夫人默默地支持着他，当班上的孩子小声告诉她"罗伊夫人，他在哭呢"，比尔就会听到老师说："他会没事的，他会喜欢上这里的，别担心。"事实上，他确实掌握了处理陌生环境中的压力的方法，他所学到的这种应对压力的技能甚至还能进一步延展，因此就算身处其他不熟悉的环境，他也不会再哭了（起码到目前为止是这样）。这位老师的做法很正确，就是要让孩子自己把困难解决掉，而非"乘虚而入"地对他施加影响，进而让他觉得自己处理不好分内事。

美国国家儿童发展科学委员会将压力归为以下三类：[10]

（1）正向压力能促进儿童（还有成年人）的成长，让他们更能够承担风险，并表现得更出色。想想那些正在筹备戏剧表演的孩子，他们一开始肯定会有些压力，有点紧张，但最终还是会收获满满的成就感与自豪感。这种压力里包含着不安、兴奋和期待的成分。除非紧张过度，否则这种压力通常更有可能让孩子表现得更好。正在体验正向压力的孩子，对自己的行为表现有着足够的掌控力。碰巧的是，对于那些不必要的、不是非做不可的事，孩子反而更有可能坚持下去，也更有可能充分发挥自身潜力。

（2）可承受压力如果只在相对短暂的时间里出现在孩子身上，也是可以增强韧性的，关键是必须要有成年人在旁边提供支持，而且孩子还必须有足够的时间来应对压力与恢复元气。假设一个孩子耳闻目睹了父母的频繁争执，他们快要离婚了，但是这对父母还是能够与孩子沟通交流，而且并不是每天晚上都大吵大闹。对这个孩子来说，他还是有时间恢复过来的，这就是一种可承受压力。关于这种压力还有一个例子，有一个孩子被别人欺负过，但只要这种霸凌不持续太久，也不会太频繁发生，并且这个孩子能得到一个体贴的成年人的支持，这就同样属于可承受压力。另外，家人的离世有时也会造成可承受压力。在一项颇有影响力的研究中，执行实验的研究生每天都将幼年大鼠从它们的母亲身边拿走15分钟，这会让老鼠产生压力，随后再将它们放回母鼠身边，母鼠会舔舐幼鼠的身体并给它们理毛。研究人员在一批幼鼠出生后的两个星期里重复了这种实验操作，对比那些接受了实验处理且每天离开母鼠15分钟的幼鼠，和那些从没离开过母鼠、一直待在笼子里的幼鼠，前者长大后具有更强的韧性，[11] 研究人员戏称后者为"加州懒散鼠"，因为它们从小就轻松自在，没有经过历练，导致成熟后很难应对压力。之所以产生这种情况，可能是因为经历类似的压力情景让大脑调节到了可以应对压力的状态，而这种调节奠定了韧性的基础。[12]

（3）毒性压力被定义为在缺乏支持的情况下，应激系统被频繁或长期地激活。毒性压力要么非常严重，比如目睹了严重的侵害事件，要么是慢性的，比如日复一日地经历某种压力情景。考虑到孩子的成长阶段，有些事情他们恐怕难以承受，而不让孩子接触到这些事，是成年人所能提供的重要支持。但可惜的是，能做到这一点的成年人其实并不多。倘若当下发生的压力情景难以缓解，何时结束也遥遥无期，孩子又缺少支持，他们自然会感到对此缺乏掌控力。对很多孩子来说，这就是他们今天在生活中所面对的环境，无论他们是像亚当一样应对着明显风险的学生，还是像萨拉一样看上去很优秀的孩子。毒性压力非但不能帮助孩子为真实世界做好准备，反而会影响他们的健康成长。[13] 回到刚才提及的针对大鼠的研究，如果幼鼠每天被带离母亲身边的时间不是 15 分钟，而被延长到三个小时，那么它们会体验到极大的压力，以至于被送还给母鼠后，这些幼鼠甚至都不会和自己的母亲有所互动，与此同时，这些幼鼠在它们的余生中，会更容易受到压力的困扰。[14]

那么，我们怎样才能更多地运用正向压力和可承受压力，而尽量规避毒性压力呢？这在理论上很简单，但执行起来很棘手。首先，孩子的身边需要有一个能提供支持的成年人；其次，孩子需要时间从压力中恢复过来；最后，孩子还需要对自己的生活有一种控制感。

脑内有乾坤

要想弄清楚压力产生影响的原委，我们有必要先了解一些关于大脑如何运作的知识。在对自己缺乏信心的时候，了解一些脑科学能让孩子明白，他们的行为在很大程度上源自化学，而非性格。现在的孩子对高科技产品都挺熟悉，但对自己脑袋里的硬件与软件几乎一无所知。我们希望能向你介绍一点见微知著的脑科学，这样你就会了解到，对于我们每个人而言，想要掌控思维与情绪恐怕都不容易。那些已经很明白大脑运作机制的读者，你们可能需要稍微委屈一下，待我们先把大脑里的这些小零件是怎么运作的简要地说完。

　　在培养和维持健康的控制感方面，有四个主要的大脑系统与之相关，分别是：执行控制系统、压力反应系统、动机系统和静息状态系统。我们先来简单地解释一下这几个系统有什么功能（见图 1-1）。

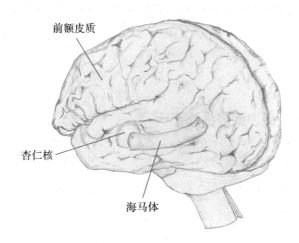

前额皮质

杏仁核

海马体

图 1-1　有三个重要的脑结构能够帮助调节压力和控制冲动，它们分别是
　　　　前额皮质、杏仁核和海马体

领航员（执行控制系统）

　　执行控制系统主要受前额皮质影响，这部分脑组织与组织规划、控制冲动和判断决策等一系列认知功能相关。当我们平静、放松、有控制感，

总之就是处于正常的心智状态的时候，我们的前额皮质正在监测和调控着大部分大脑。事实上，前额皮质能掌控局面的程度，对于衡量人们在生活经历中受到的压力而言，是一个关键变量。

前额皮质还被称为"住在大脑里的金发姑娘"，因为它需要两种化学物质"恰到好处"地组合才能高效运转，这两种物质就是多巴胺和去甲肾上腺素，它们都属于神经递质。[15]压力一来，前额皮质就很容易"掉线"，进而难以发挥功能。身心状态的唤起、轻微的压力、兴奋感或大事件之前的小紧张都能提高这些神经递质的水平，进而导致人们的专注度更高、思路更清晰、表现更优异。然而，在睡眠不足或压力过大的情况下，前额皮质里会充满多巴胺和去甲肾上腺素，这会导致系统"掉线"，难以发挥功用。这么一来，大脑显然就不能高效地学习与思考，我们会在第7章中进一步探讨这一问题。一旦前额皮质"掉线"，你就更有可能冲动行事，也更有可能做出愚蠢的决定。

斗狮战士（压力反应系统）

当你面对像捕食者这样的严重威胁，或者并不面对而仅仅是想象这样一个威胁时，压力反应系统会接管你的心智。这个系统存在的意义，就是要保护你免受即将发生的伤害，它由杏仁核、下丘脑、海马体、脑垂体和肾上腺组成。

杏仁核是一种原始的情绪处理中心，对恐惧、愤怒和焦虑尤其敏感，同时也是大脑中威胁检测系统的关键组成部分。杏仁核并不能自主地思考，它直接感知事物并做出响应。在高压力情境下，杏仁核就成为心智的负责人。一旦杏仁核当家做主，我们的行为就倾向于变得更有防御性、更被动、更呆板，但有时候会变得更有侵略性。[16]杏仁核让我们在面对压力时更倾向于回归习性与本能，这时，我们的动物性会让我们做好准备去战斗、逃跑，甚至直接"吓呆了"——就像被远光灯吓到的鹿一样。

杏仁核一旦觉察到威胁，就会向下丘脑和脑垂体发出信号。紧接着，像打了一个报警的紧急电话一样，肾上腺被唤醒了，开始分泌肾上腺素。肾上腺素是一种功能强大的激素，也许你听说过，某个小孩被汽车压到，他的家长情急之下能把车抬起来，这就归功于肾上腺素。这一系列复杂的警报通知就完成在电光火石的一瞬间，比有意识的想法还要发生得更快。一旦我们遭遇威胁，就需要一种强有力的压力反应，我们能不能活下去，可能就取决于这种本能反应的速度，进化把我们塑造成了这个样子，让我们在压力下无法保持思绪清晰。

健康的压力反应应该是这样的：压力荷尔蒙迅速上升，随后又能迅速恢复。一旦压力荷尔蒙不能快速回落，就会出问题。如果压力持续存在，肾上腺就会进一步分泌皮质醇，皮质醇就像是身体为了长期作战而引入的援军，它的浓度在人体内慢慢上升，以帮助身体应对压力。如果有只斑马遭遇了狮子的袭击，但有幸逃脱，没有命丧狮口，它的皮质醇水平就会在45分钟内恢复正常。相比之下，人类身上的高浓度皮质醇会一次保留几天、几周甚至几个月。这就很容易导致问题，长期较高的皮质醇水平会弱化海马体里的细胞，并最终杀死它们，而海马体是创造与储存记忆的地方。这就是为什么在急性压力下，学生会产生学习上的种种困难。

海马体同时还扮演着另一个重要角色。它有助于终止我们身上的压力反应。它会跟我们说："嘿，记得上次你迟到那回吗？当时你吓得够呛，但其实根本没什么大不了的嘛！淡定！"它就像一个忠诚而沉着的朋友，一出现就能让你如释重负，这种看待事物的角度对生活中的方方面面而言，都是无价的。对于患有创伤后应激障碍（post-traumatic stress disorder，PTSD）的人来说，因为其海马体已经受损，所以通常缺乏这种处理压力的能力。如果一个从战场归来的PTSD患者，曾经在巴格达的一个人潮拥挤的商场中经历过一次由简易炸弹造成的恐怖袭击，那么当他再次走进拥挤的商场时，就很可能会惊慌失措。因为对于 PTSD 患者来说，一旦处于一种与过往的创伤经历类似的场景中，海马体无法把旧的创伤场景与当下的真实情况隔离开来，这就会导致他们陷入剧烈的恐慌之中。

与此同时，压力还会瓦解人的大脑。它会弱化脑电波的连贯性，降低人们对于新鲜想法的探索欲以及解决问题时的创新欲。它将我们的前额皮质一脚踢出大脑的驾驶舱，还限制我们在心智上的柔韧性，害得我们连集中精力好好学习都有困难。当"斗狮战士"统领全局的时候，你也许能在狮子出没的大草原上拥有更机敏的本能表现，可若是在高二的英语课堂上，就未必能有这么好的表现了。如果你的身体告诉你当下是为生存而战的紧要关头，你又怎么可能对莎士比亚或数学运算上心呢？

我并不是说压力反应系统一无是处，只是它容易让人被迫承受太大的负担。一旦碰上什么棘手的事，你当然用得上它，但你并非需要它一直伴你左右。慢性压力会强化杏仁核，进而让斗狮战士越来越难以忽视，这样一来，你就更容易受到恐惧、焦虑和愤怒的影响。

对接下来的两个系统，我们在这里只做简要介绍，在本书稍后的章节中再探讨更多细节。

啦啦队长（动机系统）

动机系统是大脑中的"奖赏中枢"，负责分泌多巴胺这种神经递质。赢下体育比赛、获得美好的性体验、获得认同感——所有的这些奖赏性体验都会导致更高水平的多巴胺。相应地，较低的多巴胺水平则与较低的驱动力、低弱的努力程度和无聊的体验相关。多巴胺一旦分泌到最佳水平，就会引发"心流"体验，在本书的第 5 章中，我们会谈到与动机相关的所有重要问题，到时候再深入讨论这个概念。在研究压力的著名学者罗伯特·萨波斯基（Robert Sapolsky）看来，"多巴胺更多的是关乎渴望，而非获得"。[17] 多巴胺是驱动力的关键所在，当你处于慢性压力中时，随着时间的推移，多巴胺水平会逐渐下降，而保持做某件事的动机本就不容易，因此，随着多巴胺的减少，你的动力也随之流失了。

佛陀（静息状态系统）

多年来，科学家都使用核磁共振成像技术来评估大脑的活动，他们会给大脑提供一项具体的任务（比如从一千开始倒数），随后再研究到底是什么东西激活了大脑。但是在 21 世纪之交，科学家开始研究我们在和自己的思绪静静独处时，大脑里会发生些什么。他们的研究发现，在大脑中存在一个复杂而高度整合的网络，只有当我们"什么都不做"的时候才会被激活，这被称为"默认模式网络"（见图 1-2）。我们对它的功能的理解还很初级，但我们已经知道，它一定至关重要，因为这个网络消耗了大脑所用能量的 60%～80%。[18]

默认模式网络

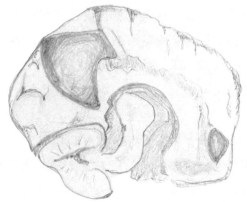

图 1-2　默认模式网络集中在大脑前端和后端的阴影区域内，当我们思考过去或未来，想到自己和他人，甚至是让思想自由延伸时，这个网络都会被激活

如果你正坐在等候室里无所事事，或是在晚餐后放松，只要你没有在阅读、看电视或玩手机，你的默认模式网络就会被激活，开始展望未来与梳理过往——它就是在加工着你的生活。不管是做做白日梦，还是身处某种冥想之中，甚至是在睡觉前躺在床上的那段时间里，默认模式网络都会被激活。这是一个用于自我反思以及反思他人的系统，只要我们不关注某项具体的任务，大脑的这个区域就会非常活跃。其实，这就是我们"离线"的那一部分，健康的默认模式网络对于人类大脑来说是很必要的，它可以帮助大脑恢复活力，并将信息存储在能永久保留的位置，更深刻地看待事物，处理复杂的思绪，还能促使我们发挥真正的创造性。对于年轻人而言，它还与培养强烈的认同感与充足的同理心有关系。[19] 然而，默认模式网络能不能发挥自己的神奇魔力，也受压力的影响。科学家已经在担心，由于当今各种技术手段都唾手可得，年轻人非常缺乏激活自己的默认模式网络的机会，因此，他们能够进行自我反思的机会非常有限。

我们一口气讲的脑科学内容可能有点多，你需要记住的重点是：对于长期处于压力状态的孩子来说，他们的大脑里充斥着激素，这些激素会弱化大脑的高级功能，也会遏制孩子的情绪反应。在压力的影响下，负责记忆、推理、注意、判断和情绪控制的脑区会遭到抑制并承受永久性损伤，随着时间的推移，这些脑区会逐渐缩小，而大脑中负责侦测威胁的部分则会越变越大。最终，过载的压力系统会大大提升孩子患焦虑症、抑郁症和其他种种身心疾病的风险。

有一天，我的一个学生在一次考试过后来找我，并和我说他这次真的搞砸了。"我当时是真的慌了，就再一次直接交卷离开了考场，"他说，"每次都是这样，我老是在某一道题上一直琢磨，导致浪费了太多时间，直到监考老师过来告诉我，'还有五分钟交卷'。就是这句话让我失去了理智。"

"其实一切都进展得很顺利，"他说，"我只不过是在一件小事上多用了点时间，但这难受死我了。"

"那么当这个问题发生在你身上的时候，你的头脑里发生了些什么？"我问。

"当我想尽力解出下一道题的时候，我感觉自己根本就不能有逻辑上的思考。我感觉自己根本就读不懂那些题干上的文字，更不知道该从何入手来解题。"

对他来说，"斗狮战士"已经接手了对大脑的控制，而真正能解决所有问题的"领航员"，早就不知道到哪里去了。

——奈德

压力、焦虑与抑郁

从华盛顿特区到帕洛阿托，这些地方的社区往往既富裕又高端，对社区高中里那些选择自杀的学生，居民早就见怪不怪了。每当有高中生自杀时，媒体就会发出一篇报道，其中夹杂着悲痛、焦虑和难以置信的意味。文章里的评论大致是这个样子的："我完全不能理解。他是年级里数一数二的学生，修了四门高阶课程，还获得了优异的成绩。他领导着自己的社团，还是校足球队的核心主力，他究竟为什么要自杀呢？"

这种说法其实隐含着这样一种观念：只有那些出于各种原因失败了的人才会想要自杀。

一个全情投入、尽己所能的大脑，与一个在毒性压力的影响下高速运转的大脑相比，看上去截然不同。若你不给自己的大脑和身体恢复的机会，慢性压力就会转化为焦虑。焦虑让你认为，狮子不再只有在大草原上才能看到，同时让你感觉到狮子无处不在，即使它们其实并不在附近。但只有放松下来，你才能真正地发挥实力。人一旦身陷焦虑之中，杏仁核就会变得很大，对压力会做出过度的反应，如果在这种情况下还切除了前额皮质，人甚至会搞不清自己碰到的事到底是危险的还是安全的。[20]

慢性压力会让人产生茫然无助的感觉：如果你做的事情本就没有价值，那一开始为什么还要做呢？这种无助感会让你觉得自己对于种种任务都无能为力，而事实上，你其实是完全能够胜任这些任务的。[21]慢性压力还会导致一系列行为问题，比如睡眠障碍、暴饮暴食、办事拖延，甚至降低你好好照顾自己的意愿。慢性压力让体内多巴胺的水平下降，同时，去甲肾上腺素和5-羟色胺的水平会随之下降，[22]而这就导致压力一步步地转化成了抑郁。

但好在诸如此类的很多心理与情绪上的困扰都是可以预防的。与青少年糖尿病及抑郁症这些有高度遗传性的疾病不一样，对于焦虑、抑郁与成瘾这类心理障碍来说，孩子的亲身经历扮演了不可忽视的重要角色。这意味着只要我们能从自身行为上加以改变，就完全可以有效地应对这些问题。

为何这事关紧要

在任何一个年龄段，毒性压力对你都没有好处，但你在生活中总有处于低潮、不尽如人意的阶段。就像进食障碍会对正在发育中的年轻身体产生深远的负面影响一样，长期的压力也会对发育中的年轻大脑产生毁灭性的影响。

我们的大脑似乎在如下的时间段里对压力最为敏感：首先是产前阶段，压力感受较高的孕妇倾向于生出对压力反应更敏感的孩子；其次是儿童早期，在这个阶段中，孩子的神经环路的可塑性尤其强；最后是青春期阶段，这是介于儿童与成人之间的过渡期，人们在这时往往既强大又脆弱。[23]

青少年的大脑是一个非常活跃的器官，很值得我们仔细分析一番。除了刚出生的头几年外，孩子的大脑在12～18岁比在其他任何一个年龄段都发育得更高效。青春期的大脑已经在构成重要的新的神经通路和神经连接，但前额皮质的决策判断功能直到孩子25岁左右才会最终发展成熟（情绪控制功能成熟得更晚，大约需要到32岁）。在这个时间段里，一旦压力应激系统被长期激活，前额皮质就会被波及，无法发展到它应有的程度。这个问题不容小觑，因为相比于儿童或成人，青春期的孩子更容易被压力影响。

只要是正常的青少年，就算没有遭遇什么特定的压力源，都会对压力有过度的反应。在康奈尔大学 B. J. 凯西主持的一项研究中，青少年的杏仁核与儿童和成人相比，在看到有着恐惧表情的人脸图像时，反应要强烈得多。当涉及当众表达时，青少年也会表现出比其他群体更高的压力反应。一些针对动物的研究发现，在经过长时间的压力后，成熟的大脑会在10天内反弹到正常水平，而处于青春期的大脑则需要3周左右的时间。青少年对压力的耐受性其实也比成年人低，他们更容易患上与压力相关的疾病，比如感冒、头痛和消化不良。[24]

对任何年龄段的人来说，焦虑这件事本身都会引发更大的焦虑，但2007年的一项研究显示，这种情况对于青少年而言更为严峻。[25]在一项针对成年小鼠的研究中，我们发现大脑中有一种叫作四氢帕马丁（THP）的物质可以起到类似镇静剂的作用，但对处于青春期的小鼠，这种物质没什么效果。这其实意味着青少年面对很棘手的状况：他们更容易感受到压力，可用来应对压力的工具却更少，面对压力，行之有效的手段很有限，而焦虑本身却不断地滋生着新的焦虑。

抑郁的情况类似，它在大脑中留下了"疤痕"，只需越来越小的压力，就能触发它一次次地发作。最终，抑郁甚至可以在没有任何外界压力的情况下仍挥之不去。人们只要在青春期经历过一次突发的抑郁体验，在长大后就更有可能在工作、人际关系和享受生活方面出现长期问题。[26] 即使青春期的孩子能够完全摆脱抑郁，他们也更有可能出现一些程度轻、持续时间长的症状，比如悲观消沉、睡眠问题和饮食问题，同时这会让他们日后更容易陷入抑郁。[27]

比尔在杰瑞德 10 岁的时候给他做了测试，当时是为了排除他患注意缺陷障碍的可能性（然而他还是确诊了）。杰瑞德是个有趣、幽默的小伙子，而且跟人打起交道来很乐在其中。他的父母和老师非常赞赏他身上积极向上的品格，这也让他很招大家喜欢。大家都叫他"扳不倒的小子"，因为似乎没有任何问题能够困扰他。在比尔第二次给杰瑞德做测试的时候，杰瑞德已经是一个 16 岁的高二学生了。他的学习成绩非常不错，而且特别憧憬能够进杜克大学深造。但是自从上了高中以后，杰瑞德开始变得很抑郁，而且一直在服用抗抑郁类药物，这让比尔很费解。杰瑞德告诉比尔，学校带来的巨大压力与连续不断的疲惫感合起来，"把他推到了崩溃的边缘"，也让他变得气馁与悲观。纵然药物能起到一定的作用，杰瑞德说他还是感到心力交瘁。导致这种情况的一部分原因是他总是熬夜做功课，基本上要到 12 点半甚至子夜 1 点才能做完。他觉得自己不得不天天学到这么晚："我害怕自己要是早早上床睡觉的话，没准艾奥瓦州的某个能熬夜的小孩就会顶掉我在杜克大学的位子。"

杰瑞德未必就注定一辈子与严重的抑郁相伴，但是他恐怕永远都会比别人更容易遭遇抑郁的发作。他的故事给人们敲响了警钟：当孩子长时间处于身心俱疲的状态中时，他们那原本质朴随和的性格会被压力无情地吞噬，而生活也会因此发生翻天覆地的变化。事实上，通过大量接触像杰瑞德这样的孩子，比尔总结出这样一条结论：长期的疲劳感与紧张感，就是焦虑与抑郁的配方。

对控制的警告

在我们的社会中有这样一种观念："只要功夫深，铁杵磨成针。"根据这种观念，只要你有什么事没做成，就会指向一种危险而必然的推论：你还不够努力。人与人之间，从天生的才能大小到大脑运作水平的高低，都有着天差地别的差异，不同的人有着不同的认知加工速度、记忆能力和压力耐受性。你在全力以赴之后，还是没有获得自己想要的东西，这是完全可能的。真正的重点问题是，你会如何面对与处理这些挫折？你认为能用挫折来评判你的价值吗？你有没有另辟蹊径来解决问题？你是否能够坦然接受挫折，索性再换个目标？

奈德发现，尤其是在大学招生这件事上，这种对挫折的认识表现得淋漓尽致。要是按照纯粹的选拔精英的路子来招生，既容易招惹麻烦，又不太现实。诚然，大学很重视严谨的学术训练，但大多数学校还是会有一些特殊的招生政策，比如优先招收优秀校友的子女和体育明星，或者结合社会经济条件、地理、民族、移民等条件，通过有选择性的招生来保障学生的多样性。哈佛大学完全可以往新生班级里塞满来自马萨诸塞州的富裕白人学生，他们的 GPA 分数能达到 4.0 分，SAT 分数则可以超过 1400 分，但哈佛大学并没有这么做。这么说来，倘若有人没被他们最心仪的大学录取，这是否就意味着他们还不够努力？当然不是这样的。有太多的因素你控制不了，比如当年这所学校所有申请人的综合情况如何，或者招生代表当天是不是心情不好，或是他已经看了太多份申请，而一个毕业自艾奥瓦州的私立学校，拥有跆拳道黑带，还会说俄语的孩子实在提不起他的兴趣。当我们完全靠着自己打拼，并且深信不疑自己能掌控住这根本就不可控的局面时，我们就把自己逼进了一种危险的境地。

这本书的主要目标，一是帮助父母辅助自己的孩子提升压力耐受性，让他们培养这种能在压力情况下保持良好表现的能力；二是要让父母了解到，与其让孩子积累与承担压力，倒不如直接让他们甩开压力。压力耐受性与生活中各个方面的成功都有高度的相关性，我们要挑战自己的孩子，而不是压垮他们，我们要在不让他们伤筋动骨的前提下，保障他们的成长。我们希望孩子能够体验一些正向压力，也能经历一些可承受压力，但一定要采用正确的方式，同时给孩子提供恰当的支持。我们想助力他们的大脑越来越强，因此也就需要大量的支持和足够的空间。以上所说的种种，归根结底还是回归到了控制感上。在下一章里，我们会进一步阐释这对于为人父母的你到底意味着什么，同时，我们也会鼓励你成为孩子的顾问，而非他的老板或经理人。

今晚怎么做

- 把你的孩子能够支配的事情列成一份清单。想一想，还有什么是可以再加进这份清单里的吗？
- 问问你的孩子，有没有什么事是他感觉自己能说了算，可现在他却管不着的？
- 在制订计划时，多考虑一下你的措辞。你是会说"今天我们要先做这个，再做那个"，还是会给孩子提供选择的机会？
- 如果你的孩子已经达到或超过 10 岁，你可以跟他说说下面这段话："我刚读到一段非常有趣的话，生活里有四件事会让人紧张起来：第一，发生新情况；第二，出了之前没想到的事；第三，发生了让你觉得自己可能会受到伤害、挨批评或者感到尴尬的情况；第四，出现了你觉得自己难以把控的局面。我觉得挺有意思的，因为在上班的时候，如果我觉得自己得做某件事，但我又没有做好准备，我就会很有压力。有没有什么事也会让你觉得有压力？"找到你自己生活中的压力，随后聊聊这个话题，通过这种方式，你就是在构建一种对于压力的意识，而这恰恰是遏制压力产生负面影响的关键步骤，在应对压力时，认识它，表达它，最终才能驾驭它。

- 如果你的孩子似乎非常焦虑，请主动向儿科医生求助，这样才能确定是否需要某种专业干预。有研究表明，对焦虑进行早期治疗能显著降低复发的风险。

- 面对那些特别容易伤心的孩子，你可以让他知道他很安全，而且你也在他的身边，但不要向他做什么过分的保证，更要让他知道你对他有信心，相信他有自己搞定生活中的那些压力的能力。与此同时，不要弱化他当下的感受，也不要试图替他解决问题。

- 轻微的压力情境其实可以促进孩子成长，你可以扪心自问一下，你是不是有意无意地把孩子和这种有利的压力隔离开了？你是不是过分关注孩子的安全了？是不是有一些场合，你可以给孩子提供更多的自主权与选择权？

- 多年来，为了测量人们的控制感，学术界已经研究开发了几十种量表。追本溯源，这些量表都来自 J. B. 罗特在 1966 年开发完成的罗氏量表。我们强烈建议你测一下，以便评估你自己涉及自主权的优势和风险。对于孩子来说，我们更推荐由斯蒂芬·诺威基（Steven Nowicki）和邦妮·斯特里克兰（Bonnie Strickland）开发的量表，其中有诸如"你认为你能不能阻止自己得感冒？"和"如果一个人不喜欢你，你有什么对策？"之类的问题，而你的孩子在这个测试中的表现有可能会让你非常意外。

第 2 章

"我那么爱你，才不愿跟你
吵家庭作业的事"：顾问型父母

比尔曾接触过一位名叫约拿的孩子。他当时 15 岁，最讨厌的就是家庭作业，但更让他忍不了的是一直以来家长那所谓的"监督"，甚至逼迫。比尔让约拿谈谈，一般情况下他晚上在家都是怎么度过的，他说："6 点到 6∶30 这段时间，我们一家子通常在吃晚饭。然后从 6∶30 到 7点，我能看会儿电视。再往后从 7 点到 8∶30 的这段时间，我就假装做做作业。"

一个半小时都在假装做作业？为了什么都不做，这孩子倒是花了很多的时间和精力呢。我们可以想象一下，约拿就在那儿坐着，作业就摆在他面前，他却什么都不做，还为此找种种借口。他为什么不去搞定那该死的作业呢？原因之一恐怕就是他厌倦了父母的那些老生常谈的话：

你要是想考个好大学，可只有一次机会！而你却一点都不珍惜。

将来等你长大了，一定会感谢我们。

你必须学会做你不想做的事情。

如果你在学校里都没法拔尖，那将来进入社会，怎么可能拔尖？

可怜天下父母心，但是这些挥之不去的念叨不仅让孩子厌烦，还明显含有另一层意思：我们大人知道怎么做才算对，而你这个当孩子的，可不知道。想象一下，如果你与你的伴侣在交谈的时候，他是这么和你说话的：

今天班儿上得如何？你手上那个项目还顺利吗？你要知道，认真对待工作特重要，对吧？我的意思是，我知道工作并不总是那么简单、有趣，但你真的应该考虑更上一层楼，这样你将来才有更多的选择余地。但我看你好像一直都没尽全力。我感觉你也许该再努努力。

你会发现，这么说话很招人烦。对约拿来说也是如此。在他看来，能让自己不被左右的唯一方法，就是彻底不做功课。

我们很理解约拿父母的所作所为。他们最爱的就是自己的孩子，而约拿的心不在焉让他们很受伤。他们知道约拿很有能力，但他们同时觉得孩子现在的行为简直是自折双翼，这使得他在以后的生活中没法展翅高飞。非但如此，他们还觉得约拿既固执又散漫，甚至在他们眼里，15 岁的孩子难不成还想要自己做主？操之过急了吧！约拿的父母总觉得父母可以看清全局，但孩子不能。只要他们现在严厉地管教孩子，使劲逼孩子一把，就能让约拿冲上更高的层次，还能让约拿不必面对他自己无法预见的那些痛苦后果。父母这样做，不仅仅是因为他们希望孩子能成功，更是因为他们觉得这是为人父母的责任。

对很多深爱孩子的父母而言，这种思考方式早已根深蒂固。但我们还是要请你先放弃掉这种错误的思考方式。首先，它压根就起不到什么作用。

尽管大人们一再尝试，想让约拿走上正路而不是放任自流，但他还是千方百计地浪费着自己和家人的时间，归根结底，是因为约拿其实并没有从周围的环境中得到如下信息："这是你自己的事，这是你自己的生活，而你自己现在的付出，决定了你自己的将来。"一方面，父母肯定是要给孩子提供帮助的，但更要让孩子明白："没有人可以强人所难，真正逼孩子做什么"。多年来，像约拿这样的孩子比尔见过许多，其中一些最终还是很有出息的。究其原因，他们成功主要是因为父母和老师没有太过干涉，不再强求他们追逐所谓的那种成功，而这恰好让孩子有了机会，能自己给自己做主。

在这一章里，我们将为你解释"为什么强扭的瓜不甜"，越是试图控制你的孩子，你就越得不到想要的结果，还会谈到为什么"逼孩子"会对下一代产生强烈的负面影响，这会让孩子不得不习惯于不断被外部力量驱动——因为他自己的内驱力要么压根没有发展的机会，要么早已经被外部的压力抑制了。同时，我们也想请你考虑另一个为人父母的思路，它与上面提及的推动型父母截然不同，那就是"顾问型父母"。

仔细想想，一个好的商业顾问都会做些什么：他们能一针见血地抓住问题，而且心知肚明哪些问题最为紧要。为了让客户达到预期的目标，他们会引导客户考虑自己愿意做出的承诺甚至牺牲。他们还会提供建议，却不会强迫客户必须做出改变，因为他们打心眼里知道，"做出改变"在本质上是客户自己的事。

"可这是我家孩子，又不是什么客户！"你可能会这么想。没错，但你有没有进一步想过，你家孩子又不是你自己，他的生活是他自己的，而不是你的。

我们作为父母，有一种本能，那就是保护和领导我们的孩子，但这种本能常常伴有一种自以为是：我们自认为了解对孩子来说最好的是什么。当我们的孩子尚在襁褓之中时，这通常是成立的，我们有管理小宝宝生活中方方面面琐碎事务的责任。可就算是新生儿，也会以十分笨拙但引人注意的方式来表达他自己的个性，尤其是当婴儿不想睡觉或者拒绝吃饭的时候。所以新生儿和婴儿发展方面的专家也依然强调，父母主动去适应宝宝的个体性格和需求，有着相当的重要性。

当焦急的爸妈揪着我们不放，一个劲儿跟我们唠叨自家孩子缺乏干劲，与同学相处不和或是学习成绩不佳等这些问题的时候，我们就会问他们一个简单的问题："你说，这是谁的问题？"我们这么问，就是想追求点夸张的效果，可实际上，很多父母都被这个问题直接问懵了，转而开始以疑惑的目光看着我们。的确，当你自己的孩子因为被他的两个朋友排挤而伤心落泪，或者老师在全班面前批评了他，你会很容易觉得，这同样是你的困扰。谁家的孩子谁心疼——对于父母来说，看到有人欺负自家孩子往往是最能激发他们愤怒的事情了。哪怕随着时间的流逝，孩子自己可能都已经忘了这事儿，但这种伤害父母也许能记一辈子。但说来说去，这些问题本质上是你孩子自己生活中的困扰，而不是你的。

许多父母希望凡事都能给孩子提供最好的，并尽可能地保护自家孩子免受苦痛，对于他们来说，这是一种思维方式上的重构。说句大实话：如果你想给孩子更多的控制感，你就不得不放弃一些自己的控制欲。当一家公司的业绩没有达标或者没能充分发挥潜能时，那它所聘用的那个没啥水平的顾问，其实也就成了问题的一环。请记住，你的职责可不是要包办你孩子的问题，而是要帮他们学会怎么掌控自己的生活。这种重构意味着，尽管我们应该为自家孩子提供引导、支持、教育、帮助和约束，但我们以及孩子本人更要一直心中有数——孩子的生活，那是人家自己的。正如埃克哈特·托利（Eckhart Tolle）写过："借由你，他们来到这个世界，但他们不属于你。"[1]

想做到这一点并不容易。毕竟，父母在孩子身上投入了那么多资源，回过头来却发现没什么自己能说了算的事，这在某种意义上，的确是有点可怕。但是我们多年的经验教会了我们一点，强迫孩子就范，尝试逼他们做家长自认为正确的事儿，既会损害亲子关系，又会内耗宝贵的精力，而这些精力本可以用在别的地方，以别的方式让孩子获得成长。

"家庭作业之战"

一位家长说："晚餐和睡觉之间这段时间让我们很发愁，因为我们在这个时间段一直在不停地'战斗'。"

"家里简直就像一个'战区'，"他的伴侣说，"每晚我们家都在上演'第三次世界大战'。"

当父母谈到他们孩子晚上回家做家庭作业的事时，会十分频繁地用战争来比喻。为了让你对'家庭作业之战'的规模有所了解——上面引用的那段话，比尔在同一个星期里能从不同的家长那里听到三遍。这很好地解释了，想要打消父母对"顾问型家长"这一模式的疑虑，这让人头疼的家庭作业简直是最好的素材。所以本章聊的虽是家庭作业的事，但并不仅仅只针对家庭作业这一个问题。

"为作业而战"是没有意义的，我们有三个主要原因来加以解释：

首先，你可能会发现，在孩子的学习这件事上，你甚至在逼着孩子执行一些连你自己都未必认同的规则与态度。有一位父亲曾惊恐地发现，他告诉自己10岁的女儿，记住所有的州首府非常重要——尽管如此，"我考上了大学，还进了法学院，但现在你就算拿把枪顶在我头上，我也说不出怀俄明州的首府是哪个城市"。（答案其实是夏延。但是，请别问我们剩下49个州首府分别是哪里了。）父母通常认为自己有责任监督孩子完成作业，但往往忽略了更基本的目标：培养一个有好奇心、能自主学习的人。

其次,在解决孩子的问题时,倘若父母比他们的孩子还要用劲,那他们的孩子只会每况愈下,而非逐渐变强。如果你的孩子在取得成功的过程中所花费掉的所有能量里,有95%都来自你的付出,那你就只给孩子剩下5%的努力空间了。如果你感到沮丧或焦虑,于是增加了更多"筹码",甚至进一步占据了98%的能量,把一切牢牢掌控在手中,那么你的孩子对此所能做出的反应,也就只能是再退一步,只做出2%的努力。约拿当时的情况是这样的:他请了一个家教、一个治疗师,还有一个专门的学校辅导员,他们会定期与约拿的父母沟通,探讨他没完成的那些作业,形成鲜明对比的是,约拿自己就跟没事儿人一样。这种适得其反的推动力所产生的影响,只有在能量分配的比例发生变化时,才会随之改善,而这种变化经常发生在父母彻底愤怒的时候:"我受不了了。你自己看着办吧。"

或许你觉得这是你的本职工作:监管你家孩子做家庭作业、练习钢琴,或参加什么运动。而这其实会让你更坚信自己原来的错误观点——总要有人对孩子的事情负责,而这个人却不是他自己。当孩子的甚至不必多思考,因为在某种程度上,他打心眼儿里知道最终总会有人"让"他去做点什么。

最后,这也许是最关键的一点,你不能强迫一个孩子去做他完全抵触的事情。你或许有——不——你一定有尝试过让孩子做他不想做的事,但强人所难最终必会以失败告终,还让你深感挫败。

你可能听说过《平静祷文》,其中写道:"上帝啊!恳求你赐我恩典,安详接受不能改的事件;鼓我义念,勇敢改变可以改的事件;赠我慧剑,能够分辨接受还是改变。"作为父母,记住这些话是明智之选。这些话可以更简单明了地概括为以下几条:

(1)你不能让你的孩子违背他自己的意愿去行事。

(2)你不能让你的孩子想要他们本不想要的东西。

(3)你不能让你的孩子不想要他们本想要的东西。

（4）让他们想要他们想要的东西，不想要他们不想要的东西，至少在当下没什么不好。

我们在讲座中也谈到过上面的观点，当说到"你不能强人所难，逼人就范"时，许多听众会点头表示同意，觉得这道理显而易见、合情合理。但也有不少表达强烈反对的呼声。（参与比尔课程的一位心理学工作者曾说："可千万别跟孩子这么说！"）一聊到这个话题，往往会一石激起千层浪。当比尔对一群来听课的老师和家教说这个观点时，有一位老师愤怒地抗议："怎么就不能呢？我管着的孩子一直都按我的要求做事。"但事实可未必真如他所想。假设你的孩子不想吃端到他面前的食物，而你想要让他"乖乖就范"，那你会怎么做？难道要把他的嘴掰开，把吃的塞下去，再捏着他的下巴上下移动，帮他嚼嚼？如果真要这么做，这到底算是谁在吃东西？我觉得这孩子并没有吃东西，他这是被"填鸭"。如果把食物换成作业呢？如果孩子强烈反对你逼他写作业这事儿，你打算怎么做？掀开他的眼睛，找本书放在他面前？就算这可能的确管点用，但真的就对他有好处吗？这就叫学习吗？

奈德有一位学生，她的母亲对一件事态度很坚决：如果孩子没有被第一志愿的院校录取，她就必须申请芝加哥大学。"但是妈妈，"当女儿的说，"我不喜欢芝加哥。"

"没关系，"妈妈说，"芝加哥大学非常不错。""我不会写申请的，"女儿说。

"那我就替你递交申请，我找你姐姐，让她给你代笔。"妈妈说。

值得庆幸的是，这位女孩在上述情况成为现实之前，就被第一志愿录取了，但这个家庭将来的情况还是令人担忧。

有时候，我们通过那些实打实的限制，或者告之以严重后果之类的手段，来阻止青少年做一些我们不希望他们做的事。我们甚至会采取一些强制措施，比如将他们连骂带打地强行带去看牙医；除此之外，我们有时会重新拟定个"协议"，给哪些行为扣上一个帽子，以努力争取孩子的合作；我们甚至还曾经尝试在威逼之外，通过种种利诱来驱使他们。但事实是，你并不能真正做到强人所难。我们并不生活在《发条橙》里面的极权主义世界中，并不能通过给人们绑定机器来控制他们的行为。倘若真是这样，那我们恐怕只能通过让人们足够痛苦，来让他们足够顺从。即使有时候，上述方法好似在短期内挺有效，但从长远来看，这种方法根本就不起作用。这就像恐惧感对人产生影响的机制——因恐惧而来的短期动机的确会让你跑得快，但又有谁能在这种长期的负面影响下好好生活呢？

你不能逼着孩子做他本不想干的事情，只有接受这个事实，才能真正"迎来和平"，才能彻底放下重担。当你下次发现自己又想要逼着孩子做什么时，你大可以先停下来，提醒自己一下："这样不太对，虽然我好似能让孩子听话，但实际上他并不会心悦诚服。"

比尔也是这么跟约拿的父母沟通的。他解释说，父母二人想着控制约拿，而约拿则要坚决重申他有对自己生活的控制权，哪怕这意味着要做些跟自己利益相悖的事情。最终，父母与约拿沟通后约定，他要对自己的作业负责，父母也不再会强求他顺从，而是给他预留更多的空间。比尔还希望约拿的父母能够理解，哪怕孩子自己的决定有时可能看起来不那么明智，他们也没必要一直对孩子展现出否定的态度。他们可以也应该更多地跟孩子一起高高兴兴地放松下来，毕竟，并不是每时每刻都有必要强调情况有多么严重。

"你这话是什么意思？"他的父母表达出了质疑，"难道我们就应该旁观他一天不如一天？"

他们的这个问题反映了另一个常见的错误观念。家长倾向于认为只有两种方式来对待孩子：要么专制，要么宽容。专制的父母强调孩子的顺从，宽容的父母则认可孩子自身幸福的重要性，力求满足孩子的愿望，来让他们快乐。

但几乎所有儿童发展方面的专家，包括有影响力的心理学家和作家，如玛德琳·莱文（Madeline Levine）和劳伦斯·斯坦伯格（Laurence Steinberg），都提出了第三种选择：权威型养育（authoritative parenting）。要达成这种养育模式，需要的是支持，而非控制。权威的家长希望能与他们的孩子多多地合作做事，因为他们对孩子不仅有喜欢，更有尊重，并且也希望孩子能从他自己的经历中学到东西。至少有60年的研究证实，权威型教养是最有效的方法，[2]这种教养风格强调自我导向和成熟的价值观，而非一味地顺从。通过这种养育风格，家长会传达给孩子这样一种信息："为了助你成功，我将尽我所能，但我绝不会试着强迫你做什么，我说到做到。"同时，权威型父母也并不意味着让孩子放任自流。他们还是会给孩子设限，当父母觉得有什么不对劲的时候，还是会说出自己的看法，但他们并不会亲自操盘一切。有了权威型养育的培养方式，那些大脑发育尚未完全的孩子就不用花费大量的精力来拒绝家长逼迫他们做的事——这些事常常是出于家长的偏好，而非孩子的。

尽管并不容易，约拿的父母最终还是接受了比尔的建议。他妈妈不再一个劲儿地问："你今晚还有家庭作业要做吗？"而是开始说："今晚你有什么要我帮忙的吗？我想了解一下，以便安排我晚上的时间。"她会明确表示，她愿意尽自己所能来提供帮助，她也会为此留出专门的时间。她确保孩子能有个安静的房间，以便不受打扰地学习。她还提出说，要不要专门请一位家庭教师或找个较高年级的孩子来帮约拿处理学业上的困扰。（许多在作业上与父母"炮火连天"的孩子，却往往很喜欢和家教或高中生一起学习，而让这些人来辅导家庭作业，其实并不需要很高的成本。）纵然如此，约拿的父母还跟约拿进一步表达："我们不愿意看到你的事儿最终变成了我们的事儿——因为如果真是如此，那我们可是把你给害了。"当我们稍后再聊起约拿的变化时，你就会看到，这真的有效。

为什么大脑喜欢顾问模型

有些家长了解过一些大脑发育方面的研究，他们会说："我怎么可能相信我的孩子要为他自己的教育负责？他的大脑可还没发育成熟。"这句话在某种程度上的确没错，他的判断力仍在发展之中，但这也揭示了更关键的一点：他需要发展的空间。对孩子来说，在这方面恐怕需要他们自己承担起更大的责任来。要等青少年发育成熟到足以在不用督促的情况下按时完成所有的功课，那可且熬吧！之前我们提到过，调节情绪的前额皮质在30岁出头时才会成熟，但是我们很难找到一个那么有耐心的家长，一直等到他们的"孩子"成熟后再让孩子自己做主。

大脑的发育取决于它是怎么用的。让孩子自己多多掌握主导权，能够帮助他们的大脑建立起一种应对压力的回路，从而在压力来临时能快速回复。只要是孩子自己拿主意，比如选择自己今天出门穿的衣服，或者装饰自己的房间之类的小事，这都会激活孩子的前额皮质，并使其有效地做出反应。[3]这时大脑的领航员模块就会成长，通过这种控制感的培养变得更强大，在压力来临的第一时间就不会失去控制，沦为"斗狮战士"。让你家5岁的孩子自己选择每天穿什么衣服吧！尽管他自己的选择可以一点也不搭调，但这能帮助他未来更好地应对任何情况，甚至包括那些他无法控制的情况——小到去参加测试的时候要坐在哪个位置，大到跟恋人分手了该怎么办。

当然，激活前额皮质的过程有时是挺痛苦的（可不仅仅是看着痛苦）。但有句话说得好："万事开头难。"咱们不妨换一种说法来阐述，有一个著名的模型，[4]它将胜任力分为以下四个阶段。

阶段1：无意识地无能。这个阶段的孩子认为："我挺不错的。我不需要学习数学，我本来就会。"但实际来看，他并不会。作为顾问，这可是最容易"越轨"的时候。你已经可以猜到他肯定会考砸，而你同时还想帮助他免于失败。但是，在他已经明确表示不需要帮助的情况下，你就算提供了帮助，其实也无法启发或开导他，事实上，你压根也不应该这样做。说白了，这个孩子终归还是会"爆炸"的……但接下来，他就会继续前进，只要你能帮他弄明白一个道理：失败只不过是暂时的失败，而教训则拥有长远的价值。

阶段 2：有意识地无能。这时候，孩子会这么想："哇！好吧，这事比我想象的要更难，看来我得用点功夫来学习数学了。"他就算还没有采取什么实际举措，也已经打心眼儿里知道这一点。为此，他通常会采取下一步行动，如你所知，那就是去学习。

阶段 3：有意识地胜任。孩子在这时候开始认为："我真的花心思学习过了，我知道我的数学考试肯定成绩不错。"说得没错，当我们的孩子到这个阶段时，我们通常都非常高兴。不过，各位，这都是理想状态。

阶段 4：不自觉地胜任。让我们把时间快进 20 年，当年的那个孩子现在成了家长。他的数学学了很久，甚至已经运用自如，都不需要怎么多费脑子，于是他开始搞不懂，为什么自家女儿对那些像呼吸一样自然的东西都搞不定。（顺便说一句，这就是为什么大一点的孩子经常比父母更适合当家教。他们在不久前自己刚学完，所以他们记住了那些知识真正完成内化的所有过程。）孩子在家里的时候，就会表现出能在某些地方"不自觉地胜任"（比如阅读或系鞋带），不过在大多数情况下，你不必太担心阶段 4 的事儿。如果非要说有什么值得担心的，那就是请注意，你自己在哪里正在"不自觉地胜任"，进而可能影响孩子。

我们希望我们的孩子能够到达阶段 3，达到有意识地胜任，但是如果他不靠自己顺利通过其他阶段，我们当家长的想再多都没用。在这个渐进的过程中，你不应该缺席，而应该站在孩子身后，一直提供支持和指导。

对一些孩子来说，家长要做的，其实就是像约拿的父母一样，退让一步，这就足够了。一旦孩子的学业能自己做主，他们自然就会迎头赶上。约拿一家人在一开始改变的时候也很痛苦，而类似的案例比比皆是。他与父母的日常关系后来有所好转，但一开始的几个月其实真的挺糟糕的。然后有一天，他被自己的辅导员约谈，由于他不符合毕业的相关要求，他需要再多读一年高中。这引起了约拿的重视，因为这样的话，他就无法和他的朋友一起毕业了。他开始看重自己的学业，并求助于他的父母，为了能够保证正常毕业，他甚至在平时上学之外，还去上了两年夜间开设的辅导班。最终，他考入大学，开始攻读心理学学位，一切都很顺利，而他的父母当初对这一切可是想都不敢想。

约拿的故事还蕴含着另一个道理，值得一谈。教师可以教导孩子，教练可以训练孩子，辅导员可以跟孩子强调毕业有要求，但是父母要做的只有一件事：无条件地爱自己的孩子，并为孩子提供一个安全的归宿。对于在学校或生活中其他地方遭遇压力的儿童，家庭应该是一个安全的避风港、一个休息和恢复的地方。当孩子感受到，他们即便身处困境之中，也深深地被父母爱着，他的韧性就会增强。如果你总是关注孩子上交家庭作业的最后时限，以及不知道丢在哪里的作业表单，还为此与自家孩子"交火"，那就会导致学校的压力在家里扎下根。因此，那些唠叨、争论、一遍遍提醒的效果远不如一句"我那么爱你，才不愿跟你吵家庭作业的事"。

想想孩子在玩抓人游戏的时候，会大喊"我到家了"，靠这个来证明他们进入了安全区，可以安心休养，重整旗鼓。当家庭是安全的基地时，青少年和儿童就能更自由地探索，探究外面世界的各种可能性，而且还伴以健康的方式。他们会定期地返回基地，一方面是要确认一下家里的情况，另一方面是回来寻获来自家庭的安全感。如果没有这种安全感，青少年会有往两个极端发展的风险：一是故步自封，活在自己的世界里；二是抓住所有机会离家出走，不顾一切地要在别的地方建立一个避风港。咱们连点成线总结一下：在家里有很多压力的情况下，孩子更容易采取高风险的行为。

一位家长告诉我们，自从决定不再争吵以后，"我们家的温度降低了20度"。因为吵架总是需要两个人才能吵得起来，所以只要你能退一步，通常争吵就没法再持续很长时间。正如一位著名的精神科医生所说的那样：
"不争吵就相当于'风平'，孩子的表现自然也就跟着'浪静'了。"[5]

多年来，数十位家长跟我们袒露过，刚才提及的"避风港理念"和"我那
么爱你，才不愿跟你吵家庭作业的事"这句话，彻底改变了他们的家庭生活。

在从事神经心理学工作的前几个月里，我曾在同一周里见到了两个
患有注意力缺陷多动障碍（attention deficit hyperactivity disorder, ADHD）
的孩子。其中一位是个聪明的二年级女生，除了周末，她不会在完成作
业之前出门去玩。另一位是聪明的大一下学期学生，在上个学期，他的
四门课程里有三门挂了科，主要是因为他不怎么学习，到最后甚至连课
都不上了（他的父母在接到留校察看通知的时候才知道这一切）。当我在
3月底见他的时候，他的父母跟我说，儿子告诉他们，他自己在学校里做
得比之前好很多了，出席了所有课程，每天晚上还泡在图书馆里，并在
下课时间去找教授专门请教。但当我一对一地和这个孩子谈话时，我发
现事实上他在三周内压根就没有去上过课，而且这次，他可能会挂掉所
有的科目。

在与这个男孩和他的父母进行更深入的交谈之后，我了解到，像许
多患有多动症的孩子一样，他在学校的大部分时间里，其实都需要多样
的辅导和额外的监督，如果没有他人——父母、老师、导师或教练管着
他，他一般就不愿意做功课。他花费了大量的精力，就像个中学生一样，
抗拒别人强迫他做事情的企图，或者换句话说，抵制那些可能符合他自
己最大利益的事情。

这两个孩子在态度和表现上的差异，并不是因为大脑成熟水平或情
绪成熟度的问题（她8岁，他19岁）。他们虽然因为多动症被带到我的办
公室，但这其实并不是问题的关键。真正的问题是一种感觉，一种关于
"谁对什么负责"的内在感觉。女孩准确地将她的作业视为自己的责任，

因此也就乐意为自己做作业，这进一步增强了她的掌控感和自主感。而对于这个男孩，在他之前的人生中，感受到的是家庭作业被强加在自己身上，而他也不需要多加考虑，因为总会有人来督促他学习。一旦把这种想法带进大学，要成功就成了一件难事。他对自己学业的控制感愈发低下，还伴随着焦虑、失眠和抑郁的症状。虽说他最终回到了正轨，但是，这种改变耗掉了不少时间，在好转之前，他一直休假，直到他调整好了自己的状态，准备好再尝试一次。

——比尔

"但是……"家长作为顾问的挑战

我们意识到，"顾问型父母"这个模型说起来容易，做起来难。我们收到过来自一些父母的消息，即便他们在理论层面上支持这种模式，也会经历自己的角色从"顾问"变成"警察"，为此非常困扰。以下是一些最常见的问题，以及我们提出的应对方案：

"我已经试着让孩子自己做作业，我坚持了一个星期，但他什么也没做。这种方法显然不起作用。"

恰恰相反，这说明这种方法正在有条不紊地起着作用。失去你给的压力后，他的确不做功课了，而现在的他其实已经开始想办法来解决问题。不要想着只要你一撒手，你的孩子就能游刃有余地接手一切。随着情况微妙而持续地变化，孩子和你都需要时间，用来调整和发展各自的技能，从而适应这种新的情况。作为家长，你需要把眼光放得长远一些，应该保有这样的远大视角：孩子肯定无法在第一次尝试时，就做得很完美，也无法做得比你这个有好几十年人生经验的人更好。请记住，他需要建立属于自己的胜任感。在能够达到"有意识地胜任"这一水准之前，他还是需要亲自去学习那些不知道的事情。

"我听你说的这些，感觉这像是那种把孩子撒手不管的父母，像是劝我应该让我的孩子想干什么就干什么。"

绝不是这样的，你既要给孩子设限，也需要参与到解决问题的过程中。我们将在下一章中介绍这两点。孩子会有些自己料理不好的事情，这时让他们知道有大人能帮着他们搞定这些，会使他们感到更安全，并且会更加有动力。你可千万不要耸耸肩，跟正在学游泳的孩子说："听着，要么游起来，要么就淹死，小子。"你提出的诸多忠告，应该相当于孩子一路走来都用得上的救生圈，告诉你的孩子你担心的是什么，再好好和他聊聊这些事。只提供辅助，不刻意掌舵，这才是一种正确的方式，不过很多父母都在另一种观念的影响下游移不定：只要不是凡事都过问，那就是对孩子的不负责任。

"让我家孩子学乐器这种事又怎么把握呢？我家孩子自己不会练习，但是学会欣赏和理解音乐，可是件很重要的事。"

我们强烈支持给孩子进行与音乐相关的培训，其中一部分原因就是很少有什么训练能像音乐一样有益于发展中的大脑。同时，比尔本人一直对自己的父母深表感激，因为他们允许他在三年级的时候放弃了钢琴课，而不是继续逼着他学，直到毁掉孩子跟音乐的关系。比尔的父母本可以告诉比尔，他有一定的音乐才能，并且愿意把他想要演奏的乐器（当年比尔想学的是手风琴——你只需要知道这么多）买回家，但是他们还是坚持让比尔先弹弹家里已经有的那台钢琴，进而证明他能做到在音乐领域中定期练习。因为比尔其实特别擅长用耳朵聆听音乐，所以当他被迫要求读谱子的时候，他的表现并不太理想，在大约 4 个月的练习之后，他被劝退了，而他的父母对此表示能够接受。6 年过后，趁着披头士乐队的影响力蔓延到美国，比尔学习了电贝斯和风琴的乐器课程，还自学了怎么弹吉他，而这完全是为了能演奏他自己想演奏的曲子。时至今日，比尔仍然参加摇滚乐队的演出，并且每周都会花费相当多的时间去演奏与唱歌——比起他当年身边大多被"逼着"坚持练琴的小朋友，他如今弹的琴、唱的歌可要多得多。他也追踪过不少孩子的情况，他们伴着父母的祝福，坦然退出自己的课程，后来却又能在没感受到外界压力时，热情地重拾同样的乐器或尝试另一种乐器。

　　实话实说，很多孩子都喜欢演奏乐器，也喜欢自己练练，并且在学校里组个小乐队或参加个管弦乐队来玩玩，这本来应该是他们生活中最愉快的事情。至于其他的孩子，即使他们没那么喜欢，其实也并不排斥跟着稍微练练。孩子知道，自己的父母希望他们能学会演奏，而且父母有时就是喜欢某类特定的音乐，或者仅仅因为孩子具备演奏的能力而感到自豪。真正的挑战发生在那些不想参与的孩子身上——他们是真的不想来上课，也没心思练乐器。因为不可能让一个打心眼儿里拒斥的孩子去真正练琴，而且因为长期与任何事搞内斗对家庭来说都很不健康，所以我们的建议是，采用我们之前提过的像做家庭作业一样的方法：当好顾问，但不要强人所难。

　　你可以跟你的孩子解释一下，音乐对你和你的家庭到底有多重要。也让他知道，对很多人来说，音乐曾经带来了极大的快乐和满足感。你也不妨告诉他，虽然这需要付出很多，但如果学会了怎么演奏，这些付出还是很值得的。你还可以告诉孩子，你希望他能够掌握某种乐器，只要老师认为他需要足够多的练习，你就愿意一直为他学下去继续付费，你就愿意以任何方式帮助孩子在练习中获取愉快的体验。就跟讨论家庭作业的事儿一样，家长也要告诉孩子，你不愿意和他争执练习乐器这件事，是出于你对他的爱，不希望为此在家里动不动就吵架，而且你不想为了保持强势，让学音乐成为苦差事，进而毁了他眼里真正的音乐。一旦孩子开始投入正规的练习，家长就要提供帮助，帮着孩子制定练习时间表。除此之外，还要告诉他，在练习期间，你愿意和他坐在一起，如果他在练习中碰到了什么实际的阻碍，你也会提供一些相关的激励资源。

如果你的孩子强烈地抵制上课或者练习，甚至同时对这两件事都很抵触，那我们建议让他暂时中断课程，先休息3个月再说，顺便看看他是否会怀念演奏乐器这件事。如果他其实还是惦记着演奏，那对孩子而言，他总是有机会随时重新开始的。倘若他根本就失去了关于演奏的念想，那他可能会希望在另一个时间段，通过某些事件（比如披头士乐队），让演奏重新变得更具吸引力。倘若连这一步也没有达成，那么请记住，大多数成年人本身也不会演奏乐器，能玩转某个乐器并不是让音乐成为丰富人生的一部分的必要前提。

"掌握某项运动怎么样？运动是至关重要的，而且对于男孩来说尤其如此，在球队里能获得很多社交资源。但是如果我们不逼着他，我家孩子才不会去运动。"

许多孩子都喜欢体育活动，如果他们得到了允许，甚至能玩上一整天。尽管如此，还是有很多孩子讨厌团体运动，这就让家长陷入了困境，因为家长内心很清楚，运动对于孩子来说特别重要，而且学会怎么成为团队的一员也是重要的社交技能。但话说回来，试图强迫一个孩子参加一项运动，这对每个人而言都是痛苦的。

我们鼓励家长教育孩子，告诉他们运动对身体健康至关重要；我们同样也希望父母帮助孩子找到他们自己真正喜欢的运动方式。我们建议家长这么说："在咱们家里，每个人都要做一点积极向上的事情。咱们每个人都可以尝试点不同的东西，来，我们找出适合你的新尝试！"我们同样也支持父母在孩子尚幼时就预约足球、儿童棒球、体操或游泳的课程，只要孩子真的把兴趣投入进来。

许多孩子，尤其是那些运动能力不太强的孩子，其实并不喜欢有组织的运动。对于一些人来说，参与到团队之中本身就是一种社交挑战。还有一些人觉得，运动是一种实打实的苦差事，要么很累，要么因为被要求做这做那而有压力，要么会因为在朋友面前表现不佳而感到尴尬。试图强迫这些孩子去参加团体运动，其实并不能算是一个好主意。针对这类孩子的情况，我们建议执行如下家庭准则：让每个家庭成员都做一些积极向上的事情，并鼓励孩子去探索大多数其他孩子都不参与的个人体育运动，比如击剑，这可以让孩子掌握某种大多数同龄人都不具备的优势技能。除此之外，我们还比较建议游泳、攀岩、马术和武术——所有这些项目都可以通过练习让孩子愈发精进，而且这类项目的大部分比赛都需要孩子全力以赴，拿出个人的最佳状态。

"我试过让女儿搞定她自己的家庭作业，只要她有相关需要，我就会提供帮助。但我却热脸贴了冷屁股，现如今，她的老师迫使我要更多地参与做作业这件事。"

这种情况的确可能带来极大的压力，尤其是在这样的情况下：你觉得自己是那个唯一没做完作业的孩子的家长。首先你要考虑一下，为什么老师说什么你就要听什么。在当今世界，责任已经从孩子身上转移到了老师身上。倘若孩子真的表现不好，父母（很多情况下还要带上学校）都会责怪老师。在这种情况下，老师自然就会认为，总要有人监管着孩子做作业。父母是有可能因为孩子成绩不佳来找麻烦的，这也让老师的日子过得忧心忡忡，自然而然地，老师就会担心起来，倘若自己的学生考砸了，将会危及他们的饭碗。所以我们建议你可以首先跟老师稍加解释：①你不想越界去抓孩子的家庭作业，这会对孩子产生负面影响；②你并没有发现，违反孩子的意愿监督他写作业，或试图强迫他做作业能起到什么作用。一旦顾问型家长跟老师做出了如上解释，孩子的老师可能会感到震惊，甚至还会欣喜起来。根据我们的经验，把家庭作业单纯看作孩子和他的学校之间的事，通常是很有效的。当然，我们还是要让校方明白，我们有提供帮助的意愿，但是我们更要提醒孩子他自己要扛起来的那些责任。

当奈德他们两口子决定让儿子为他自己的家庭作业承担更多责任时，奈德发现自己体验到了新的境遇。在一次查询电子邮件的时候，他偶然发现，老师给他写了这样一封信：

我注意到，在过去这几个月里，马修在每天的早自习之前，一直都在用劲赶作业，看上去总是慌里慌张的。你们在家最近有没有觉察到什么异常，比如他在早晨上学之前还没有完成作业，或者他忘了都留了什么作业，要不然，他为什么要在课前那么着急忙慌地补作业？

如果这孩子需要一些关于家庭作业管理的专门指导，请及时告诉我。我也知道，他在校外有不少活动要参加，所以我不确定，他会不会在晚上或周末没有足够的时间来完成他要做的所有功课。

有任何需要我帮忙的，可以随时联系我，这样他就不至于在时间管理上陷入困境。现在已经是他上中学的最后一个月了，我希望对他来说可以过得尽可能愉快。

以下是奈德的回信：

非常感谢你写信来。马修在课前最后一分钟还忙着补作业，那是因为他知道自己尚未完成任务。今年我们两口子都尽量避免问孩子："你做作业了吗？作业完成了吗？"而是问这样的问题："你的作业需要帮助吗？你有个写作业的规划吗？你的规划完成了吗？"我的看法是，他跟许多男孩子一样，没压力就没动力。所以他每天晚上吊儿郎当，却在早上全力冲刺，部分原因在于，那是交作业的最后期限。

如果你认为我说的还算合情合理，那你可能会这么问孩子："嘿，马修，你似乎着急要在最后一刻才完成你的作业。那你想聊聊怎么才能改善这种情况吗？"

你想让马修八年级的结尾变得有趣而且没什么压力，我很支持。说实在的，我们也巴不得能这样。如果你对我们有什么具体的建议，我们也会积极学习。

"我以前让我的孩子自己做作业，但是一旦等他们上了高中，风险就会变得太高。"

您说得没错。风险的确是很高，特别是对 11 年级的学生而言。但这风险可不仅仅来自上大学的事儿。对你而言，真正的挑战是能不能培养出一个能够投身自身兴趣的孩子。不妨想想你在紧握控制孩子的缰绳时，是否传达出这样的信息："过去我们的确信任你，可一到关键时刻，若还是让你说了算的话，那可就大错特错了。"如果你传递给孩子这样的信息，那等他们上了大学后，突然发现自己能全面负责自己的时间，而且没有什么监督时，就有更大的可能变得手足无措。

"我每天给自己设定好为女儿提供帮助的时间，就定在 7 点到 8 点这个时间段，但我女儿总是没法专注起来，磨磨蹭蹭，等我快没时间陪她了，她就会特别不高兴，而我还有很多别的事儿要忙。在这种情况下，我应该继续留下来陪着她吗？"

你可以在陪她这件事上加加班，但只能是作为给孩子努力学习的额外奖励。如果她在你安排的整个时间段中都努力学习，但也许因为今天的作业特别具有挑战性耽误了点时间，那无论如何，家长都要一直帮着孩子，直到她完成任务为止。但如果不是这样的话，我们建议你告诉她，你很乐意在第二天晚上的 7 点到 8 点继续给她提供帮助，并特别希望她这次能更加专注。同理，如果你的孩子在约定的时间里，没有找你就做作业的事儿提供帮助，但是在 9 点甚至 10 点才来找你帮忙，那你可以这么说："作业时间已经过去了。该睡觉了。你得休息休息，这样你才能保障明天可以思维清晰，我也是一样。"如果她想早点把作业完成，那当然很好，但你不应该为此帮她。你提供帮助的时间段很明确，她可以自由利用，或者不利用。与此同时，如果她仅仅只是很偶尔才拖延，你大可以网开一面帮帮她，这也没什么关系。

"我儿子的篮球教练的风格，更接近你所说的那种专制型，特别有

用——他把我儿子练得倍儿棒！那为什么我就不适合采用专制型的养育风格呢？"

这挺好的，但你别忘了，对你儿子来说，你的角色可不是教练。你的孩子可以自主选择报名参加篮球队，进而选择跟着这位教练在团体中打篮球，这是一种可控制的压力因素。这位教练有很多孩子要关注，他也得尽量帮助每个孩子，这样才能实现大家的共同（相对短期）目标。教练与你的情况是完全不同的。请记住，虽然教师可以教导孩子，教练可以训练孩子（甚至可以把某个球员开除出队），但只有你可以成为孩子的"安全港湾"。

"如果我们的儿子不够成功，我们担心他会为自己感到难过、感到沮丧。"

你所表达的意思恐怕是这样的，你觉得你有义务保护儿子免受他自身意志的伤害。事实上，更容易让他沮丧的是控制感的缺失，而不是经历失败，你应该这么做：提供支持感以帮助孩子应对那些失败，并且帮助他把失败看作学习的机会，而不是一个无法挽回的终点。

"在学校里表现出色，对未来的成功至关重要。"

我们不同意这种观点。在我们看来，能够清楚地认识到自身的责任与分工，要比表现出色更重要，这是培养自律的儿童的关键。

"我女儿现在上小学二年级，班上所有的家长都在争取登录学校的系统，以跟踪自家孩子的作业进度，这有错吗？"

如果你的孩子仰仗着你的帮助和支持，而且她的确太年幼了，以至于没法自己登录并且跟踪她的课业——毕竟她还只是一个小学二年级学生，那么这么帮助她管理功课，并没有什么坏处。但是，管理并非监视。换句话说，你大可以帮助她登录系统，然后说："哦，看起来你有一份作业清单要完成，是明天要交的数学作业，那你要去做一下吗？"但是不要把她按在凳子上逼着她做作业，以及不断跟进，以确保她及时完成。你已经告知了她作业的情况，还表示了为她服务的意愿，这就足够了。不过要注意，随着孩子年龄的增长和能力的提高，你不能出于惯性一直保持这样一个角色。我们向你推荐这样一个参考标准：当一个孩子不再需要帮着穿衣服或穿鞋子时，他也就不再需要我们帮忙管理家庭作业了。

"我不想让我的孩子重蹈覆辙，走上我的老路。"

这种话比尔可是听多了。在回答前，他通常会问这类孩子的母亲，她是否觉得自己从错误中学到了东西，如果她不得不再来一遍，她是否会选择不再犯当年的那些错误，还是说，她压根就没从失败中学到什么教训。有时候，孩子犯了错，会导致父母担心孩子最终沦为像他们一样的人。比尔还会问这样的问题："如果你的孩子像你一样，你觉得怎么样？"如果答案是否定的，比尔就能明白，他真正需要做的，其实是帮助这个家长更加接受他自己。

"如果我不一直伴他左右，我担心他不会完全发挥出自身潜力。"

持续的鞭策恐怕并不能帮孩子完全发挥潜力。事实上，情况正好相反，这会逼他们施展浑身解数来摆脱你的控制，而不是做更多有益的事。当事情对某人自己来说很重要时，他才愿意多迈出一步，父母再为此着急也是没用的。

总结

顾问型家长这种模式的养成是需要时间的，在下一章里，我们将深入探讨，当家长退后一步，让孩子做出决定时，家长将面对些什么。但是在此之前，我们还是希望先传达给你一些重要的思想。

你缺少作为父母的控制权，这其实是个好消息，即使乍看起来好像不是这么回事。当奈德的儿子上五年级的时候，有一次他没能完成课业，于是便想着责怪妈妈凡妮莎。"哼，你没有提醒我做作业！"他说。在他的辩解中，他完全寄期望于母亲的检查，因为她总是给他检查作业。所以在这件事之后，他们一家子专门把事儿好好聊明白了，课业本就不是凡妮莎的责任，她不该再像之前一样管课业的事儿了。奈德和凡妮莎明确表示，如果马修想要有人提醒他，或者如果他真的需要帮助，奈德会很乐意提醒他做作业。但归根结底，马修的作业还是要由他自己负起责来。

当我们免去了所有与作业有关的焦虑和争执时，还发现了一些意外惊喜。当父母放了手，让马修自己负责他的作业时，他起初弄得一团糟。有一次，他在科学课（他最喜欢的科目）的一次考试中考砸了，因为他为了考试进行的复习全都复习错了内容。这可真是糟糕！没有"我是不是早就跟你说了"，也没有什么争执，奈德或凡妮莎并不打算趟这摊浑水，帮孩子准备下一次测试（尽管看起来他的确还需要多一些自律）。和以往不一样的是，这次马修没有受到来自家长的压力，于是他开始自己思考，到底是哪里搞错了，并积极思索解决的办法。

事实证明，虽然马修那次考试成绩不怎么样，但他对考试所涉及的内容（生命科学原理）还是很有兴趣的。考试结束后，全家人挑了个周末出门去远足，在路途中，奈德跟马修聊了聊他最近所学的知识。马修讲起这个话题来滔滔不绝，他说的其实也都是考试内容。他跟大家说，考试过后，他其实花了相当多的时间专门独立研究这个课题。考多高的分数并非成长的目的，最重要的还是真正的好奇心和发自内心地学习。

当然了，我们并不是让大家去追求一塌糊涂的考试成绩和写错了的作业。我们是想提醒大家，要把握大局：我们希望孩子成为善于思考的学习者，希望他们自律，而不需要他们被纪律驱使。你靠着高高在上的权威凌驾于孩子之上，但这会消耗你很多宝贵的时间，也会让家庭不再是一个"安全港湾"。一位母亲最近分享了这样的经历：这位妈妈最近又和十几岁的儿子吵架了，她为这事儿一直发愁，她还有位朋友，家里儿子已经20多岁了，告诉她："吵架其实很不值得，我最大的遗憾之一就是，在儿子过去住在家里的那些年里，我们花了太多的时间来做作业。我真希望能回到那段日子，重新更好地享受在一起的时光。当年所有的争吵在现在看起来都毫无意义，我真心觉得我错过了那个时候的他。"

今晚怎么做

- 可以试着问问这些问题："谁要对此负责？""这是谁的问题？"
- 想想你家算不算是个"安全港湾"。你们一家人是否经常为吃什么或看什么电视节目而吵架？全家人的情绪温度又是多少？如果你对你的孩子感到沮丧，他自己其实很可能也处于沮丧之中。所以，要问问他的感受和想法。
- 如果一个孩子讨厌、拒绝做功课，你可以提议让孩子在学校一起写作业，找年龄较大的孩子和他一起做作业，或者与孩子的老师聊聊，看能不能减少点强制性作业。如果你的孩子对家庭作业有过于强烈的消极反应，请好好评估一下他的情况，以排除学习障碍等问题。
- 帮助你的孩子营造一个合适的学习环境，必要时，帮他建立起自己的奖励模式，这样有助于他完成定下的目标。如果他没有达到目标，就以同情的态度回应："好可惜啊，今晚你没达成目标呢。"但不要发火，或是威胁说要罚他之类的话。你的目的是要帮助他培养出自我激励的能力。
- 表达出你对孩子解决问题的能力有信心。

3

第 3 章

"这事听你的"：能自己做主的孩子

上高中的时候，马特对追求独立的热情可以说是与日俱增的，随便给他一个规则，他都要打破它。倘若给他制定了宵禁，过点儿之后，他还是能故意在马路边上再坐上半个小时。

马特一点儿规矩都不守，但他实际上也不是故意犯浑。他只不过是不愿意听任别人呼来喝去的。他其实也蒙受着焦虑的困扰，尤其是控制感的缺失，给他带来了不小的压力。

马特的父母高度重视自己跟儿子的关系，因而对于他每天的各种决定没怎么干预，甚至对于那些能影响他的未来的决定，他们也觉得该无为而治。时至今日，马特的那些决定看来的确产生了长远的影响。马特自己是这样说的：

我上高中四年级的时候已经 18 岁了，妈妈给我的学校签署了一封公证信，我就成了我自己的法定监护人，这意味着在那年剩下的时间里，我可以随意外出离校，而我的父母也无法访问我的任何私人信息，其中还包括成绩。我真的不知道，我妈为什么会同意。我估摸着，她希望向我传达这样一种信息：她相信我作为独立个体的能力，我已步入成年，所以我最好自己决定成年后的我要做些什么。无论如何，这对我来说是件很有分量的事，以至于我不敢越雷池一步。

事实却并非像我妈想的那样，我肆意地滥用了这个特权，简直爽得没法说了。在学生服务办公室工作的那位女老师，每天都要给我写一张离校单，我当时就直接走进她的办公室，插队跳过等着她办事的其他学生，拿了单子就走。我估摸着，我妈没准也知道，这会让我胡作非为又乐此不疲。这辈子头一回，我觉得自己的事自己说了算。

马特的父母给予他如此程度的自由，这个决定做得其实很艰难，但他们觉得从长远来看，这才是马特真正需要的。马特在高中毕业之后、获得大学学位之前，辗转过好几所不同的高校，等到他二十五六岁时，他终于战胜了自己的焦虑，稳定下来。时至今日，已经过去了很多年，马特现在在华盛顿特区成功地运作着一个智库，并利用他在童年时学到的东西，来养育他自己的孩子。

马特坚信，他父母当年的做法真正有助于他长期的发展。"虽然在最终获得学位之前，我上过几所不同的大学，但如果没有我爸妈帮助我意识到，这其实是我必须自己面对的，那么我在上大学的时候，肯定会被各种事情压得喘不过气来。"

正如你可能感受到的，第 2 章的内容已经将你推到了舒适区的边缘，而本章则会更进一步，带你真正走出舒适区。我们已经谈过了你作为顾问的这种角色定位。现在是时候该好好深入琢磨一下你孩子的观点，并进一步考虑，他在作为决策者时究竟应该是什么样子。

你已经开始不安了吗？先别着急，咱们先从最基本的开始谈，首先，在你的孩子身上采用以下这三条规则：

（1）"你特别懂你自己，你可是自己的专家。"

（2）"你脖子上长着你自己的脑袋。"

（3）"你想要让生活中的一切都有条不紊。"

要想教给孩子这样的观念，首先你自己要相信它们："这事你说了算，我相信你有能力对自己的生活做出明智的决定，就算不那么明智，你也能从错误中吸取教训。"很关键的一点是，你不能光跟孩子这么讲，你还要真正地实践你说的话。有时你会觉得他们的决定真的挺不靠谱，但除非他们已经离谱到一定程度，否则我们还是建议你尊重孩子的决定。

比尔最近接触到这样一个案例：格雷格是一个聪明的 12 岁女孩的父亲，他的女儿不喜欢刚刚转入的私立学校，还想着回到原来的公立学校。当比尔建议让格雷格的女儿决定最适合她自己的地方时，这位父亲几乎笑出声来，并表达了一个在家长之中很普遍的观点：做重要决策对于年轻人来说真的还太早，因为这些决定太关键了。"我不会让一个 12 岁的孩子决定如此重要的事。"他说。他认为自己知道什么对女儿来说是正确的，他也不想把决定权交给女儿，因为他坚信，小姑娘不会做他想要她去做的事。还有许多父母也会得出同样的结论，归因于年轻人的生活经验和阅历远不及父母丰富，并且年轻人可能考虑问题不够理性，还会被不少事情影响，比如对事物的熟悉程度或者友谊。

可能他们的确还有些嫩。当我们表示希望儿童和青少年尽可能做出自己的决定时，我们真正想要的其实是让他们做出"明智的决定"。作为父母，我们的确有责任为孩子提供那些我们有而他们欠缺的信息和视角，以便他们能够做出最好的选择。一旦听取了适当的信息，孩子通常就会为自己做出正确的决定——不但不比我们差，有时甚至还会更好。

在这一章里，我们将首先阐明在让孩子作为决策者时，家长存在的一些误区，并概述一些特殊情况——针对那些尚未做好准备自己做主的孩子。然后我们将提出一个令人信服的论点（真的无懈可击），来论证你为什么应该支持你的孩子在深思熟虑后做出的那些决定（除非真的很蠢），并鼓励他养成这种习惯。我们还将深入阐释，随着孩子成长为成熟的决策者，他们会有哪些表现，这样一来，无论你的孩子是 2 岁还是 22 岁，你都能将此方针加以贯彻。最后，正如前一章所述，我们还会探讨为什么彻底放手如此困难，并将再回顾一些我们在接待过的父母那里见过的最普遍的问题和疑虑。我敢打包票，这里面绝对有能说到你心坎里的干货。

"你来定"不该有如此意味

"你来定"并不意味着孩子可以在所有事上都拿主意，以至于家庭被其最年轻的成员全面统治，比如："每天的晚餐都要有巧克力蛋糕！"你不应该埋葬自己作为父母的权利和感受，如果你家 5 岁的孩子实在想去动物园，但是你身心劳顿，那么我们其实并不建议你硬撑着带他去。如果你家 16 岁的孩子想在晚上开车到另一个城市去听演唱会，而你有着安全方面的顾虑，那还是请你相信自己的直觉。作为父母，你要做自己感觉合适的那些事，同时，你还应该帮助你的孩子领悟这一点。"我不能因为爱你就放纵你做出这个决定，因为这决定听起来实在不大靠谱。"这就是一个非常合适的说法，还有比如："今晚轮到妹妹来挑大家看的电影了，你不妨在下周轮到你的时候再来选？"

"你来定"与给孩子设立边界并不冲突，设立边界始终都是养育的重要组成部分。如果一个小孩拒绝停下做他正玩得欢的事儿，比如在公园里玩耍，那你要做的是保持冷静，同时利用同理心，还要给孩子提供一些备选项。（"你是想把现在这个游戏玩完吗？我们现在可是要继续出发了哟，但你是不是还想再多玩 5 分钟？"）如果在这之后孩子仍然不遵守诺言，那么可以这么说："你是想来握住我的手，还是要我带你走？"这么说完全没问题。如果孩子不同意过来牵起你的手，那就把他抱起来，再把他带到车上——就算他又是蹬腿，又是尖叫。在下一次去公园之前，你不妨这样说："如果你在离开公园的时候，能接受我提前 5 分钟的知会，那我还是很愿意带你去公园的。我不愿意追着你到处跑，也不愿意跟你吵架，如果这回离开公园还是搞得很麻烦的话，我会等几天（或一周）才再带你去公园玩。"

虽然我们不能一直留在自家的青少年身边，但仍有办法在必要时给他们设立边界，尤其是要限制我们愿意为孩子做的那些事。我们可以对一个花了太多时间拿手机收发信息的少年说，我们很介意在这种情况下替他支付全额电话费。我们需要制定好明确的基本规则，同时牢牢记住，我们的终极目标不是为了培养一个顺从的孩子，而是为了培养出能够理解在生活中如何正确行动和理性交流的孩子。

"这事听你的"并不是要为孩子提供无限的选择。事实上，孩子承担不起无限的选择。正如我们在第 1 章中提到的，当孩子知道，有成年人在身边帮着自己做出自己还没准备好做出的决定时，孩子会觉得最有安全感。自由又放任的养育模式达不到很好的效果，其中的部分原因就是孩子不得不做一些他们还没准备好的事，会让他们倍感压力。我们都明白，当周边的世界很安全时，孩子才会感觉最舒服，而当我们创造一个可预测和结构化的环境时，才能让孩子周边的世界达到最安全的水平。

最后，"这事听你的"并不是一种操纵孩子的套路，或取巧地让孩子误以为自己说了算，而实际上他们的决定其实是父母的决定。要做就做诚实的父母——亲子间的信任就是这么来的。你要告诉自己的孩子，你真心尊重他们。与此同时，如果你要培养出孩子的自主能力，就必须真正一点一滴地让他们有更多的控制感。

那么"这事听你的"究竟是什么意思呢？最简单的说法是这样的：当孩子需要在生活中做出决定时，你不应该左右那些他们有能力自己做出的决定。首先，设立能让你感觉舒适的干预边界，让孩子有机会自己操练一下。然后在这些边界之外渐渐做出更多让步。同时为了让你的孩子做出明智的决定，帮他们了解更多的相关信息。倘若围绕着某个问题，你们之间存在冲突，那么请使用协作型问题解决法，这是罗斯·格林（Ross Greene）和 J. 斯图亚特·亚邦（J. Stuart Albon）所开发的一种交流技术，首先要以同理心表达开始，然后向孩子承诺，你不会试图因你的意志强人所难，迫使他做他本不愿做的事情。随后，你们可以一起确定能达成共识的解决方案，并摸索出如何达成目标的具体方法。只要你的孩子最终做出一个不算太离谱的决定就行，哪怕这个决定在你的心目中并非首选。[1]

当然了，不同的人眼里有着各不相同的"离谱"。有一个很有用的评判标准，就是找个通情达理的人（比如阿姨、叔叔、老师或教练）去问问，看看他们是否会认为这个选择不够明智。格雷格那聪慧的 12 岁女儿想回到当地的公立学校就学，我们并不认为这有什么离谱的。学校的资源可能的确比她父母决定让她转去的私立学校少，而且有些班级的教学质量也可能堪忧，但只要她感到安心，并身处支持她的朋友圈，她就完全可能会表现得更好，也完全可能更快乐。但如果她决定的是要离开家，并加入某个马戏团，那可就是另一回事了。

在很多情况下，儿童并不被信任能做出明智的决定。如果格雷格家的女儿不愿就自己的情况倾听利弊并征求意见，那么归根结底，可能就是因为这事压根就不是她能说了算的事。对你家的孩子而言，他必须愿意去倾听外界的信息，愿意去思考他自己的选择，就这么简单。

除此之外，如果孩子处于严重的抑郁之中或有自杀倾向，那么以上所有内容都不再适用。因为在这种情况下，他的逻辑思考能力受到了损伤，你恐怕并不能默认他具有这样的基本信念：他希望自己的日子能过得蒸蒸日上。抑郁症患者并不能清晰地思考，因为在界定抑郁症这个概念的时候，就有一部分涉及思维上的失调。同样，如果一个孩子有着酒精或毒品依赖这类问题，或者有自残的行为，他其实也并不能充分权衡利弊，进而做出正确的决定。对于那些暂时无法为自己做出合情合理的决定的孩子来说，我们有时的确需要替他做决策，但是我们提到的大原则仍然成立。

有 6 个理由能证明我们没错

（1）科学站在我们这边。

当你有了更多的空间来做出自己的决定时，你就可以在各种情况下感到得心应手。大脑一直都在学着做出艰难的抉择，同时保护它自己免于来自无助感的巨大压力。大脑同时也受益于由自主感所带来的内在动力。在管理自己的压力和战胜自身的挑战方面，孩子获得的经验越多，他们的前额皮质就越能调节好他们的杏仁核。

我们的许多客户对青少年大脑发育的研究成果都很熟悉。他们知道，青少年的确倾向于承担一些看似愚蠢的风险，尤其是当他们和朋友在一起的时候。这些父母也都知道，孩子的前额皮质尚未完全发育成熟。但正如我们在第 2 章中所指出的那样，如果等到孩子的大脑完全发育成熟，再放手让他们做出决定，这根本就不现实，除非你能等到孩子长到 20 多岁甚至30 岁出头。大脑的发展依托于其使用的方式。这意味着我们通过鼓励我们的孩子并要求他们做出自己的决定，恰恰可以赋予他们宝贵的经验，让他们能理智地评估自身需求，关注自己的感受和动机，进一步在抉择中权衡利弊，并试图自己来做出最明智的决定。我们要帮助他们把大脑开发成这个样子：习惯并善于做出艰难的抉择。这事非同小可，还将在未来换取巨大的回报。

（2）不要让孩子觉得自己是个"空心人"。

当我们试图要指导孩子的生活时，我们可能会看到短期收益，而忽视那些长期损失。如果孩子倍感压力，他们经常会拒绝去做对他们有利的事情（想想我们提过的马特，他在马路牙子上干坐着，就是为了晚上不按时回家）。就算他们恰好是那种愿意好好听话而非表现叛逆的孩子，那么仍然存在这样一个问题：如果他们在以后的生活中取得了成功，他们也会觉得自己虚有其表，仿佛他们的成功压根就不是真的。治疗师兼作家洛里·戈特利布（Lori Gottlieb）写过一篇文章，刊载在《大西洋月刊》上，谈到了她的困惑：为什么她有那么多二十几岁的患者有着莫名其妙的抑郁症状，哪怕这些年轻人有着很棒的父母，而且还有着表面上很好的生活。这类患者的情况一直让她感到费解，直到她发现了问题的真正所在。"在学术研究中，"她写道，"临床方向所重点探讨的，一直是父母的养育缺失会如何影响孩子。从来都没人想过要问，如果父母养育过度，又该怎么办呢？这样的孩子又会有什么问题？"[2]

她通过一个蹒跚学步的孩子学走路的例子来探讨这个问题，那孩子的父母甚至在孩子有机会体验走不稳的结果之前，就猛扑过来接住了孩子。父母正在疯狂地加大投入，就是为了让孩子不受苦，但为什么要这么做呢？让孩子吃点苦，哪怕父母看着会心疼，但这对于孩子韧性的发展是至关重要的。现在的父母这么做，是因为实在见不得孩子吃苦吗？还是说他们一定要有那种被孩子需要的感觉？

这种"直升机育儿"类型的养育模式，以及这么培养出来的孩子，我们见得多了。奈德的学生萨拉有一次来找他，那时恰逢她即将要出国学习一个学期，她的父母当时也在旁边。聊着聊着，她的爸爸妈妈就表达了他们对孩子下个学期的目标期待和深切担忧。他们还问了几个问题："萨拉走了以后，咱们错过的数学课可怎么办啊？咱们要怎么才能搞定 SAT 考试啊？"大部分时间都是她的父母在说啊说。虽然最终大家都对某个计划达成了共识，但奈德不禁还是感到萨拉有些不爽。于是，第二次他单独跟她见面时，他就问了问她对此的感受如何。

"计划是个好计划，"她说，"问题在于咱们。""愿闻其详。"

"一天到晚总是说'咱们必须要在这门课上拿到好成绩',还有什么'咱们今年必须取得好分数',以及'咱们必须写出更好的论文'。"显然,莎拉体验着这种挫败感已经有些日子了。"我爸妈又不写论文,要写也是我写。压根就没有什么'咱们',他们每次这么说,我就感觉很崩溃。这是我自己的生活,这是我自己的事情,这是我自己要写的倒霉论文。"

记得我们之前提到过的那句重点的话吗?"我相信你有能力对自己的生活做出明智的决定,就算不那么明智,你也能从错误中吸取教训。"莎拉的父母与她的沟通方式,和这句话所表述的正好相反。说实话,这就跟那位母亲拒绝让她的孩子体验摔倒一模一样。莎拉是一个聪明、有闯劲的女孩,但她所能听到的只是她的父母不相信她做出的决定,甚至都不觉得那些选择的决定权其实应该在萨拉手中。

(3)让孩子拥有控制感,这是培养他们胜任力的唯一方法,不仅仅是能胜任怎么做抉择,更是能胜任他们要掌握的每一项技能。

正如谚语所说,"智慧来自经验,而经验来自失策"。孩子需要先练习做出决定,随后才能掌握怎么做出正确的决定。单单告诉我们的孩子,如何才能做出正确的决定(或告诉他们怎样为自己谋利益)是远远不够的。这也起不到什么示范与启发的作用。他们有必要实打实地去体验,去练习。他们要去体验他们所做选择的自然后果,比如他们决定不穿大衣,那就会感到不舒服,再比如他们决定不去学习,那就会在考试中获得不好的成绩。我们常常看到,很多青少年和年轻人哪怕上了大学,也没有太多机会来对重要的事情做出决定,包括如何构建他们自己的时间,如何分配他们要付出的精力,甚至还要不要留在学校里。他们在设定和实现目标的时候困难重重,甚至选专业、选课、做日常的日程安排都搞不定,要我说,这一点都不奇怪。

对于其他各种生活技能来说,也是如此。有这样一位母亲,带着两个孩子去接受奈德的辅导,想知道能不能用支票来给奈德付款。虽然她知道，信用卡如今走到哪儿都用起来更方便，但她还是希望她的孩子能够有实际写下一张支票的经验，这样他们以后就知道怎么写支票了。这让奈德想起了一件往事，他曾经有一次在路边见到一辆亮着示警信号灯的抛锚车，他特意停下来去看了看。这辆车爆胎了，但车上的孩子没一个知道该怎么更换轮胎。按理说，他们在拿驾照前的培训中肯定看到过怎么换轮胎。但是你哪怕看了 100 个关于换轮胎的视频，如果你从没真正自己换过，这时候仍然会手足无措。当然，美国汽车协会（American Automobile Association，AAA）的人用不了一个小时就能到达。但是，你明明可以自己搞定这个问题，又为什么要黑灯瞎火地在公路旁边干等一个小时呢？要知道，实践出真知啊。

（4）你并不总了解怎样才是最好的。

这一条可能比较难以接受，但实话实说，了解对孩子而言怎样才能利益最大化，真的很难。其实，从某种程度上讲，之所以难就是因为你其实并不知道你的孩子想成为什么样的人——这个答案需要他在你的帮助下自己去探寻。而且，"塞翁失马，焉知非福"，成功的途径有很多，然而有时候，我们只能通过绕点弯路，来找到最终合适的途径。

为人父母，我们经常替我们的孩子做出看似完全合理的决定，比如给孩子报名去足球队而不是戏剧团，而最后却发现挨踢遭埋怨的是我们。我们自己的日子又过的何尝不是这个样子呢？我们中的大多数人工作太忙、吃得太多、睡得太少、投资理财失意，意识到自己的职业生涯也没有按计划推进，所以我们还是谦卑点吧。有时候，你压根儿就不知道怎样做才是最好的。

在奈德上大学一年级的前几个月里，他曾想要休学一年。他的父母担心他一走了之不回去上学，就拒绝了这个想法。他在大学一年级时遭遇了重重困难，当他升入了大二，却发现困难依旧，于是他再次尝试提出休学一年的要求。这一回，他的父母同意了。奈德在那一年里终于有机会离开了人生的传送带。这让他终于有机会逃离压力，并考量一下自己真正想做的事。他虽然并没有找到所有的答案，但他确实以更好的状态重返大学校园。正是在大二那年，他第二次尝试休学的过程中，他加入了一个无伴奏合唱团，并且跟几个成员一起，一直唱到了今天。最重要的是，在大三的时候，奈德开始跟他现在的妻子凡妮莎约会了，而她就是鼓舞他去做辅导工作的那个人。倘若没有那一年发生的种种，他现在就不会写出这本书来，也不会拥有那些优秀的孩子。这听上去有点像电影《生活多美好》，同时也点出了这部电影之所以经典的原因。机缘巧合同样也是生活的基础组成部分，而父母拟定的种种计划却并不总是意味着越来越好。

（5）孩子都很能干，不骗你。

比尔于 1985 年开始以神经心理学家的身份开展工作，在那个时候，学生常常重复地上幼儿园或一年级。令他感到震惊的是，他经常跟大学生一起工作，而当被问及他们在上大几的时候，很多人都会回答说："我是个大学二年级的学生。其实我应该上大三了，但我的父母当年让我重读了一遍一年级。"这些孩子一直怀着极大的怨恨，因为当年他们六七岁的时候，关于他们那无法控制的生活，父母就已经做出过决定。虽然比尔一开始还对此有些紧张，但最终他还是建议年幼孩子的父母，要带着他们的孩子参与到决策的过程中来。他建议父母这么说："没有人会逼着你重读一年级。这事听你的，但我们需要考虑考虑，这么升进二年级，会有哪些优点和缺点，这样你才能获得必要的信息，并最终做出正确决定。"比尔最终发现，即使是对年幼的孩子而言，他们也有能力做出优质的决定，至少不比成年人所期待的那个决定差。他还发现，一旦遇到了问题，孩子会经常提出一个父母想都没有想过的解决方案。还有几个孩子甚至说出了这样的话："我还没准备好上二年级呢，如果别的孩子老是戏弄我，我就不理他们。"还有这样的："我想我能去上二年级。但是，如果作业太难了，有人可以帮忙辅导我一下吗？"

30 多年前，曾有一项非常出众的研究，着眼于探究 9～21 岁孩子的决策能力。[3] 该研究会询问参与者，看他们如何处理这样一个非常敏感的局面：有这么一个男孩，他连续几个星期拒绝跟家人交谈，而且一直待在自己的房间里。在实验的结果中，14 岁的被试做出了与 18 岁甚至 21 岁的被试非常相似的决定。这些决定类似于大多数行业专家所能提出的建议（就是让这个男孩去接受心理治疗的门诊服务）。有趣的是，哪怕是 9 岁的孩子，他们中也有一半选择了这个建议。总体而言，14 岁、18 岁和 21 岁的孩子在决策方面的得分几乎相同，而 9 岁儿童的得分仅仅略低一点。我们认为，这不仅表明 9 岁的孩子同样是很能干的决策者，而且即使他们表现得差强人意，那也是因为缺乏相关知识，而不一定是因为判断力差。

《今日心理学》前编辑罗伯特·爱泼斯坦（Robert Epstein）撰写过大量文章，探讨青春期的力量和潜能。他还和同事黛安·杜马斯一起（Diane Dumas），开发出一个"成人度测试"，涉及的问题有关爱情、领导力、人际关系技巧和责权分配等问题。他发现青少年在这项测试中的表现通常与成年人一样好。[4]（顺便提一下，本书的两位作者都通过了这个测试。）爱泼斯坦认为，在美国，我们把青少年塑造得过于幼稚了，而一部分原因恰恰是父母的表现，就像孩子无法做出负责任的决定一样。虽然我们不能杜绝青少年做出冲动的选择，但我们至少可以放权，让他们就那些对他们来说重要的事情做出明智的决定。有研究发现，当孩子长到 14 岁或 15 岁时，他们通常就具有了成人水平的做出理性决定的能力。事实上，孩子的大多数认知进程，在青春期中期就能达到成人水平了。[5]

（6）明智的决策以情绪智能为前提。孩子有必要去了解，对他们来说，到底什么才重要。

明智的决策的确依托于知识的启发，但仅有知识还远远不够。在皮克斯的电影《头脑特工队》中，人物乐乐、怒怒、忧忧、厌厌和惧惧共同分享了主人公小女孩大脑中的控制面板。这部电影反映了一个基本的科学道理：情感在指导我们的思考、决策和行为方面，起着至关重要的作用。在缺乏情绪指导的情况下，我们不可能评估某事物是好是坏，是对是错，是有益还是有害。人的情绪大脑中心一旦受损，甚至都不能做出像是否要出门去吃饭这样的简单决定，因为他根本就不知道自己想要什么。[6]

我们也希望孩子能关注他们自己的情绪。不过，我说这话的意思并不是要让我们的孩子服从于情绪的驱使。如果你正生着气，那现在肯定不是个做决定的好时机。我想说的是在做决策的时候考量更多的因素。孩子必须能够感知到诸如嫉妒、内疚、同情和钦佩之类的感受，才更容易考虑到其他人的需求和期待。同时，他们也必须学会，当自己身处于愤怒、嫉妒、怨恨和仇恨中时，又该如何应对。

孩子对外界事物与自身需求的主观感受，并不比客观事实次要，它们均是决策过程的重要组成部分。无论我们多么想让孩子克服他的负面情绪，我们都不能真这么干。如果有个孩子在看过一部恐怖电影后觉得害怕，那我们可以帮助他认识到，那仅仅只是一部电影，但他的感受的确是真实的。这样才能让他做好准备，下次更好地应对恐怖片。倘若孩子生气了，并觉得很委屈，那我们可以在孩子开展报复行动之前，帮助他理顺他的痛苦感受，教他学会"退一步海阔天空"，并让他考虑一下他想成为一个怎样的人。我们希望孩子能练习调整自己的情绪，并最终去探究这样的问题：到底什么才是适合我自己的呢？

对行动的控制感

你的指导和支持能鼓励孩子做出明智的决定。这意味着平时你要多说点这样的话："我相信你能做出明智的好决定，虽然咱们说好这事最终还是由你来定，但是，我还是想让你做出尽可能好的选择，所以我想帮你考量一下各种选择的利弊。我还期待你能与拥有更多经验的人谈一谈，并听听他们给你的反馈。最后，如果你的计划没有按照你预期的路子走下去，我觉得咱们就要一起讨论怎么另谋出路，这也非常重要。"

这段"话"之中有着很多深意。你首先让你的孩子知道了，你是信任他的。你还明确表示，你会陪伴他并且支持他。你也引导他思考了，他需要什么样的信息才能做出正确的决定，而且你还带领他去对抗挫折，不把犯错看成失败，而是当作一个信号，提醒着你们，是时候该想想别的对策了。

显然，你不能在孩子的每个年龄段都一字不差地用上面这段话。但即使是面对非常年幼的孩子，这些话的基本原则也是不变的。以下就是针对各个年龄段的孩子，"这事你来定"的阐释。

幼儿：给他们两件衣服，让他们自己挑出心仪的。或者，如果他们准备好了应对挑战，那就让他们自己穿戴整齐，你可以适当提供帮助，但不要强迫他们这样那样。对他们来说，穿条裤子可能都需要很长时间，而且他们可能会因为无法轻松正确地做到这一点而倍感沮丧，但是，他们这是在学习掌握重要的技能。你也可以依托更复杂的框架来帮助他们，比如说："你想玩积木还是想画画？"

学龄前儿童：优秀的学前教师懂得，给孩子提供决策机会自有其重要性，要让孩子自己决定时间如何分配，决定哪件事对他们而言最重要，所以说，"自由选择时间"在学龄前孩子的世界中，是不可或缺的一部分。

学龄前儿童的父母可以多多鼓励孩子参加一些戏剧性的游戏，而不是玩电子游戏或参加那种成人化的有组织的活动，比如一些体育项目。当孩子以非结构化的方式去玩耍时，他们就会自行决定到底如何花时间。他们就会问出这样的问题：我应该把这个纸盒子装进火车里，还是放进城堡里呢？我应该打扮这个娃娃还是那个娃娃？我应该拼一个乐高飞机还是乐高宠物医院呢？我应该打扮一下自己，还是去玩图片上色呢？

当孩子年幼时，大部分的活动都能向他们证明，他们确实手握控制权。

我们有一位睿智的朋友，做了20年的家长教育工作，他建议要给学龄前儿童提供日历，并记录他们生活中所有的重要事件，部分原因是这能帮助孩子更好地理解时间是如何流逝的，也能让他们了解以后的日子将怎么度过。在帮助孩子提升对自己所过的每一天的控制感方面，我们不能夸大日历这种工具的重要性。可当你来到孩子身边，让他们在日历上划掉这周已经过完的那几天，或者花点时间浏览一下孩子今天的日程表，并尽可能让他们决定与日程表有关的诸多事项时，这种沟通方式就向孩子表达出了一种尊重——他们就能意识到，孩子并不仅仅是父母的生活与计划中的一个标签，而且他们还能了解，什么事会在何时何地发生在自己身上。随着年龄渐增，孩子将开始为自己记录下重要的内容，而这可以进一步帮助他们培养出属于他们自己的控制感。

小学生：随着孩子年龄的增长，你可以开始为他们提供更多的选择，包括要参加什么活动，吃些什么食物来保持健康，以及怎么做时间规划，才能让他获得充足的睡眠。"这事你来定"开始对他们具有更加深远的意义。你可能要这么与孩子沟通："我明白，你真的想去看今晚的电影首映，我其实也想去。我还是会让你做出决定，但首先呢，让我们考量一下这么做的利弊。因为这是场首映，可能要排很长的队，所以在我们必须尽早到，还要等很久。户外现在很冷，所以在我们排队的时候，你有可能会觉得很冷。但话说回来，跟着很多志同道合的人一起去看电影首映，这事肯定会很有趣。"我随便假设一下，孩子还是决定了要去看电影。然后你大可以这样说："很棒。让我们琢磨一下备选方案，以防万一今晚的行程不尽如人意。要是你累了，或者没有选到好座位，那你觉得我们该怎么办呢？"

无论怎么说，外出看场电影都是一个非常无害的提议，但当意识到这伴随着有更高的风险时，小学生也有能力做出正确的决定。比尔最近会见了一对父母，他们有一个患有学习障碍的11岁儿子，名叫安迪。在安迪的父母看来，能跟导师共同相处一个夏天对他而言很不错。但安迪本人可没想这么多。比尔建议他们，要好好地提供帮助，来让安迪做出明智的决定，是否要这么度过整个夏天。他们可以跟他解释，如果他能接受课外辅导并狠下功夫，那就有可能会改善他的大脑，让他的阅读和写作变得更容易。安迪可以提醒他自己，每周足足有 168 个小时，而辅导时间却仅仅需要两三个小时——他还是有充足的时间来享受乐趣，并从上学年所带来的压力中缓过劲来的。这说的都是好处，但是他们也必须要承认一些坏处。因此，比尔也建议他们向安迪解释彻底休息的好处，这意味着安迪能完全远离学校，能让大脑在没有任何压力的情况下发展。

最后，父母还可以这么说："当我考量这其中的利弊时，我发觉这真是个艰难的决定。公说公有理，婆说婆有理。说一千道一万，在这种情况下，到底怎么做才是最合适的，还是你最有发言权。所以我希望你来做决定，而且我相信你会做出一个明智的决定，并且不管你决定怎么做，你都能学到东西。"这对父母接受了比尔的建议，而安迪本人选择了放弃辅导。这并不是父母愿意看到的选择，但也不是说完全不能接受。他们遵守了自己对这件事的承诺，而孩子也自己做出了选择。

那让我们来看看，如果安迪的父母没有给他选择权，并迫使他去接受辅导的话，事情又会是什么样子。

好处：一位优秀的导师可能会让安迪开窍，他后来会很感激他的父母当时坚持让他接受辅导。或者，如果安迪参加辅导并努力学习，我们如今就可能看到他的学业还有自信都稳步发展——6～8 周的辅导也就略有成效。但更有可能的是这种情况：安迪会参加这些辅导，并且可能会获得一些（但不是很多）成长，因为孩子从他们所抵抗的学术支持中往往获益很少，他们对此也往往没什么兴致。

成本：试图强迫孩子做一些他不想做的事情，会让亲子关系更加紧张。告诉安迪如下的观点将会产生一系列负面影响："这事我比你清楚。你个人的意见无关紧要。"安迪就会错过一次机会，去真正考虑什么对他的未来才是最有利的，也会错过这么做所能带来的成熟感。这么一来，安迪就总会向父母求助，而这恰恰证明，他的父母还是失败了。

初中生：在华盛顿特区，也就是我们所居住的地区，父母能为孩子做出的最重要决定之一，就是将他们送到哪个学校去读书。多年来，有几十位父母来找过比尔，都问同一个问题："我的孩子求学的最好学校是哪所？"而他总是回答说："在我看来，这么问才更合适，'怎样才能帮助孩子找到他求学的最好学校'？"

比尔曾接待过一个名叫马克斯的男孩，从一年级一直到八年级，他都经历着严重的学习障碍，所以他需要去一所专为像他这样的学生设计的专门学校。跟许多在童年时期上规模很小的学校的孩子一样，马克斯急于"淘汰"掉他那虽然规模小，但富于支持性的学校，而前往一所规模更大的高中。在那里，他将面对更多的社交选择。与此同时，他还想向自己证明，他不再需要去上为学习障碍儿童开设的专门学校了。马克斯的父母对于他去上一个提供不了太多支持的学校感到分外焦虑，这种焦虑完全可以理解，于是他们向比尔询问，他们怎么能帮助马克斯了解到保持现状才符合他的最佳利益。比尔向马克斯的父母建议，他们可以告诉孩子，最终还是会让他自己做出决定，而他们两口子则会尽一切可能帮助他最终做出正确的决定，包括为他提供最好的建议。

比尔与马克斯见了一面，并审核了他认为可能用作马克斯备选的两三所私立学校。比尔还与马克斯分享了他与另一位学校心理学老师的讨论，他们谈到了马克斯一旦进入公立高中，就有可能得到何种支持。马克斯非常认真地对待了整个决策的过程。他问过他的父母、其余几个私立学校的招生主任，还有比尔本人，他都问的是明显经过深思熟虑的问题，比如，在他转学之后，他有可能体验到怎样的经历。在整个辅导过程结束时，马克斯得出了最终的结论，他需要他所在的旧学校所提供的学业支持，于是决定继续坚守。随后他继续投入自己成功（且快乐）的高中生活中，在此期间，他的信心也得到飙升。他现在已经上大三了，一路走来顺风顺水，并且计划着继续攻读研究生。在这种情况下，他逐渐与父母变得观点一致，并且他可是完全靠着自己的力量做到的。如果他当初被无视意愿，被迫回到他的旧学校，我们估计他会一直坚信，他根本不需要在那里上学，还会憎恨自己的父母，是他们让他留下来的。

高中生："这事听你的"这句话，对很多高中生的父母来说，真的很难。众所周知，青少年都承担着特别大的风险，特别容易感受到来自同伴的压力。如今的你可能还记得当年上高中时飙过的车、约过的会和在派对中耍过的宝，对今天的高中生而言，情况并没有发生什么改变。但好消息是，目前有关于青少年大脑发育的研究表明，青少年并不认为他们自己有着金刚不坏之身。他们其实非常清楚，他们的所作所为有着怎样的风险。的确，他们会更强调自己的行为可能导致的积极结果，而非潜在风险。专家将这种现象叫作"超理性"。[7] 在与青少年共同协作，以求解决问题时，一定要知道他们持有着这种偏见，还要特别注重，多帮助他们真正深思熟虑一些潜在的弊端。如果他们坚持在错误的道路上一意孤行，似乎完全听不进去你与他们合作讨论的解决方案，那我们建议你可以稍微退回到强硬一些的养育模式来加以应对。"行吧，"你大可以这样说，"不一起来商量着解决问题？也行。那在接下来的这三天里，你就不要用车了。"我敢打赌，你一说出这样的话来，他们立刻就会变得愿意坐下来商量。

青少年是最接近法定成人年龄的人群，他们也是最需要听到如下这条信息的一群人："你能够为自己的生活做出明智的决定，并学着从错误中吸取教训，我对此深信不疑。"不过这句话并不意味着他们就真的不会犯下错误——他们肯定会摔跟头的。

但是伴随着每一个错误的发生，他们都能发展出更好的行为直觉和自我意识，尤其是当你也参与进来，帮着他们处理出错后的烂摊子，而不是指责他们或者说风凉话："我早就说了吧。"

除此之外：养育并不能阻止孩子 18 岁那一刻的准时到来。看着咱们自家孩子在大学里和 20 岁上下时做出的那些抉择，可能会让人非常闹心。几年前，比尔和他最好的朋友凯瑟琳谈论过她儿子杰里米的事，杰里米当时还是一名大学新生。他与一个女孩确立了恋人关系，却发现这个女孩有着太强的控制欲和施暴欲。凯瑟琳谈过了她试图让杰里米离开这个女孩的种种方法，还寻求了比尔的建议，想知道她还能尝试些什么手段。比尔说："我认为你跟杰里米直接表达说，你觉得他自己搞不定眼下这种情况，需要他老妈出手，给孩子传达这种信息是对他的不尊重。"凯瑟琳是天底下最善良的人之一，她很羞愧地认为，她可能会因为试图棒打鸳鸯而表现得对孩子缺乏尊重（虽然他儿子天天过得紧张兮兮，因为没人喜欢长时间被压制着）。他们又谈了谈，该如何跟杰里米进一步沟通来表达妈妈对他搞定这事的能力有信心。

随后，凯瑟琳专门去找了儿子杰里米，表达了对他的信任和对他的情况的同情（毕竟他在很多方面都爱着这个女孩，哪怕这是一段不健康的关系）。她还愿意提供任何形式的帮助。几个星期后，杰里米决定请假离开学校，并与住在另一个州的父亲一起工作一段时间，以便更轻松地结束他的恋情。他在一个学期后回来了，也顺利从大学毕业，并加入了执法队伍，职业生涯也很成功。

当然了，事情并不总是在完全理想的情况下加以解决的。但是凯瑟琳已经向杰里米传达了这样的信息：她对他做出自己的决定，并从错误中吸取教训很有信心。而通过这种表达，凯瑟琳也开始着力把自己打造成资源的载体与咨询的对象。

难处何来：一些常见的问题

你可以想象得到，在说服父母"放弃控制权"的斗争中，我们进行过很多对话。作为父母，以恐惧感为首的情绪有时会淹没你的思想。恐惧会导致你开始担心，如果孩子选错了可怎么办？如果他受伤了，该怎么办？如果他不开心，该怎么办？如果我失去了他，又该怎么办？我们是父母啊，所以还是要我们说了算。曾几何时，我们也这么吓唬过自己。这就是为什么我们将在下面专门讨论一些让父母陷入困境的情况。在我们给这些父母的回复中，你会看到，"这事听你的"在现实世界中，到底要如何发挥作用。

"上周，我 15 岁的女儿参加了一个聚会，聚会上的孩子弄来了酒。她喝得太多，把自己喝倒了，一头撞到了地板上，还撞成了脑震荡。很显然，她没决定对。所以我不明白，她这么不懂事，我又怎么能对她说'亲爱的，我想让你自己来定'这样的话。"

我们先考虑一下都有哪些选项。首先，你要论证，你家女儿没法做出正确的决定，因此需要更加严密的监督，你本人也要介入进来，直到她能表现出更好的判断力才罢休。这么做通常都不怎么顺利，一部分原因是除非你聘个私人侦探，否则你无法真正知道，你女儿是不是正在做她不该做的事。每周 7 天每天 24 小时地监控青少年，这是非常困难的。因此，虽然我们强烈支持要让你的女儿知道，她将在下个月甚至更长的一段时间里都没法参加派对，但我们还是建议，你要表达对她吃一堑长一智的能力有信心。你可以分享自己对她人身安全的担忧，给她一篇文章或让她看看 YouTube 上的视频，了解一下饮酒对发育中的大脑会有怎样的影响。也可以提醒她一下，你其实没法保护她免受生活中许多危险事物的伤害。还可以告诉她，你一直都愿意从派对上接她回家，如果她不愿意你接她的话，你也愿意帮她叫个出租车或者优步来接她，但一定要避免给她传递这样的信息：那天晚上她犯了傻，所以她不值得再被信任了。你要做的是帮助她从错误中吸取教训。

接下来就到了非常困难的部分：如果她重蹈覆辙，那怎么办呢？有些

自驱型成长

孩子似乎在不断地做出糟糕的决定，又怎么办呢？信不信由你，这种情况其实很少见。我们只希望孩子能做出聪明的决定，可孩子的决定要是太离谱了，我们还是会否决掉的。如果你的孩子一再做出同样糟糕的决定，那么他们在你的帮助下，多多练习决断的能力，就显得更为重要了——这样一来，他们才能进步。比如孩子频繁使用某种化学品，这已经是个大问题，那么请记住，这事没得商量，你就是需要进行强行的干预。然而，对于大多数判断失误的情况，我们建议你问问孩子那个来自菲尔博士的问题："究竟是怎么一回事呢？"随后讨论出一些方法，能让孩子下次做出更好的决策。

"我觉得，我要是不严格管理孩子行为不当的问题，那就像我骑马不收缰一样，是会让他侥幸挣脱的，这样他就学不了好。"

这不一定真成立。孩子其实不必为所有不良行为都承担一次恶果，才能了解哪些行为在这个世界上行得通。比尔永远不会忘记他的女儿在 6 岁的时候去上了日托班。一到要从日托班回家的时候，比尔的女儿就拒绝把玩具和日常用品收拾干净。比尔会鼓励她把东西收拾起来，并试图跟她讲道理，解释为什么"自己的事情自己做"非常重要。最后，他还告诉她，没收拾干净就别想回家。经过七八分钟的对峙后，比尔还是自己清理了玩具，带着女儿准备回家，而参加日托班的一位家长志愿者就会说："比尔啊，到底谁赢了呢？"严格强调纪律，并不是每次都好使。

"如果我的儿子做了一个非常糟糕的决定，他有可能会受困终生。"

如果一个 30 岁的人走进比尔的办公室，说他虚度了自己的生命，因为他在 8 年级或高中的时候，做了某个错误的决定，因此弄得机会尽失，那比尔会跟他讲："伙计，过去的就过去了。你仍然有很多机会，来重塑你的生活。"面对因貌似必然的挫折而感到惊慌失措的孩子，以及他们恐慌的父母，比尔会分享一下上面的假设。

这个问题引出了我们需要进一步了解的另一个假设：生命是一场通往

终点线的、路线明确的比赛。这个假设根本就不成立。我们都知道，儿童在身心方面的发展速度不同，其他方面的发展情况也类似。例如，莫莉是一个聪明的高中生，但她的高中生活太过波澜不惊，当她体会到大学里的自由时，就彻底失控了。她在第一个学期表现极差，而父母则告诉她，除非她把成绩提上来，否则他们就不给她付学费。莫莉为自己剩下三年半的本科生涯使劲学习，以中和她第一学期的成绩对 GPA 的负面影响。这种日子不轻松，也不有趣。当她接受医学院的入学面试时，又一再被问及第一学期的不良成绩。她解释说她当时有点偏离了正轨，但她又强调了自己是多么自豪，因为她已经重归良好状态，她还说这是她生命中最有个性的一段经历。她现在终于知道了自己到底有多厉害，而你也猜到了，莫莉被一所优秀的医学院录取了。

我们通常认为算得上灾难的挫折，其实只不过是一点涟漪。父母往往担心着未米，他们会想："如果他现在掉了队，那他一辈子都要落伍。"但事实并非如此。儿童大脑发育中的大多数情况，只通过年龄增长就可以实现。让他们每隔一段时间就经历一些挫折，而你则可以帮助他们走出困境，两者实际上反而能帮助他们更好地成长。

"孩子要是没人催着，就什么也不干，怎么办呢？我家有个整个夏天只想宅在家里玩电子游戏的年轻人，怎么办呢？"

正如史蒂芬·柯维（Stephen Covey）的名言（来源于圣弗朗西斯那段知名的祈祷语），"不求别人理解我，但愿我能了解人"。不妨问问孩子，了解一下他的反抗背后的原因。难道他真的喜欢花时间宅着，优哉游哉，而非跑出去疯玩吗？这听起来就跟养老一样。他的抗拒是否来自对"新奇"或"不可预测"的经历感到的焦虑呢？（还记得第 1 章的 N.U.T 概念中的 N 和 U 吗？）父母真的要去倾听一下他在揪心些什么。这种叛逆并不代表他想离开家庭，走上自己的路——而很能代表你该带着全家人，一起出去玩玩了，去了解他的背景，定位他的担忧，并尽可能地找到折中方案，这才是一种健康的解决方法。

你当然也有权利这么说："如果我不给你提点要求，让你整个夏天都无所事事，那我会觉得自己这家长当得不怎么样。好家长可不会这么做。所以，我还是想让你自己来做个决定。是这样的，我期待你能至少参加一项课外活动。那让我们头脑风暴一下吧，研究一下你到底要参加什么活动。"

"宗教信仰对我家而言非常重要。我们怎样才能确保我们的孩子可以遵循我们的信仰和宗教习俗，同时培养出强烈的控制感呢？"

根据我们的经验，大多数孩子在这方面都会依着父母的意思来。虽然有的孩子不喜欢去宗教场所，但只要前往宗教场所是你们一家人经常一起做的事，那大多数孩子并不会太抵制去那里，与此同时，大多数孩子最终还是会延承父母的宗教信仰。因此，我们认为塑造积极的宗教价值观，并采取"我们全家都秉持这一信仰，并将其付诸实践"的态度，就是一种非常恰当的方式。如果你的孩子对家里的宗教信条或信仰基础提出质疑，我们相信，最好还是要尽可能地诚实回答。如果你的孩子真心讨厌去教堂或犹太会堂，我们还是建议尊重孩子，并通过协作解决问题，寻找一个双方有共识的解决方案。

"如果我的孩子是个优秀的运动员，但又不想把自己的运动项目坚持下去，这可能会影响到他上大学择校，该怎么办呢？"

首先，你要弄清楚，为什么你的孩子去参加了运动项目，这对你很重要。是因为如果他不参加，拿不到奖学金，你就负担不起他上大学的全额费用吗？如果是这样的话，请使用写信的方法来解决问题。跟孩子解释一下，坚持这项运动有什么优点，以及如何找到更多他能上并且你负担得起的大学。继续这项运动也可能意味着，他不需要在读书的时候勤工俭学。至于缺点，可能是他并不喜欢这项运动，而且还需要在这方面花费不少额外时间。最终，在如此权衡利弊之后，让孩子自己来决定。

如果钱不是问题，那你不妨扪心自问，为什么这件事对你那么重要。如果这个项目不适合他，那就不适合他呗。一般情况下，父母总想扮演成爱德华剪刀手，并像修剪树木一样修剪他们的孩子，但情况是这样的：你的这棵树其实才刚刚开始成长，你甚至都不知道它是棵什么树。也许，这棵树本来就长不出"体育运动"的果子。

"有些焦虑而完美主义的孩子讨厌做决定，该怎么办呢？"

多年来，比尔前前后后接待了数十个厌恶决策和责任的孩子与青少年，这种厌恶往往出于害怕自己决策失误。他给他们父母的建议，就是要对孩子这么说："你越来越大了，我希望你能够自信地替自己拿主意。我知道这会让你很焦虑，所以我也很乐意替你做决定。不过，在我做出决定之前，我希望你能告诉我，如果让你自己来，你认为最好的决定是什么样的。"让他们自己做出好决定是一个长期目标，我们没必要强迫孩子，在他们准备好之前就赶鸭子上架。

"当我们讨论利弊时，对那些听不进话的孩子该怎么办？"

我们提到过，我们希望孩子做出明智的决定，而不是离谱的决定。如果孩子对我们提供的信息完全不加考虑，那我们就不支持让他们自己做决定。

"对那些患有多动症的孩子而言，前额皮质的发育不够完全，该怎么办？对有着残障或其他问题的孩子，又该怎么办呢？"

不管我们多希望能做到，我们都不能长期保护这些孩子免于来自自己的伤害。比尔为一对父母提供过咨询，他们有个 24 岁的女儿。她刚刚在社区大学完成了第 5 年的全日制学年，但仍没修够 25 个学分，而这显然可以归咎于 ADHD 和她情绪不稳定的问题。她的父母多年来一直试图对女儿的生活施加高度管控，并以各种方式保护她免受自己的伤害，这其实非常能理解。比尔鼓励他们改变一下看法，重新定位他们夫妻在女儿生活中的角色。"如果我们淡出了她的生活，我们可以做些什么来保证她越来越好？"

他们接着问比尔："如果她自暴自弃了，该怎么办？"比尔提醒了他们，不能逼着自己的女儿委曲求全，不该逼着她做这做那，因为她本人并不想做这些。他还专门指出，保障孩子的生活能成功并非父母的责任，父母真正的责任所在是支持女儿，表达出同理心，在必要时设下边界，以及塑造孩子的自信心。

"在现实世界中，孩子根本就没法完全靠自己做出所有决定。难道我们就不需要帮他们做好准备，告诉他们该怎么办，然后尽责地把事情搞定吗？"

你说得没错，在很多情况下，孩子（和成年人都）无法做出自己的决定。但这里的关系跟你想象的不太一样。平时为孩子提供更多备选项，其实更能让他们在必要的时候服从权威。

"这么搞不就给无休止的谈判敞开大门了吗？这太耗费精力了。有的时候，我只希望我儿子麻利地让干什么就干什么。"

我们明白你的意思。父母都很忙，当你正做着早餐，并撵着全家人按时出门的时候，你没办法次次都与你家 12 岁的孩子通过协作来解决问题，或者探讨下雨天穿凉鞋这种事的利弊优劣。

总的来说，请尽量记住，好好商量对你的孩子来说非常重要。你肯定希望他能学会为自己辩护，并为进入现实世界好好磨炼这些技能。如果他永远没有与父母达成双赢的经历，那么他就会把这种信息内化，当他为了获得自己想要的东西时，因为认为自己没有发言权，就可能更倾向于耍滑头、撒谎、作弊，或者彻底放弃抵抗权威。为了提高你本人的合理性，你就必须告诉你的孩子，对于他表达的东西你在听。因此，通过时不时地改变家长自己的立场，就能让孩子有信心做出优质的论证，这样他就知道，经过深思熟虑的选择实际上非常值得追求。

你完全可以这么说："你知道，你是一个很优秀的'谈判专家'，我真的很喜欢。有些人像你这样沟通表达，自然而然地就收获很多。但有时候这把我弄得很累，尤其是在我们时间紧任务重的时候。有的时候，如果我需要你做某些事情，咱们不加讨论立刻就做，那我将不胜感激。如果你能做到的话，咱们每天早上就能顺利很多，而我也认同，你在这方面真的帮了大忙。"

今晚怎么做

- 告诉你家孩子："你就是你自己的专家。没有人能比你更了解自己，因为没有人能真正知道，对你来说，做自己是什么感觉。"
- 找个你可能之前替孩子做过决定的事情，重新让孩子做一次主动的选择。或者询问一下她对某件事的看法。（如果孩子还小，你可以这么描述："你觉得我们应该这么做还是那么做呢？"）
- 举行一次家庭会议，讨论家里都有什么家务，以及全家人如何分工。让孩子来自主做选择。他们愿意遛狗而不洗盘子吗？丢垃圾而不是洗马桶吗？他们想在每周日做家务，还是在每周三呢？是在早上做还是在晚上做呢？制定出一个需要坚持的时间表，同时让他们选择表格的展现形式。
- 列出你家孩子想负责的事务清单，并制订出计划，将你对其中某些事情的责权利转移给儿子或女儿。
- 问问你的孩子，生活中有没有什么东西（他的家庭作业管理、就寝时间管理、电子产品使用管理）对他来说作用有限，以及他是否有帮助这些东西发挥出更大作用的想法。
- 找一些你为孩子做出的，而他本人有不同看法的决定，分析一下这些决定的成本与收益。
- 跟孩子讲讲，你曾经做出过哪些决定，如今回想起来发觉很欠妥，以及你如何从中学习并成长。

- 跟孩子聊聊天，说出你的孩子提出的某个好主意。共同回想一下，什么时候他做过一个好决定，或对某件事有强烈的感觉，并且最终证明他是对的。如果他能告诉你的话，就一起列出那些他为自己做决定，效果还很好的事。

- 告诉你的孩子，你希望他在上大学之前能好好练习着经营自己的生活，并且你期待看到，他能够在离开家之前搞定自己的生活，而非搞砸自己的生活。

- 强调逻辑的和自然的后果（例如，在一周内不能打游戏），并鼓励更广泛地利用家庭会议来讨论家庭规则或家庭政策。

第4章

非焦虑临在：如何帮助你的孩子
找到自己的控制感

还记得你第一次手握方向盘的时候吗？那种感觉既有点刺激又有点紧张，对10多岁的人来说，驾车上路简直就是自我赋能的极致了。

回到最初，我们都是从学着走路开始。想想小孩子第一次意识到，他能靠自己迈出简单一步。突然之间，哪怕跌跌撞撞，他也能在没人扶着的情况下跑来跑去了。还有得到允许、能骑着自行车去商店买糖或漫画书的10岁小孩，他甚至觉得整个城都是他的。当一个少年第一次学会了开汽车，他就会把自己想象成马里奥·安德雷蒂。他锐不可当，好像马路都是他家的。

现在让我们从父母的角度来审视以上每个时刻。孩子蹒跚学步又到处乱跑，就意味着父母要加强警惕，处理好楼梯，还要把阳台锁上。能骑自行车去商店的孩子则可能让父母觉得很糟心，比如坐车的时候把脖子伸到窗外，怎么叛逆怎么来。孩子当了新司机，母亲可能会发现自己不断想象着《末路狂花》里的那个场景：孩子要在悬崖边上开快车，而她对此无能为力。

父母的焦虑并不新鲜。从有孩子那一刻起，父母就一直担心着自家孩子，但我们认为，这个问题如今越来越严重。为什么呢？首先，我们获得的信息，比以往任何时候都多。不久之前，家长并非只要醒着就能接触到孩子，我们也都觉得这没什么大不了的。而现在，我们要洞悉孩子的一举一动，差不多已经成了一种必须执行的要求。顶尖社会学家、《恐惧的文化》一书的作者巴里·格拉瑟（Barry Glasser）总结说，"当下，有最多的美国人，在人类历史上最安全的时间段，生活在最安全的地方"，但感觉上并非如此，因为全天候的新闻媒体和社交媒体都在不断给我们讲述着关于绑架、吸毒过量和恐怖袭击的恐怖故事，这些可怕的故事淹没了我们，扰乱了我们的视听。[1]这再跟当下这种有戾气的文化相结合，已经极大地改变了我们对"危险"的看法。如果你让自家 6 岁的孩子去爬树，别人就会说你是个粗枝大叶的家长。如果你让自家 8 岁的孩子自己走路去上学，那你简直就是玩忽职守。

除此之外，今天为人父母的方式也不一样了。我们大可以多担心点我们的孩子，因为总的来说，我们不再像过去那样要花大心思担心生存问题了。我们的曾祖父母当年担心的可能是脊髓灰质炎、霍乱、干旱、世界大战或者经济大萧条。那时他们没有太多的时间拿来担心孩子的事，比如小杰米考试的平均分是 B 会如何影响大学择校，或者苏西开生日派对，为什么没来邀请他。许多家庭还是需要先解决没米下锅的问题，但就算有的家庭不愁吃穿，也总会有事情让他们心忧得睡不好觉。

我们的焦虑正在渗透到孩子身上。孩子并不需要完美父母，但父母本人倘若能够不焦虑，孩子就能从中获益良多。当我们没有过度地紧张、担心、生气或消沉时，我们就能够更好地安抚婴儿，处理幼儿的行为问题，并在既不冲动，也没伤害的情况下，应对自己青春期的孩子的短板。当我们为了孩子而停止焦虑时，我们只要做到"别被吓坏"，就已经做出了很大贡献了。事实上，最近还有一项研究表明，除了表达你对孩子的爱和感情之外，管理好自己的压力也是使你成为一个高效父母的绝佳方法。[2] 有一个一年级的学生，他妈妈每次谈到他对课外辅导的需求时都会哭，所以他跟妈妈讲："妈妈，在我们进行谈话之前，你需要振作起来。"

我们已经意识到，我们把你放到了一种两难的境地中。首先，我们将你推出了以前的舒适区，鼓励你允许孩子更好地控制他们的生活，而这可能会让你感到有些焦虑。而现在，我们要告诉你，你最好还是先平静下来。乍一听这可能有点显得虎头蛇尾，但我们并不打算在没有提供工具和指明前路的情况下弃你而去。因此，本章不仅旨在帮助你理解，为什么表现出不紧张是如此重要，还要向你展示，怎么才能做到这一点。

因为跟你说实话：这种状态，我们装不出来。

涓流焦虑

先说个坏消息：家庭中往往高发焦虑。在身患焦虑症的孩子中，有高达 50% 的人本身就有着焦虑的双亲。这可能会让你觉得，如果你就很焦虑的话，哪怕有朝一日不焦虑了，也会殃及你家孩子。

这可未必。孩子带着不同的焦虑倾向来到这个世界。有些人无忧无虑，科学家称这样的孩子为"蒲公英儿童"。像蒲公英一样，这些孩子对环境非常不敏感。而其他孩子则是"兰花儿童"，具有非常高的生物上的敏感性。他们对自身所接受的养育方式尤为敏感。在平和与精心的养育环境下，他们能蓬勃发展；在高度紧张的养育环境下，他们则用力挣扎。养育"兰花儿童"既有积极的一面，也有消极的一面。虽然敏感的孩子更容易受到负面环境的影响，但他们也会在平静而充满爱的环境中茁壮成长。[3]

表观遗传学，这是我们将焦虑传递给孩子的方法之一，同时也是一个目前处于犹抱琵琶半遮面状态的新领域。表观遗传学指的是，经验可通过开关特定基因的功能的方式来对基因加以影响。因此，虽然孩子可能天生就具有某种遗传倾向，但仍需要经验在基因层面"开启"抑郁或"点燃"焦虑。

把这些有问题的基因转变为"开启"状态易如反掌，且至少可以通过两种方式来实现。

1. 二手压力

对你来说，有些人只要一出现，你就会紧张。对成年人来说，这个人可能是一个霸道的老板、一个完美主义者或一个经常慌里慌张的同事。而对于小孩和青少年来说，这个人可能是一位严格的老师、某位关键时刻掉链子的朋友或者就是你本人。

压力能传染，就像一种情绪的病毒。虽然听起来有点怪，但有大量科研证据证明了这种现象的存在，科学家称之为"压力感染"。就像感冒或瘟疫一样，压力在某个特定人群之中传播，影响和感染其交互网络中的每个人。某一个压力特别大的同事对所有人都有着显而易见的负面影响——谁没在这种办公室里工作过？我们都知道，某个家庭成员也可以在家里传播焦虑，直到全家每个人都处于崩溃的边缘。[4]

这种所谓的二手压力对你的影响，可能比你自身产生的压力还要持续得更久。从控制感的视角来看，这完全能说得通。最常见的导致压力的原因，就是对事物或环境太低的控制感，而且随着控制感降低，我们蒙受的压力会增大。如果你姐姐认为她手臂上的痣可能是癌变，那你很有可能会因她而感到焦虑。但你又不能为了减轻自己的恐惧感而强迫她去看皮肤科医生并再做个活体组织检查。她自己本人虽然肯定也有压力，但至少部分是受她自己控制的，而你却不能采取任何行动来减轻自己由此而生的压力。

自从宝宝在子宫中出现，他们就会受到环境的影响，并对来自我们的压力非常敏感。从那时开始，纵贯整个生命早期，如果孩子的父母压力太大，孩子的基因就会受到影响，包括与胰岛素生成有关的基因，以及和大脑发育有关的基因。压力通过一种称为"甲基化"的过程，影响着胎儿和幼儿的基因表达。当某种基因为了应对压力，需要调整到"关闭"状态时，某种类型的化学物质（称为甲基）就可以将其"锁定"在"打开"的状态。[5]基因在此时的表达，就算孩子到了青春期，也依然能观察得到。[6]

虽然在子宫里和出生第一年所承受的压力对发育中的大脑最具有决定性的影响，但最近的一些研究表明，二手压力的影响也不容小觑。例如，当父母本身对数学感到焦虑时，他们的孩子更有可能对数学感到焦虑，但只有焦虑的父母，才经常帮孩子处理家庭作业。[7]换句话说，如果你有着对数学的焦虑，但同时又不提供给孩子与此相关的帮助，到头来结果反而更好。反过来其实也是成立的。当你的孩子感到不安的时候，你的杏仁核也会产生反应，这就让你变得更加难以平静下来。这就是为什么有那么多的父母会很讽刺地意识到，孩子如果发脾气，他们就为此向孩子大发雷霆。

那么这究竟是怎么一回事呢？这种"病毒"到底是怎么传播的呢？

首先，正如我们在第 1 章中所讨论的，杏仁核感觉到了威胁，并在其他人身上发现了焦虑、恐惧、愤怒和沮丧。如果周围有人压力太大，它甚至能从这个人的汗水中感知到恐惧和焦虑。其次，前额皮质，也就是"领航员"，包含着大量的所谓镜像神经元。顾名思义，镜像神经元似乎能够模仿一个人所看到的事物，因此对于像共情这样的情绪功能来说，它们尤为重要。（对于自闭症患者来说，这些神经元的功能不能正常发挥，所以他们很难模仿别人。）恰恰是这些镜像神经元，能让孩子通过观察来学习，但它们也让孩子复制了来自父母的焦虑。孩子看到什么，也就成为什么，这个过程从婴儿期就开始了。如果新生儿的父母压力很大，这些新生儿与那些父母更加平静与自信的新生儿相比，会哭得更多，也更容易变得大惊小怪。

如果你认为，你可以向孩子隐瞒你的焦虑，那你可是自欺欺人。心理学家保罗·埃克曼（Paul Ekman）终其一生，都在识别和划分人类成千上万的面部表情，虽然很多时候我们会刻意地向外界展示自己的感受，但我们另有一种不能自控的表达系统，不管我们愿不愿意，都会把我们的情绪暴露在外。在接受马尔科姆·格拉德威尔（Malcolm Gladwell）的采访时，埃克曼解释说："你肯定有过这样的经历，有人对你的表情表达加以评论，而你本人却觉得自己并没做过那个表情……比如有人跟你说：'你有什么不满的？''你傻笑啥呢？'"埃克曼直指这一显而易见的事实：你能听到自己的话，却看不到自己的脸。"如果我们能知道自己的脸上究竟有什么，"他还说，"那我们就会把它藏得更好。"⁸

孩子还是会看到你的感受的，即使你不想让他们看见。随后他们就会对那些感受加以反馈，就算你觉得自己并没有影响他们，他们也会开始感受你的感受。有一个原因造成了这种情况，那就是孩子往往无法正确解释他们所看到的事物。因此，成年人可能会跟脾气暴躁的伴侣安然度过一晚，并且想："他这个脾气真不好，但今天又不是生我的气。就这么着吧，过会儿就好了。"而一个孩子可能会想："爸爸又发脾气了，一定是我哪里做错了。他肯定在生我的气。"如果孩子感受到压力，他本就不成熟的解释功能会进一步变得混乱。孩子是伟大的观察者，同时也是糟糕的翻译官。例如，奈德的女儿凯蒂一直都认为，她周围的那些生气的人，生的都是她的气。她就是一个典型的兰花儿童。

成熟的一大特点，就是自我调节情绪的能力提升了。这得益于前额皮质能够意识到你正在做什么，以及能够掌控什么。你作为成人，大可以抑制住自己的情绪。但当某个孩子感到某种威胁时，比如一个压力巨大或脾气暴躁的父亲，他并没有一个完全成熟的"领航员"告诉他："没什么大不了的！颠簸终将过去，现在让我们调整一下飞行高度。"恰恰相反，他会惊慌失措。此时，他的杏仁核接管了大脑。在意识到之前，他自己会感到压力巨大、脾气暴躁。如果这种情况发生得太多，那他的杏仁核就会变得更大，甚至反应更灵敏。用罗伯特·萨波尔斯基（Robert Sapolsky）的话说，那就是"如果压力持续的时间太长，杏仁核就会变得越来越'歇斯底里'"。[9]

现在想象一下，当我们告诉一个人的话与他所感受到的情绪不符时，他就会经历认知失调。作为父母，只要我们稍微上点心，我们的孩子就不能在他明明有事的情况下，靠说一句"我没事"糊弄住我们。所以同理，当我们明明心里有事，却要跟孩子换个说法的时候，就应该小心翼翼起来。在孩子没有做好准备的情况下，告诉孩子太多，并让他们承担过重的情绪包袱，这诚然不可取，但无论你是否要跟孩子和盘托出，都要关照到孩子感知情绪的能力，以及处理他自己的恐惧、犹豫和疑虑的能力。一旦原委不明或缺少解释，人们往往会编个自己的故事出来，而孩子所想象出的情景，往往比事实更令人担忧。

奈德接待过一个家庭，孩子的妈妈被诊断患有癌症。父母想让奈德知道，因为他们 16 岁的女儿艾莎本就有一种焦虑的气质，而且平时得到的支持也不多。她的妈妈要开始治疗，而她的爸爸也要忙着照顾妈妈和艾莎的妹妹，还要兼顾妈妈在这期间不得不转手的一些其他事务。"但请别告诉艾莎，"他们说，"我们不想让她担心。"奈德等了一会儿，随后回到了这个话题，他表示担心艾莎会为他们忧心。她从出生到现在，一直读着父母的脸，而她对这两块领土再熟悉不过了。如果有什么不对劲的，她怎么可能没注意到呢？如果艾莎觉得肯定出事了，但她的父母发誓一切都好，那她会怎么想呢？难道是父母要离婚了吗？还是父母对她感到很失望？这就难说了。最终，艾莎的父母还是与她分享了母亲生病这件事。而知道究竟出了什么事，并了解了治疗过程，这减少了艾莎的迷茫与疑虑，也让艾莎觉得该做点什么。她帮着父母做了一些家务，还在父母顾不过来的时候，帮着送妹妹去足球场。虽然已经处于缓解期，但癌症依旧可怕，而且它将永远是这

自驱型成长

家人生活中的一部分，成为他们永远无法消除的未知元素。但了解与坦诚帮助了他们，这让他们不至于身处两种事实的纠葛之中——一个是父母知道的，另一个是孩子所认为的，这样一来，家庭才能够同步运转，让镜像神经元真正发挥功能。

> 我的女儿刚满一岁时，有次我们去芝加哥访友。回程中，我们跟很多在夏天出门的游客一样，因为航班推迟被困在停机坪。我女儿跟其他人一样反感这种情况，还像大多数婴儿一样表达了她的不满，这对我及其他几百个已经"幸运"地干耗了两个半小时的灵魂而言简直是火上浇油，这火的确是越烧越旺。那次经历如今都还历历在目，女儿的急躁使得我十分焦虑，一下子成为"瞧那家人连孩子都带不好"的指责对象，真的非常尴尬。我非常想要安抚她，但真的没办法，我连自己都安抚不下来，我当时成了一个焦虑的人。在飞机上，空乘会告诉你："如果客舱内失压，请先自己戴上氧气面罩，再帮助身边的孩子戴。"我们心中的压力也是类似：如果客舱（以及学校与生活）里的压力失控了，那在尝试帮助他人之前，先要解决自己的压力。
>
> ——奈德

2. 行为

你通过自己的行为，无意中以第二种方式"打开"了孩子的焦虑基因。让我们先假设，你的焦虑更多地跟社交上的变动相关（顺便一提，这是最常见的焦虑形式），这意味着你会被社交中的他人评头论足，随之而来的就是强烈的不适感甚至恐惧感。约翰·霍普金斯大学的一项研究发现，患有这种焦虑症的父母往往难以传递温情和关爱，更喜欢鸡蛋里挑骨头，而且常常表达出对孩子的能力有所怀疑。他们更倾向于多控制，而不愿意给孩子自主权——这么做，被认为会让孩子焦虑起来。[10]

如果以上内容你并不陌生，那也别担心，还是有出路的。由于行为可以激活那些不该激活的基因，因此我们可以通过避免某些行为，来阻止这些基因被"引燃"。约翰·霍普金斯大学的研究人员还进行了一项研究，他们找了一些有高风险患上焦虑症的儿童来做被试。他们中有一组接受了家庭治疗以作为干预，旨在减少导致儿童和父母焦虑的因素，比如父母本身，有时就成为孩子学着焦虑的榜样。干预组中只有 9% 的孩子在次年得了焦虑症，与此同时，在仅仅提供了关于焦虑管理的书面指导的另一组中，这个数字是 21%，而没有接受治疗或书面指导的那组，这个数字达到了 30%。2016 年的另一项研究再次证实了这一发现，这次干预组中 5% 的儿童后来患焦虑症，而对照组为 31%。[11]

如果你搞不定自己的焦虑，那么请谨慎起来，因为你本身就焦虑，等你的孩子也焦虑的时候，你就会更放不下，而这很可能导致他们的叛逆，继而会让你的焦虑飙升，最终导致你又有了更强的控制欲……

孩子的叛逆亦会随之攀升，这不就成了一种恶性循环循环吗？虽然我们在本书中提供了一些对策，但我们同时也鼓励患焦虑症的父母，找治疗师咨询一下，有一些具体的方法，可以重新训练我们的思维，以避免恶性循环的产生，让我们远离潜在的焦虑源。

讲科学理论的部分到此结束，接下来该讲常识了。父母一旦担心自家孩子，这种担心实际上就会消磨孩子的自信心。比尔最近评估了一个 16 岁的孩子，叫作罗伯特，患有社交焦虑障碍。比尔问了问罗伯特的日常社交情况，他跟比尔说了自己喜欢和朋友一起做的几件事。他还说他很喜欢与家人在一起，但他很快又补充，他有时真想"远离"家人。

罗伯特：我妈总是担心我，她总担心我会惹上麻烦。有一天晚上，我没跟她说我去哪了，她就担心得一塌糊涂。而我父亲就跟我说了一句话："玩得开心，别进局子就行。"

比尔：她这样担心你，有多久了？

罗伯特：有段日子了，可直到去年，我想和她保持点距离时，我才注意到这一点。她还告诉我，我小时候，她会专门来我们班转一圈，看看我和其他孩子相处得怎么样。

比尔：什么时候发生的？

罗伯特：从四年级一直到六年级。

比尔：当她这么说的时候，你又是怎么回应的？

罗伯特：[耸耸肩] 即便我这人的确有点害羞，有时候跟别人关系也处不大好，但她也不必一直担心我吧。

比尔：你觉得你和你妈妈关系好吗？

罗伯特：她如果不一直这么关注我，我觉得就应该还不错。

比尔也听了听父母一方对此的看法。一谈到孩子的难处，他父母总会边抽泣边说："我就是想让他自己能心里好过些。"给他们递上纸巾，待他们情绪平复后，比尔说："如果我们都觉得他不好过，并且处处担心，还想让罗伯特（或别的孩子）自我感觉良好，那可不容易。"道理很简单，如果我们自己都无法接受我们的孩子，我们怎能指望他们接受自己呢？

平静亦会"传染"

正如我们的孩子会反映我们的压力，他们也可以反映我们的平静。你也许就认识一些平和的人，那些总是带着幸福的光环，并且能够在接受周围混乱的同时保持住控制感的人。他们是你想要在危机中"拨打求助热线"的对象，当你急躁时你渴望他们能在旁边，因为不知怎么的，他们总能帮你重归平静。不靠说教，甚至什么都不做，这些人就会向周围的人传达平静和信心，并帮助他人在自己的生活中发展出类似的平衡感。

我们之所以了解这点，一部分原因就是对很多客户来说，我们就是那个平静的源头。我们认为自己有点像迈克尔·克拉克·邓肯（Michael Clarke Duncan）在《绿里奇迹》（The Green Mile）中的角色，我们不接收别人的"垃圾"，我们的作用是抹去他们的压力。就如我们常说的："交给我吧，我能搞定，你别费心了。"一位母亲最近告诉我们，她参加了我们所有的讲座，因为每次她听到我们讲，不用太担心孩子，别老干涉他们的事，她便能够至少能"保持"一段时间的平静和信心。另一位家长跟比尔讲："我上次跟你聊完，离开你办公室的时候，真的感觉很平静。我看待我家吉尔的视角一下变得积极不少。可问题是，没过一个小时，我和他们学校的另一位家长聊天时，我的焦虑程度就回升了。"

不管是对学生还是对家长，奈德平静的气场都能产生颇为可观的影响。虽然他有意地不给来接受指导的孩子展示他们测试得分的统计结果，但孩子在标准化测验中，提高个几百分的情况很常见。当然，他辅导的那些孩子也学数学和词汇，但孩子都觉得考试成绩的突飞猛进，并非得益于什么解数学题的小技巧或者背了新的词汇表。当孩子已经试过了课程、书籍和其他各种办法，为什么与奈德谈几次话就能使得成绩飙升呢？

走进奈德的办公室，坐在他对面的孩子来自各种各样的家庭，有些家庭如同蜜罐，有的父母二人都是工作狂，有些孩子头上有着焦躁不安的"直升机父母"，还有些压根就有人生没人养。但无论他们在家里受到什么样的关注，都会在奈德平静的光环下有所收获，他们的分数也就能顺便跟着受益。

学生经常告诉他："如果你能陪着我考试就好了，只要在我身边就行，那样我就会感觉很踏实。"有点可笑吧？到底为什么，奈德只是坐在那里，在考场里走两步，瞅瞅自己的鞋带，或晃晃自己的拇指，孩子就能记住毕达哥拉斯定理或掌握"茕茕孑立，踽踽独行"的含义？

奈德尝试验证过这一命题。他会让孩子做一些练习题，在他们做题时就平静地坐在桌对面。然后他会再给他们留组测试题，并离开房间，给他们留下一个宁静而空旷的房间。最后，他们将在更符合现实的环境中再做一组题，周围的孩子在考场里抖着腿，每个人都很明显地在绞尽脑汁解出题目。你能猜出来，什么情况下他们得分最高吗？你肯定能猜到。奈德在一旁时，孩子就能感到平和，他们会记着奈德对他们有信心，也更容易想起来奈德曾教给他们的东西。等奈德走了，他们就变成了独立的个体，他们的消极想法便肆意生长。这么一来他们的表现就会下滑。如果其他的孩子再参与进来，因为有了其他焦虑源，压力就像瘟疫一样开始攻击他们，在孩子之间跃迁与升级。

我们很喜欢"非焦虑临在"这一术语，但它并非我们提出的。它由埃德温·弗里德曼（Edwin Friedman）最早提出，他是一位犹太教拉比，探究着复杂的系统，同时也是一位咨询师。[12] 在弗里德曼看来，我们生活在一个长期焦虑和过度反应的社会中，在这样的社会里，很少有人能作为一种"非焦虑临在"来领导我们的家庭。对学校和其他组织，他还指出，当领导者对组织保持真诚，并且不会过度焦虑与担心时，团队的效率最高，其成员同时也不至于带着担心与恐惧来彼此交流。从弗里德曼的角度来看，这对于家庭、宗教组织或者大公司来说，都能成立。

科学家也都支持他。还记得那些悠闲的加州小老鼠吗（就是那些被从母老鼠身边带走，随后又被送回来，母老鼠还给它们梳理过毛发的小老鼠）？同一批研究人员后来研究了平静与焦虑的养育方式对大鼠幼仔发育的影响，并发现低压力水平的母鼠会在舔幼崽和抚育幼崽上花费很多时间。相比那些没怎么被母老鼠舔过、梳理过的小老鼠，这些母鼠的幼崽会表现得更加平和，探索外界的能力也更强。原因何在呢？因为它们付出了更多的爱吗？这可能算一部分原因。但我们和这一领域的其他人士都相信，这些鼠妈妈所传播的，是一种"世界很安全"的感觉。这样，幼崽才愿意自由地四处走动，并主动探索世界。与此同时，这也改变了幼鼠身上参与调节压力的基因。

这不是一种单纯的遗传——平和的鼠妈妈会生出平和的鼠宝宝。当不怎么舔幼鼠的母鼠所生的幼崽，移交给总是舔幼崽的母鼠"抚养"时，这些幼鼠就会表现出平静——即使它们在基因上很容易焦虑。[13]

这些母鼠所做的，恰恰就是我们在本书中倡导的"让家成为安全的港湾"。如果你家是一个平静的空间，没有过度的争执、焦虑和压力，它就成了能让你家孩子休憩疗愈的地方。一旦他们明白，每天结束的时候他们都有一个安全的地方来恢复元气，他们就有能力回归现实世界，更好地去应对充满挑战的社会变迁、学业压力，以及试训试镜这类典型的挑战。

让家能成为安全港的重要一环，就是要记住孩子的生活属于他自己，不属于你，他的困扰也属于他自己，不属于你。我们在冷静的时候，更容易采信这种理念，反之亦然。伴着我们平静的状态，孩子能感知到自己。我们应该让孩子体会一下痛苦的感受，而不是急于承担起立马解决问题的责任。伴着我们平静的状态，我们也不至于对孩子的事儿草木皆兵，禁不起一点风吹草动。当父母和孩子各自的快乐感受割裂开来时，当父母都能接受妈妈当下开开心心，而她 12 岁的孩子并非如此的时候，父母也就更容易给孩子提供他所需的种种支持。我们经常向那些闹心孩子的父母强调，虽然他们几乎从未直接导致孩子的问题，但他们的种种反应成为家庭交互的一部分，而这种交互经常让他们从首席顾问的角色中抽离，变成了祥林嫂。

请记住，在第 1 章中提到的社会支持是控制压力的一种关键因素。如果父母本身就焦虑或者爱找茬，那么孩子是肯定感受不到这种社会支持的。正所谓祸不单行，我们既让孩子焦虑，又没帮上他们什么忙。

我们有个叫罗莎的朋友，她跟我们说刚生孩子的时候，参加过一个支持小组，小组里全是女性，彼此分享了她们想要从自己妈妈身上传承的行为和不想效仿的行为。轮到罗莎的时候，她谈起妈妈有多么有爱，多么深情，她很欣赏这一点，但妈妈总是对罗莎的生活干预太多，以至于罗莎为了保护自己，很多事都瞒着妈妈。还有很多烦恼，就算罗莎自己早就克服了，她妈妈仍会对此惴惴不安很长时间，这在很大程度上消磨掉了她所能提供的支持感。比如罗莎说起有一次她从幼儿园回到家，跟她妈妈讲没有其他小朋友和她一起玩，她妈妈竟为此哭了起来。当然，还有的父母与罗莎的妈妈截然不同。有一个坐在罗莎旁边的新妈妈笑着讲："咱俩的妈妈应该见一面，这样她俩就能互相平衡一下。我妈妈当年说过，'我送你去幼儿园不是交朋友的！我是让你去学习的！'"

怎样成为一个"非焦虑临在"

要真正成为一个"非焦虑临在"式的家长，而不仅仅是装装样子，那你必须先处理好你自己的压力。没错，你和你的孩子一样，都需要对焦虑施加足够的控制。有时候，当家长的顾虑太多，对孩子来说只能帮倒忙。对孩子施以平和的影响力，所涉及的大部分工作都始于你本人。下面这些提示，都曾让我们接待过的父母受益。

养育中最首要的一点，是欣赏你的孩子

在竞争激烈、纷繁复杂的世界里，不忘初心实际上很难：欣赏自家孩子，是你最值得为全家人做的一件事。你不是要时时刻刻跟孩子泡在一起，也不用说服自己养育孩子没什么难度，而是当你在大清早或者漫长的一天过后，看到你的小宝宝时，内心有一个柔软的地方被触动。与此同时，孩子又经历了什么？每次有人看着他，这些人都会微笑起来，仿佛他是一个难得的奇迹。

当你看着孩子的时候，因为你真的很喜欢和他在一起，孩子就能看到并感知到你脸上的欣喜。这种感觉作用非凡，对孩子的自尊心和幸福感都很重要。比尔还记得，当年他 20 岁出头，日子过得很糟心，但有一对朋友，每次见到他都会很开心。这已是 40 年前的往事了，可仍然烙印在他的意识之中。

当他开始接待孩子和他们的家人，做心理治疗工作时，这一深刻的记忆影响了比尔的思维。他开始向父母建议，首先要欣赏孩子，这样孩子才能体会由内而生的喜悦。

一旦确定了把欣赏孩子放在首位，后面的事就好办了。如果你因为没解决好自己的愤怒，导致无法欣赏你的孩子，那就请先专注于把这愤怒解决好。如果因工作压力的问题，没法欣赏你的孩子，那么就要注意采用一些放松技巧和认知技术来缓解焦虑。如果你由于婚姻中冲突太多才很少欣赏孩子，那请先了解一下夫妻关系方面的心理咨询。如果你因为自身的某个问题行为而没法欣赏孩子，那就先与专业人士一起把行为改善到位。如果你是因没有得到足够的社会支持导致不能欣赏孩子，那就更多地去参与社交活动。不过你也可能是单纯因为花了太多时间陪孩子，才导致没法欣赏他们。我们人生的最高目标并非让自家孩子能自我感觉良好，但还是要多多注意，究竟是什么原因让你没法欣赏孩子，再照方抓药。

在比尔的职业生涯很早期的阶段，他给艾瑞克做过一次咨询，艾瑞克21 岁，是一名"功亏一篑"的年轻人，他在高中时遇到过学业和行为方面的困境，大学读了两次均告失败，他正竭尽全力保持清醒与镇定。艾瑞克讲述了自己在青春期时，有着怎样痛苦的求学经历，并和父母之间有着不断的冲突，比尔问他："你觉得父母在你高中时该怎么做，才能使你的生活更美好呢？"长时间的思考过后，艾瑞克说："如果他们看到我的时候，有时能表现得很高兴，那我认为可能就会有所帮助。"

自驱型成长

别惧怕未来

事实上，我们作为父母，所有的焦虑都关乎我们控制不了的未来。每当我们跟父母保证，无论孩子即将经历什么，都不太会出什么乱子时，我们就能看到他们的焦虑程度迅速下降。一旦孩子表现不佳，他们就会害怕孩子"卡住了"，陷入一个他们搞不定的负面境地，这让父母感到莫大的压力和痛苦。

惧意萌生时，更要做到眼光长远。生活并非赛跑，大器晚成的例子不胜枚举。我们知道数以百计的孩子，他们曾经表现不佳，后来却能变得既幸福又成功。你孩子10岁或十几岁的那个状态，可并不是他永远的状态。前额皮质在青春期和成年早期会继续迅速发育，一如马克·吐温曾说："我14岁时，感觉父亲是那么无知，我简直没法忍受跟他相处。但当我21岁的时候，我非常惊讶于这位老人7年来的成长与进步。"

大多数孩子都能安然度过童年、青春期和青年期。哪怕期间确实遇到了一些问题，大多数也能得到圆满解决。如果你总是担心，孩子会不会成为那种陷入长期折磨的小孩，那你只会让情况越来越糟。

致力于你自己的压力管理

在20世纪90年代末进行的一项调查中，儿童和青少年表示他们最想要的（甚至超过了花更多时间与父母共处）就是让父母更快乐、压力更小。[14]此时，智能手机还没有达到无处不在的境地，生活节奏也远没有如今那么快。有句话说得好，"孩子不开心，家长肯定不开心"。这话对孩子同样成立，即使他们没有被吼、被骂、被唠叨、被忽视，他们也照样能感受到父母的压力和不快。我们担心着孩子，孩子也担心着我们。

所以，把节奏放慢点，锻炼身体，保证睡眠时间（一对夫妇居然还向奈德吹嘘过，他们每天晚上都"睡足四个小时"，这就算是给儿子树立了好榜样）。同时你也应该认真考虑一下，要不要学着做冥想。有一位跟家人一起练习过超验冥想的少年，根据他的亲身经历告诉我们："冥想可以让心绪平静，也能让妈妈平静。"自从他妈妈开始经常冥想，他就成为一个更能在家里保持不再焦虑的人。

琢磨一下你的默认模式网络，然后设定完全修养期——我们将在第 6 章中进一步详细介绍。即使有数百项研究记录了这么做的好处，今天的成年人还是很少能有短暂、不受干扰、把注意力调整到自己的内在世界的"修养期"。不要再分割你的注意力了，而是要集中精力活在当下，尽可能与你自己、与你的孩子全情投入地相处。

淡定面对你最大的恐惧

焦虑的父母可以扪心自问这样一个重点问题："我最害怕的到底是什么？"设想出最糟糕的情况，并将它摆上台面，这实际上可以让他们对此变得更淡定。他们可以继续问："我能怎么办呢？"随后父母便能意识到，自己仍然会爱和支持他们的孩子，进而让自己放下那些明知不可为而为之的事。这里可以回顾一些我们最常听到的担惊受怕的内容，并以此来加深理解。

"我担心孩子会陷在困境中出不来。"

也许你担心着，孩子现在犯下的错误，不知为什么就会产生深远影响，让他得不到良好的教育，让他缺乏在生活中取得成功的必要技能，让他永远得不到真正的友谊，让他永远结不了婚，不一而足。首先，想想你自己在初中或高中时所遇到的挑战。那些挑战今天还在吗？是否依然困扰着你？你当年都有机会战胜挑战得到成长，那你的孩子在今天也同样如此。

自驱型成长

还记得我们在第 2 章中提出的问题吗？这究竟是谁的生活？如果你担心的事中有任何一件发生了，那你还会继续爱着你的孩子，并尽一切可能来帮助他吗？你当然会了。你的责任就是爱和支持你的孩子。但保护他免受痛苦并不是你的责任，实际上你也做不到。

"我担心如果我不坚持某些原则并最终表示不赞同，我的孩子就会以为我在支持他的不良行为。"

许多焦虑的父母往往对他们的孩子严格，部分原因是他们认为只有保持严厉才能让孩子表现更好，一旦"放松"就很危险。这可能会导致父母不断提出反对意见。但是，正如我们分析过的，不断地在同样的问题（比如就餐礼仪、洗漱、刷牙、做功课）上苛求孩子往往会适得其反。事实上，如果我们反复尝试改变他们，而他们坚持抵制，那孩子就非常有可能陷入恶性循环。孩子不让家长影响他们，而他们的控制感恰恰来自于此。当我们的配偶、父母、兄弟姐妹或朋友不断催着我们改变某些行为时，催得越凶，我们就越不想改。

"我害怕如果我一旦放松下来，我的孩子就会受伤甚至被杀。"

如果你最害怕的是孩子在上学途中被绑架、遭遇袭击或成为车祸的受害者，那我们从两个角度回答你。

首先，请记住，当下是人们活得最安全的时代，还要知道这些恐惧来自一些对这个世界的偏见。犯罪率和因车祸死亡者的人数都处于几十年来的最低水平。我们只是在主观上觉得更加危险了。[15] 我们正在努力让所有东西都安全无害，但这并非明智之举。让我们来看看游乐场中发生的设备竞赛，一如汉娜·罗辛（Hanna Rosin）为《大西洋月刊》撰文所讨论的，[16] 人们已经做了很多工作，来消除游乐场中的所有风险，因此大多数游乐设备在结构上就没给探索性与创造性预留太多空间。尽管如此，罗辛还是写道："我们对安全如此密切关注，实际上并未对儿童发生的事故数量产生巨大影响。"

其次，如果你想尽可能保障自己孩子的安全，那最好的办法就是赋予他们经验，并教他们拥有更强的判断力。让他们在 6 岁的时候就去爬爬树，也经历一下从树上摔下来，这能教会他们一些应对风险和利用身体的重要技能。即使他们伤了胳膊还打了石膏，他们也能从一次逃出生天的经历中受益良多，变得更强。根据罗辛的文章，从高处跌落而伤到自己的孩子，往往不太可能在 18 岁时有恐高的问题。比起照本宣科，经验往往才是更好的老师。吃一堑，长一智。你的孩子要学着管理并承担那些不太大的风险。毕竟，生活不可能完全排除风险——我们一直在爱情、工作和理财中承担着种种风险。学习如何识别和管理风险，这也是成长的一部分。要提醒你的孩子，你没法总是盯着他们，你也没法总是保证他们的安全，所以他们得为自己承担一些责任。倘若他们认为你一直都在，那他们就会越来越粗心。用奈德的一位好朋友珍妮弗的话说，那就是："送他一双拖鞋，好过替他铺遍地毯。"或者一如电影《佩小姐的奇幻城堡》(*Miss Peregrine's Home for Peculiar Children*）里的台词："我们不想要你让我们安全……我们更需要你让我们勇敢。"

采取非批判性接纳的态度

20 世纪 70 年代，沃纳·埃哈德（Werner Erhard）因说出"是什么就是什么"而声名鹊起。如今，我们可能还会讲"事实如此"或"怎样都好"。还有另外一种说法：我们要接受这个世界原本的模样。当涉及个人的时候，又会换成这种说法："爱一个人，就要包容他的所有。"

所有情绪上的痛苦都有个共同点，那就是有一种要改变当下现实的愿望（我想让我的孩子在学校的成绩更好，社交更好，焦虑更少，吃的更多[或者更少，或者更好]，而不要如此沉迷于打电玩和刷社交媒体等）。加里·埃默里（Gary Emery）和詹姆斯·坎贝尔（James Campbell）在他们的《情绪困扰快速复原法》一书中建议，我们首先可以通过诚挚地接受外界事物本来的样子，以获得真正的平和。[17] 他们还倡导一种称为 ACT 的公式化解决方案：接受（accept）、选择（choose）、行动（take action）。放在亲子交互上，这种方法可能会演化成这样：

> 我能够接受如下想法，即我的孩子的确表现不佳 / 没有朋友 / 有阅读困难，而且我理解这是他人生道路的一部分。
>
> 我选择创造一种属于我自己的视角来看待这些事，做一个平静、能够共情的父母，与我的儿子保持一种富于支持性的亲子关系。
>
> 我还将采取行动，提供帮助，专注于他的优势，在必要的时候设下边界，还要做个好榜样，让他既能接纳他人，也能照顾自己。如果我的孩子在阅读、数学或任何其他方面，有让我去寻找第三方来帮助他的需求，那我就积极地去寻求外界的帮助。

接受并不等同于允诺、纵容或破罐子破摔。它仅仅意味着承认现实，而不是打心眼里抗拒或否定事实。为了应对诸如"我知道整个世界 / 我的儿子 / 我的女儿应该怎么样（而实际上未必）"这类往往适得其反的想法，接纳现实往往是唯一的手段，接纳意味着一种强有力的立场。接纳孩子本来的样子可以表达出我们对他们的尊重。接纳同时也是一种选择，即选择了接纳"本就如此"，这又增加了我们的控制感。完全不同于强行改变一些我们改变不了的东西。（为什么我儿子有多动症？我女儿为什么厌食？为什么就发生在我身上？）最后，如果我们一开始就选择接纳，我们还将更有效地设下边界与纪律。接受度能提高我们的灵活性，让我们能够深思熟虑，而不是靠着本能去条件反射般地回应孩子。

如我们所知，我们的孩子如今正是他们本就该是的样子。可这并不意味着我们不希望他们拥有最好的未来，而是意味着，此时此刻并没有证据表明孩子偏离正轨了。

我们在此想分享一则来自中国的睿智寓言。从前有个很穷的农夫。除了儿子和一匹用来犁地的马之外，他一无所有。一天，马跑掉了。农夫的邻居跟他说："你可太可怜了！本来就穷得叮当响，现在连马都丢了。"农民说："可怜不可怜，那可说不好。"接下来这一周，农夫和儿子一起去犁地，情况并不乐观——农活烦琐，进展缓慢，两个人精疲力竭。待又过了一周，他的马带着两匹野马回来了——显然，它出去碰见了一个马群，而其中有两只跟了它。这次邻居说："简直太棒了！现在你有三匹马帮着你干农活了！"农夫说："不一定。生命漫漫，谁都说不好。"农夫的儿子全力以赴试图驯服野马，但他被野马甩落在地，受了严重的腿伤。"你可太可怜了！"在农夫的儿子康复期间，邻居又这样跟他说。"不一定啊，"农民说。不久之后，当农夫的儿子还在卧床养伤时，皇帝昭告天下，因为战事，每个家庭都需要送一个儿子入伍。但农夫的儿子连路都不能走，所以他根本没法上战场，而这无疑让他保住了性命。这个寓意的要点呼之欲出，我们应该在养育中时时牢记：生命漫长，你其实并不知道接下来会发生些什么。

今晚怎么做

- 与你的孩子共度私人时光，最好不要使用任何电子设备。如果你有不止一个孩子，请轮流与每个孩子独处，这样才能跟每个孩子一对一交流。对孩子来说，这样做能产生很大的积极影响，同时还可以让你更欣赏他们。这也会让孩子觉得他们在你心中有着最高的优先级。

- 如果你非常焦虑，那就着手处理一下吧。治疗焦虑，是你能为自己和家人做得最好的事情之一。考虑一下采用认知行为疗法：你可以学到一些非常有效的策略，来识别和"对抗"那些导致高度焦虑的胡思乱想。你还可以学学冥想，或者报个瑜伽课。非常规律地保持日常锻炼，接触大自然，多睡一会儿，更多地与朋友社交，这都有可能让你重归平和。

- 避免出于恐惧感来替孩子做决定。如果你发现自己想着"我害怕如果我现在不这么干，那么——"请立刻停下。要做你当下想做的，而别做那些"防患于未然"的事情，如果你带着恐惧感去行动，往往就是怕什么来什么。

- 如果你的孩子正处于某种困境中，那请每天给自己安排一小段时间专门用于担心孩子的问题。直接把这个安排写进你的日程，这能让你的大脑知道，用不着一整天都为这事儿提心吊胆。

- 时刻牢记责权利的分配。让你的孩子日子过得一帆风顺，这并非你的职责所在。

- 如果你非常担心你家十几岁的孩子，也多次跟孩子讨论过他的种种问题，那请给你的孩子写一封短信，总结一下你的疑虑，并告诉孩子，对他可能需要帮助的事，你能帮上什么忙。然后承诺，后面这个月你不会再多过问了。如果你违背了这一诺言（完全有这种可能），那就要跟孩子道歉并重新许下承诺。

- 拿出一张纸，在中间画一条垂直的线段。在线的左侧，写下如下声明："杰里米可以有学习障碍。""莎拉现在没朋友，这也没关系。""本现在很沮丧，也行。"在线的右侧，写下你对这些陈述所自动做出的回应（可能是反驳），然后再来质疑这些自发出现的想法。再对此提出一些问题："我是不是对这一点绝对认同？""果真如此吗？""如果我对此不买账，又会怎样？"这种自我设问练习是由作家、演说家拜伦·凯蒂（Byron Katie）等人研发的，是一种有效的工具，可以帮你发现那些把你拽进消极判断的思想。[18]

- 为自己制订一个减压计划。你能再多锻炼锻炼身体吗？能增加睡眠时长吗？有什么事能让你平静下来，而你也能更多地去投入呢？不要为了能更多地陪孩子，而以牺牲掉自己的健康为代价，给自己安排一些独处的时光吧。
- 给孩子做个在自我接纳方面的好榜样，同时授之以渔。

5 第5章

内驱力：如何培养孩子的积极性

积极性是一种让人捉摸不透的东西。我们想让孩子好好练乐器，做对数学题，帮我们做点家务，甚至还能偶尔主动摆摆桌子什么的，可他们要是没按我们说的做呢？我们已经用了很大篇幅来说服你，对孩子，你可不能强人所难。而这就进一步引出了下面这个问题：那你又能做什么呢？

事实证明，其实有很多事值得一做。

首先，让我们来做一个重要的区分。我们有时让孩子"做"什么，其实是要让他们"做到"什么。对奈德的女儿凯蒂来说，像练小提琴这样的事儿，不算至关重要，管不管无所谓，但奈德和凡妮莎两口子还是会要求她必须要系紧安全带，好好刷牙，并在每天早上准时穿好衣服。因为如果她没做，那她上学就会迟到，还会进一步连累奈德夫妇上班也迟到。有无数种情况都属此类，儿童没有积极性去做那些我们要他们出于家庭利益而做的事，他们的这种不情愿还给其他人造成了压力。在上学日的早上七点半，随便找条安静的街道，你都能从街两旁的房屋里听到带有挫折感的声音，并感受到压力。面对各种各样的"必须做"，大多数父母都依赖于一种历史悠久的外部动机策略：胡萝卜加大棒。奖励的确很有效，在某些情况下甚至可以激发孩子培养出良好的习惯。奖励也的确有助于鼓励孩子实现短期目标，改变行为，并确保合作。奖励同时还可以帮孩子着手去做某件事，迈出非常重要的第一步。对于一些孩子，尤其是患有注意力缺陷多动障碍的孩子来说，奖励还可以让大脑对无聊的任务依然保持活跃，帮助他们静下心来完成对他们而言很有难度的任务，比如按时上床或准时做作业。但以上这些情景都仅仅关乎争取孩子的合作，而非培养孩子的动机。

本章不会讨论这种短暂的外部动机。我们的目标集中在那种能放长线钓大鱼的内在驱动力，孩子一旦有了这种能力，就能做出承诺并坚持不懈，潜能也会得以发展，还能靠实干来追求自己想要的生活。过去 40 年里的研究一再表明，从贴纸表格到成果反馈，父母选用的各种形式的"激活"儿童的监控手段和激励措施实际上都破坏了这种类型的动机。我们要做的，是帮孩子自己激励自己，并让他们察觉，他们身上总有一些能影响世界的重要东西。我们要帮着他们学会运营自己的生活，并努力去赋予生活意义。

千里之堤，溃于蚁穴，伤害往往随着时间的流逝才浮出水面。研究表明，对孩子的成绩或其他成就的奖励会降低孩子的表现水平，压榨他们的创造力，导致更多不良行为，比如，在考试中作弊，或服用能提高成绩的药物。[1] 很显然，种种外在激励会进一步让孩子认为：他不用为自己的生活负责。奖励不仅可以侵蚀由内而外产生的兴趣，而且还会诱发仅仅针对奖励本身的强烈兴趣。与此同时，我们聪明的大脑也倾向于选择外在动机，我们通过进化变得倾向于觉察外来的奖励，同时规避外在的风险。我们还会想方设法地在没能完成工作或任务的情况下去获得奖励。这就是为什么孩子哪怕现在考试能拿高分，但过了几个月就会把知识点忘得一干二净。

我们在很大程度上就是要摒弃以前胡萝卜加大棒的观念，并拿针对大脑的深刻见解取而代之——这才是你真正需要的。

什么东西吸引着我们

了解动机如何在大脑和身体中运作，对你了解自家孩子大有裨益。好消息是，心理学和神经科学对如何"制造"动机已经达成了一致，甚至还能就此提供一个"配方"。以下是其主要成分：

- 正确的心态
- 自主性、胜任力和归属感
- 处于最佳水平的多巴胺
- 心流

以上这些原料，均产自你自己的心智

你可能对著名心理学家卡罗尔·德韦克（Carol Dweck）关于动机和心态的研究有所耳闻，多年来，她的研究在不少领域中都得到了相当多的关注。她认为，当学生有着"固化心态"（fixed mindset）时，他们会认为自己犯错误是因为能力差，所以只能认命；相比之下，当学生拥有"成长心态"（growth mindset）时，他们则会把注意力集中于自己的努力上，并以此作为获得更大成功的手段。成长心态能让他们获得控制感，因为他们相信自己其实有能力在某些事情上变得越来越好，实际上，在随便一件事上，这种逻辑都能成立。德韦克的研究还发现，具有成长心态的学生更重视学习本身的意义，而非仅仅关注成绩。换句话说，他们的动机是一种由内而生的动机，并不依赖别人对他们的称赞和褒奖。培养孩子的成长心态是提高他们的控制感，促进其情感发展和助力其学业进步的最佳方法之一。[2]

为了激发这种成长心态，德韦克建议，要赞扬孩子身上用于解决问题的切实努力和听他们想到的各种点子，而不要表扬他们所取得的成就。比如，要说"你有这样的好奇心，爸爸觉得很棒"而非"你好聪明"；要说"你努力筹备考试，我都看在眼里"而非"这次考得真不赖！"用德韦克的话来说，"专注于自身内在的努力，在有助于缓解无助感的同时，也能让你更接近成功。"³对于能够自我驱动的孩子而言，拥有成长心态是最关键的要素。

自主能力

动机是我们在研究中非常强调的一个重点内容，所以与之相关的那些卓越思想，我们也都深入了解过。德韦克当然是深耕这一领域的优秀教师，而著名的心理学家爱德华·德西（Edward Deci）和理查德·莱恩（Richard Ryan）也不遑多让。德西和莱恩已经开发出在心理学中广受支持的一个理论，即自我决定论（self-determination theory，SDT），而这一理论认为人类有三类基本需求：

○ 自主需求
○ 胜任需求
○ 归属需求

他们认为，在培养内在动机的三要素中，自主需求是最重要的，那咱们就先谈它。根据SDT，激励孩子（或成年人）的最好方法，就是给他们的控制感提供支持。有数百项研究发现，在学校、家庭和企业中，解释为什么任务很重要，并在执行任务时尽可能多地给个人提供选择自由，都能比奖励或惩罚激发出更强烈的动力。我们现在知道了，如果教师能培养学生的自主性，就能催化学生的内在动机和追求挑战的意愿，如果父母培养孩子的自主性和掌控感，他们的孩子则更可能探索自身兴趣并注重自我成长。帮助你的孩子发展这种自我激励，是一件你最值得做的事，通过询问他们都想拥有和把握住什么东西，就能让孩子尽可能多地把控住他自己的选择。[4]

胜任力则是为了完成拼图不可或缺的另一部分，但这个概念很容易被误解。许多父母把所有注意力都放在了狭隘的胜任力概念上，一厢情愿地认为只要他们的儿子或女儿专攻数学或足球，那他或她的内在动机就能发挥作用。这些父母非常关注能力的种种外在表现，并为此变得唠唠叨叨，也爱制订各种计划，因此，他们在一定程度上却忽略了另外两种需求——自主需求和归属需求。我们可以把自我决定论看成一个三足的鼎，其中一条腿特别高非但不会让你的鼎变得更高，反而会把鼎掀翻。

但胜任力依然很重要。那种不管怎么做都搞不定的事，是没人愿意做的。不过话说回来，德韦克讲，胜任力并不是真正把事做好的能力，而是一种我们认为自己能把事情处理好的感觉，这是一种对于自身能力的意识，而非摆在架子上的意味着"我最棒！"的奖杯，这是一种内在的而非外在的成就标尺。为人父母的工作之一，就是要多多支持我们的孩子去发展胜任力。"你的科学课学得非常努力，就算没拿到你期待的成绩，我也依然为你感到骄傲。我想咱们都知道，你每天都在进步，而且离目标也越来越近了。"要记住，你不能直接培养孩子的胜任力，任何这样做的尝试都会破坏他们自己的动机。

最后，归属感指的是在个人与他人之间，有一种能让人感到关爱的纽带。当你的孩子与老师之间有这种纽带时，他就会想为了那位老师而努力学习。当奈德问过他指导的学生："上个学年，你在学校最喜欢上什么课？"他总是还要接着提出另一个问题："那你喜欢的究竟是科目，还是老师呢？"至少有一半孩子回答："是老师，她真的是个好老师呢！"同样，当你的孩子感到与你之间也有这种纽带，当你能传递无条件的爱时，他就会告诉自己，"我的父母关心的是我，而不是我考多少分"，如此一来，你的孩子就更有可能传承并内化你的价值观。自我决定论把这称为"整合调节"，指的是一个孩子通过整合那些关心他的人的价值观与追求，再加上对他无条件的爱，所形成的一种身份认同。

如果你相信教育的价值和努力的意义，并希望你的孩子也有这种观念，那最好不要一见到低分就骂他们。虽然你可能会认为，这能最到位地传播以上价值观，但恰恰相反，这么做只意味着你给的爱是有条件的。面对不佳的成绩，孩子本人很可能已经非常不是滋味了，所以请多一点同情。"我知道你对这个分数很不满意，我也知道你付出了努力，如果你愿意的话，我很乐意跟你聊聊，这样就能在下次考试时帮上你。"这么反馈有几个要点，首先就是体现了同情（满足归属需求），之后顺带要告诉他，还有能提高的空间与手段（满足胜任需求），并以"如果你愿意的话，可以……"结尾，让孩子感觉能自己做主，而且此时你的角色是顾问，而非管理者（满足自主需求）。

多巴胺让你雷厉风行

自20世纪70年代以来，心理学家在动机方面的深入探索一直都伴随着脑科学的研究成果。你可能还记得，在第1章中我们曾提到过，大脑里的犒赏机制是由多巴胺激发的，它能激活大脑，并使之活跃起来，当发生了非常酷的事，以及当你预感到有这样的事要发生时，多巴胺的分泌都会激增。动物也是如此——想象一下，当狗主人拿出遛狗链儿时，狗狗都是如何反应的。它知道，这玩意一出现，散步时间就到了，它会窜来窜去，使劲摇着小尾巴，就等着出门了，简直迫不及待。我们希望孩子也能体验到这种高多巴胺的状态，当我们在工作中感到无聊时，前额皮质中的多巴

自驱型成长

胺水平通常会变得很低，难以激励我们继续紧锣密鼓地工作。孩子不积极主动地完成家庭作业，也是基于同样的道理。

多年来，我们总能接待像小女孩萨凡纳这样的来访者，她的父母亲切地将她称呼为"世界上最有天赋的小磨叽鬼"。他们跟奈德讲："萨凡纳一做作业就浑身难受。""无论我们怎么催她赶快做作业，她都会一拖再拖，转而做些她觉得有趣的事情。这让我们很失望，因为我们知道，她其实可以快速做完作业，她只是不愿意而已。比如昨晚，她哥哥 7∶30 就搞定作业了，而萨凡纳磨蹭到 7∶45，还没动笔呢。她的哥哥很想吃冰激凌，所以我们告诉萨凡纳，我们三个要去 Ben & Jerry's（美国冰激凌品牌），如果她写完作业就能一起去，结果她 8 点就写完了作业。15 分钟就能办完的事，她却能拖上 3 个小时。"

这个例子充分说明，多巴胺和令人期待的结果有时真的卓有成效。做功课的想法并没有在萨凡纳的大脑中产生足够的多巴胺来让她开工，而对 Ben & Jerry's 冰激凌的期待使她的多巴胺水平飙升（就像哌甲酯对患有多动症的孩子的作用一样），能让她专注于一项无趣的任务，并在极短的时间内完成她的家庭作业。

吃冰激凌可能只是个一锤子买卖，不可能每晚都奏效，此外，我们也说过，奖励会对内在动机产生反作用，那么该如何帮助孩子建立健康的多巴胺系统呢？答案非常简单：鼓励他们在自己感兴趣的领域努力。

塑造有动力的大脑

在 20 世纪 80 年代中期之前，人们还没有意识到，大脑其实是可以被改变的。当时人们认为大脑生来是什么样就是什么样，而较新的观点是，我们可以在大脑里建立新的神经通路，而且我们关注问题的角度和思考问题的方式，都会导致大脑在发育过程中产生明显的差异。[5]

当孩子专注于他们热爱且有一定挑战性的事物时，会进入一种被称为"心流"的状态，感觉时间过得很快，注意力也高度集中，但并不会感到有压力。一旦你处于心流状态，大脑中某些神经化学物质（包括多巴胺在内）的水平就会激增。[6]而这些神经化学物质就像大脑的强化剂，在心流状态中，你的思路更敏捷，处理信息也更迅速。要想产生心流，任务必须有挑战性，不能无聊，也不能太困难，以至于产生太大的压力。想一下，和一个比你弱很多的人打网球，那毫无乐趣可言，而如果你跟一个网球高手对打，又太遭罪了，根本就称不上是娱乐。但如果有个旗鼓相当的对手呢？你和他的对局，或许就能让你进入心流。

因此，当你看到一个 8 岁的孩子，抿着嘴，全神贯注地建造一个乐高城堡时，她实际上正在让她的大脑适应那种被激活的感觉。[7]她正在调整着自己的大脑，将享受的感觉与高度集中的注意力、练习和努力联系在一起。经常暴露于高水平的压力下，会使大脑发育不健康，而频繁触发心流状态，则可以使大脑更具动机和专注力。

研究员里德·拉森（Reed Larson）一直在研究儿童和青少年动机的发展，他发现心流就好像一种独特的秘药。而依托于拉森的研究成果，神经科学界的泰斗玛丽安·戴蒙德（Marian Diamond）得出这样的结论："当孩子沉浸在最喜欢的游戏中时，他们会高兴得忘记所有烦恼。而伴随这些感受而来的强烈内在动机，能够指导与强化他们去努力、学习和追求成就，这种影响也无法以任何其他方式实现。[8]"我们大可把它看成一种交叉训练，也许你最终是想让孩子拥有能跑下马拉松的腿部肌肉和顽强意志，但是玩跳绳或跳房子，其实也是锻炼下肢的不错途径。

正如在体育运动中，心灵也得到了锻炼，孩子在 4 岁时玩的过家家，照样会在他 8 岁搭建乐高城堡时产生深远影响。过家家也需要很高的内在动机（孩子要真的想玩），但未必需要多么强的专注力，因为他们可以在玩耍的时候随时转头去玩芭比娃娃。而随着孩子长大，他会选择参加更具挑战性或结构化的活动，届时他将达到高内在动机和高专注度的状态，换句话说，那时候他就能体会到心流。[9]

尽管 15 岁的孩子可能要在重点攻克学业问题的同时，还热爱着滑雪、绘画、音乐，但在道理上其实和 8 岁孩子的情况差不多。想引导他做你觉得他该做的事情，最好的方法就是先给他空间去做他想做的事情。

比尔对此深有感触，一方面得益于科学的知识，另一方面也基于他的亲身经历。他上高中时，成绩中等偏下，其实也没想过要成为一名好学生。正如我们在第 2 章中所提到的，初中时的他对摇滚乐充满了热情，上了高中后，在他的心目中，自己的乐队才是最重要的。他几乎每天晚上都会花很长时间学曲谱、学和弦、练乐器、唱歌，而所有这些都出于对音乐和乐队的热爱。他经常在晚上 7 点进入他的"音乐间"，自己一开始还想着 8：15 就离开，这样至少还能完成一些功课。可在绝大多数情况下，他以为 8：15 的时候，实际上都已经 9：45 了，因为他一直处于心流中。他后来意识到，作为一个少年，他当时的行为让大脑十分熟悉心流的状态。最终当他找到一个职场或者学术方面的目标时，他能更快更好地全身心投入其中，并从中获益良多。

"我才不要像中年大叔一样思考"

我们干预过的最经典的案例之一，是一个 13 岁的孩子，她的父亲想方设法地要让她考出好成绩。她说："我爸爸是我认识的最聪明的人，但对于他的方法我并不感兴趣，我才不要像中年大叔一样思考呢。"

这真是个早慧的姑娘！我们常看到这种亲子间的沟通不当，父母因孩子的做事风格而抓狂，却不曾意识到两辈人喜欢的沟通方式其实各不相同，13 岁的孩子对于大人的很多方法与建议都不买账。奈德有一个叫格兰特的学生，因为学校距离他家有近一个小时的路程，他妈妈每天都开车送他上学。格兰特有着出众的心智水平——他好奇又聪明，还擅长辩论，但同时也拖延成性。他的所有事情都等到最后一分钟才做，甚至在上学路上，还在车里用手机写论文作业，纵然妈妈很不喜欢他这样，不过每天这样忙忙叨叨、慌慌张张的（不管是在行为上，还是在神经激素的水平上），他倒是真把该做的全都做完了。纵然没有按照妈妈喜欢的方式去做，但他的成绩也全是 A。

"他但凡提前点开始写论文，并且每天都写上一点点，都能从容得多，"妈妈感叹道，她说的也的确在理。不过奈德温柔地跟她讲，她自己大可以对这件事从容点。

"此话怎讲？"她问道。

"你看，"奈德说，"你讲的是个十几岁的男孩，对吧？你自己做十几岁的孩子的时光，其实已经有点久远了，他脑子里现在想的，跟你不一样，他懂得尽力完成自己的工作，知道在压力下自己工作得最好——甚至他只能在压力下工作。"

"但是看着他先浪费时间，再被迫快马加鞭地完成工作，我就特别受不了。"他妈妈说。

奈德笑着建议："也许你就不应该看着。"

格兰特和他母亲之间的这种紧张关系是一种常见的情况，导致这种情况的部分原因是男性和女性处理多巴胺的惯用方式不同。女孩通常对学校生活更感兴趣，并且更加坚持不懈地在学业上用功，她们倾向于有更高的标准，并且更具批判性地评估自己的表现。她们更希望能让父母和老师高兴。[10]女孩通常也会更有同情心，这让她们更加担心自己会让老师失望。她们倾向于更早地被多巴胺影响，并且这种影响能保持更长时间，因此有些女孩能比截止期限提前两天完成论文，不像男孩需要靠压力（比如濒临交作业的截止日期）来驱动，事实上，她们更有可能在时间紧迫的最终期限压力下感到慌乱，杏仁核被激活，甚至无法有效工作。

两年前，奈德在一所学校辅导过几个孩子，他们都要在同一周内完成历史课的学期论文。在交论文前的最后一个星期五，他找到了三名女生。"论文怎么样了？"他问第一个。"哦，很好，"她说，"我只差把脚注写完了。"第二个女孩的情况也差不多，"我写完了，"她说，"但需要再改改。"和第三个女孩也进行了同样的对话。到了第二天，轮到男孩了。"嘿，奥斯卡，论文写得怎么样了？"奈德问第一个男生。"啊，哦，"他说，"对了！我一直在尽力弄呢……就是，我有一些想法……"第二个男孩说："我还没完全写完，但是，我的意思是，放心没毛病！"第三个男孩所汇报的进展也差不多。请注意，这些男孩此时并没有压力，他们还没有使全力呢。男生和女生，是不能一概而论的，虽然也有例外，并不是每个人都符合性别的特定模式，但女孩往往喜欢走在时间前面，当她们落后或在待办事项清单上有太多东西时会感到压力。

假以时日，自然而然地，这些女孩会长大，而其中有许多成为妈妈，就是那些经常监督儿子的家庭作业情况的妈妈。结果可想而知，而我们把这看作一场"多巴胺的战争"。

性别的确是一种影响因素，但如果孩子患有 ADHD、焦虑症或抑郁症，那他们动机的运作机制会受影响。患有 ADHD 的孩子无法达到和其他孩子一样的多巴胺水平，所以他们需要以某种形式"助推"一下来发动他们的动机引擎。[11]请这些孩子的父母放心，我们将在之后讨论药物、激励和锻炼等手段是如何帮助孩子集中注意力并完成他们作业的，详见本书第11 章。

最后，我还想强调一点，能调动起某个孩子的方法，对另一个孩子未必管用。有些孩子产生动机，很大程度上是因为他们希望有亲密的人际关系或想帮助他人，而其他孩子的动机则是为了达到更高的水平，渴望学习新事物、获得新技能，孩子甚至可能出于不同的原因而想要相同的东西。

许多孩子喜欢电子游戏或体育运动，却不是为了寻求刺激或获胜，而是为了享受与朋友一起玩的乐趣。一些学生为了个人的满足感而努力取得好成绩，而另一些则是为了达到某个长期目标，所以才很在意学业。同理，孩子可能会因为各种不同的原因去参加高中学生会的竞选：可能是他们想要对政府机构有所了解，或者想帮助解决与自己朋友有关的问题，或是为了丰富自己申报大学的简历，甚至是为了体验名声在外的感觉，以及为了满足自己的"官瘾"。

一旦父母关注到这些差异，他们就可以引导孩子去理解，是什么激励了他们行动起来，而对他们真正重要的又是什么。以上知识还可以很好地解释，为什么他们的孩子有时会做出看似不明智的决定，比如他明明可以选择去一个在学业上更有挑战的精英高中，却要和其他小朋友一样去当地的公立学校。[12] 我们认识的另一个学生就有着类似经历，当学校管理员告诉她，她必须放弃课余爱好，留更多时间做作业的时候，她就改变主意，不再去学业压力大的那所高中了。"我才 15 岁，"她想，"为什么我要放弃我现在喜欢做的事情？"她转了学，并以优异的成绩毕业，现在在大学里也过得不错。虽然那所学校不是什么学术方面的名校，却是她的第一志愿。她颇有自知之明，从很小就明白：她自己一直就对一板一眼的学术知识不感冒。

动机方面的常见问题及其解决方法

我们发现，孩子的表现往往呈现出两种极端：有些特别完美主义，因此"被迫"追逐名利，甚至因为压力太大生了病，有些似乎对任何事情都漠不关心，或者做一些看上去不符合自己利益的事情。

我们还发现，这两种极端的孩子都缺乏控制感，好在有很多方法值得一试。以下是四种最常见的动机问题，以及我们的建议。

破坏者

"我家孩子明知有的事情要抓紧办，但好像就是无法调动自己的积极性，简直就是自毁前程。"

有很多家长如此描述自己的孩子，这些孩子可能想在班上拿到好成绩，或在学校乐队里搞出点名堂，但他们似乎就是无法投身其中。

如果你家孩子正是如此，你可以引导他明白，哪怕是现在看起来不那么重要的事情，对他们的长期目标也很有可能至关重要。大多数父母来找我们之前，都试过让孩子理解这种关联，而我们也知道，这件事听起来容易，做起来难。倘若一个孩子的主要兴趣是与朋友交往，那请鼓励他的兴趣，并和他一同展望，看它将如何在某一天为他所用——他可能会因此有一个充实的职业生涯，比如成为教师、心理学家、谈判代表、律师或销售总监。但同时也要告诉孩子，大多数强调人际交往能力的职业至少需要学士学位，并且在很多情况下甚至还需要硕士学位保底。因此，如果他想以有意义的方式与他人互动，就得努力提高自己的学习成绩。

在一些对他很重要的事上，你也可以引导他自己找出几个非努力不可的理由，我们同时还要引领孩子去区分那些"要我做"的事，和真正"我要做"的事。为了更好地让孩子领会这一点，比尔会请他们想一想那些刚刚为人父母的大人。他跟孩子讲，当他的女儿还是个小宝宝的时候，每次她半夜里哭着醒来，他都想着赶快起来把女儿交给她妈妈喂奶，而自己从没想过要主动起床，这是"要我做"。但他后来变成了"我要做"，主动起床去照顾女儿，而恰恰因为他这么做了，女儿也就立刻不哭了，并且他妻子之后又能很快重新入睡。我们通过以上情境来引导孩子理解这种逻辑，并让他们告诉自己："即使我不想做作业，我也要好好做，因为这对我本人和我将来的发展都很重要。"这也是为什么，孩子往往能发现，跟自己说"我要这样做"，要比跟自己说其他的话更能诱发动力。

每个成功导师或效率大师都会告诉你，如果一个孩子可以幻想自己完成了他为自己选择的目标，就会让大脑误以为"我已经真的完成了"。把目标写下来也能达到类似的效果——这同样是一种有力的强化，如果你孩子亲笔把自己的目标写了下来，那就构成了一种重要的提醒：这是他的目标，而非你的目标。[13] 把目标写下来，也有助于人们更多地让前额皮质参与操作，而非仅仅把目标当作一种对即时需求或压力做出的简单反馈。写下目标，也是提醒我们即将要打一场持久战。我们不妨想象一下，你的孩子是一名参加奥运会的运动员，她把自己"想赢得四枚金牌"的具体目标写了下来，还钉在了人人都能看到的公告牌上。那如果她饿了，想要来一块比萨时，她就会看到自己的目标，便更有可能转而选择更健康的鸡肉和蔬菜，而非油腻的达美乐比萨。我并非要你拿世界级运动员的标准来约束自家的普通青少年——大多数目标都需要能更容易和更快地达到才能让人投入，但你肯定能理解我这么说的用意。我们鼓励孩子把他们的书面目标写在一张纸上，放进背包里，或者贴在卧室的墙上，这样他们就能经常看到。奈德有一个学生，他的目标是转学到乔治城大学，所以他一直穿着乔治城大学校队的队服，来提醒自己努力学习。

你还可以帮助自家的"破坏者"在他感兴趣的领域里培养出纪律感。如果一个孩子喜欢打棒球，但在常规练习之外没有额外投入，你可以说："嘿，我知道你喜欢棒球，而且我知道如果有人能陪着你，你肯定能练习上几个小时。你想让我找一个高中部的球员每周挑几天跟你一起练，还是我们安排一下日程，跟朋友一起练习练习？"如果你的孩子能进一步发展他的技能，他就会发育出一种习惯于努力工作的大脑，这样一来，在那些对他来说很重要的事情上，他就能做得更好。

以上都是些相当简单的建议。我们意识到，对于许多"破坏者"而言，这些建议可远远不够。许多沦为破坏者类型的孩子都有多巴胺缺乏症，帮助他们建立逻辑的连接或想象目标，并不足以照亮他们的大脑。如果你的孩子对做作业异常强烈反感，我们建议你对其进行专业评估，以排除ADHD、焦虑症、睡眠困难和学习障碍的影响。激活"破坏者"的一些额外策略还包括：

- 经常运动。即使短时间的运动也足以激活大脑开始投入于某些事情，部分原因在于前额皮质中的多巴胺增多。此外，一定要动起来，那才算运动。

- 社会支持。找一个年龄稍大一点的孩子来担任孩子的家庭作业教练，或者帮你的孩子加入一个侧重学业的同龄人学习小组，这可以帮助他集中注意力。对于青少年来说，我们特别关注同龄人点对点的支持，因为青少年在这个发展阶段更适应跟同伴交流。还有研究表明，孩子从其他孩子那里学东西，往往要比从成年人那里学得更好，一旦家庭作业教练是一个年龄稍大点的孩子时，被辅导的孩子则会大量分泌多巴胺。[14] 这种"外包"还有个理由：如果你倾向于控制，或者你本不倾向，但你的孩子认为你倾向，那他的"破坏者"属性将本能地开始发作。

- 刺激。一些"破坏者"需要把音乐置于背景中，以此来帮助他们完成他们原本要拖延的任务。音乐可以作为白噪声存在，阻止分心。它可以让活动显得不那么枯燥，也可以缓解焦虑。对于其他人来说，安静的环境更好，但你家的"破坏者"可能需要都尝试一下，才能看出怎样才最适合他。最近还有证据表明，嚼口香糖也能提升活动水平、加工速度和工作产出量。[15]

- 健康的高蛋白饮食和足够的休息（你已经听了很多次了，所以我们就不再赘述了）。

- 循环训练。一旦在计时器设定的短时间内高度投入工作，随后按规定时间休息，"破坏者"往往就能表现良好。你琢磨琢磨，"起飞阶段"和"着陆阶段"在讲座与课程中都让人难忘。而在两者之间，我们的大脑一直走在一条迂回漫长的小路上。因此，学20分钟科学，学20分钟西班牙语，再来20分钟社会研究，每个科目之间有休息，重复两轮，这可能要比每次连续学上 40 分钟更有效。添加更多的开始点和停止点，可以鼓励大脑更加专心与积极。建议将这种循环训练作为一个备选项，并问问你的孩子，她是否想要自己来设置计时器，或者她是否希望你能扮演教练，设置秒表并及时喊出"时间到"！

○ 激励。没错，我们已经告诉过你，外部激励对于培养内在动机是不利的。但有时激励是可行的，只要孩子明白，你的目标是让他的大脑激活（通过增加多巴胺），那他就可以完成以往可能做不到的事情。你可能会对年仅 6 岁的孩子说："我知道，你的大脑在没有一点激励的情况下醒不来。所以我很乐意给它来点能让它醒来的东西。"激励措施也有助于提高创意。还记得萨凡纳吗？在冰激凌向她伸出手之前，她都不会做作业。她的父母可能会在第二天晚上说："萨凡纳，我知道你很难有足够的动力来准备单词考试。但如果你愿意，我很乐意帮你想个激活多巴胺的方法，以便给你开个好头。我建议，不如我们先做个词汇测试怎么样？如果你没有背出 20 个单词里的 17 个，那你必须做 20 个俯卧撑。但你要是背出来了，那就我来做。"

爱好者

"我的孩子只对学习之外的事有动力。"

多年来，比尔已经见过了几百个学业动机相对较低的孩子，但他们对于其他事物，比如手工、音乐、体育，甚至于复制一个《星球大战》里的道具都非常积极。他要对这些孩子的父母说，只要孩子正在努力做他们真正喜欢做的事情，他就不会担心，因为他知道，孩子们正是在塑造一个最终能让他们获得成功的大脑。比尔告诉孩子："加油做，好好干，投入地去做那些对你来说重要的事情，这对你的大脑发展大有好处。"（这里有个可能的例外，那就是电子游戏，它并非一无是处，但还是需要区别对待。我们将在第 9 章中探讨，这类新科技对发育中的大脑有何影响。）他还跟孩子讲，如果他们能够将这种完全的沉浸感传递到与学业有关的事物上，那可是好事一桩，而且他坚信，孩子完全有能力做到这一点。

肯·罗宾逊（Ken Robinson）是研究怎么找到激情所在的领军人物，他的著作《让天赋自由》（*Element: How Finding Your Passion Changes Everything*）提到要寻找激情和技能的交集，并一再强调这很重要。虽然这本书的内容不一定对普通七年级学生的胃口，但是父母还是可以跟孩子分享书中的几个故事，比如《辛普森一家》的作者马特·格罗宁（Matt Groening），他对上学兴趣不大，但一直狂热地画画，比如著名的编舞家吉莉安·琳恩（Gillian Lynne），她小时候就没上过学，但依然在舞蹈学校茁壮成长。类似的故事可以激发一次健康的讨论，探讨一下"有所追求"到底意味着什么，以及怎么才能一步一步达成梦想。[16]

当塞巴斯蒂安来比尔的办公室接受测试时，他还是一名高三学生。他的累积 GPA 分数为 2.3，在他看来，他之所以成绩不好，都是因为自己"根本没有任何投入，实话实说，我从不花心思学习"。他还描述了自己"忽悠"老师的技巧，以及自己是怎么因此能够顺利升学的。塞巴斯蒂安认为，因为他这烂成绩，他的未来恐怕要面对很多限制了。他认为自己可能考不上大学，最终也只能找到一堆低收入的工作。但他还是热情地参与了所在地的一个县级救援队。事实上，他大多数的星期四和星期六都要熬夜度过，以帮助乡里群众应对那些真正的紧急情况。

塞巴斯蒂安的经历令人感到惊讶（甚至是震惊），而比尔则问他是否想过正式辍学。"为什么要这么问？"塞巴斯蒂安问比尔。

"因为上学似乎在浪费你的时间，"比尔说，"更不用说你老师的时间了，每天花 6 个小时做你毫不在意的事，还要花大量精力去对抗、撒谎、假装、忽悠老师。"比尔说："你为什么不考虑去做全职的救援工作呢？"他告诉塞巴斯蒂安，作为一个穷学生，他实际上并没搞砸自己的整个生活——孩子是可以放弃所有的高中课程的，如果后来再决定要接受教育，

还能从社区学院（这些学校能够开放式招生）开始，一旦他们修够了差不多
30 个学分，就可以申请几乎任何大学，而不必提供自己的高中成绩单。比
尔让塞巴斯蒂安考虑一下，究竟怎么做才符合他自己的最佳利益，并预约
了下一次咨询。

　　在接下来的这一周，当比尔要跟塞巴斯蒂安的父母会面讨论测试结果
时，他有点紧张，特别是当他得知这对夫妻都是大学教授的时候。比尔觉
得，他们很可能会因为他与塞巴斯蒂安的交谈而心生不快。但令他惊讶的
是，他们开门见山地感谢比尔能坦率地与塞巴斯蒂安交流，孩子离开办公
室时的情绪是他们最近一段时间看到的最为充满活力和乐观的。他们接着
说，儿子已经确定了新计划，要从本地的社区大学开始读，直到最后获得
一个华盛顿周边主流大学的消防科学学位。比尔后来还了解到，塞巴斯蒂
安也主动考量过辍学的可能性，但他被告知一旦辍学，也就没法再参加救
援队了。有了底气和动机，他在学校的表现立刻开始好转了。他同意跟着
一位优秀的导师学习，并放弃了每周四在救援队的通宵执勤。他还从不同
的角度重新认识到了学校的价值。两个月后，比尔从塞巴斯蒂安的妈妈那
里得知，他的 GPA 涨到了 3.6，他的妈妈还问比尔能不能再跟塞巴斯蒂安
的姐姐谈谈，她一直是个好学生，但在塞巴斯蒂安的转变过后，她开始因
这样一件事倍感紧张：不同于她的弟弟，她并没有什么真正的激情。

　　虽然这故事有了一个圆满的结局，但它引出这样一个问题：如果塞巴
斯蒂安是你家孩子，你又会怎么做呢？

　　我们会依据相关规则给出如下建议，如果他完全没有去上学的动机，
那就要进行学习障碍、抑郁症、焦虑症或注意缺陷障碍的评估。倘若事态
没那么严重，那么请尊重孩子，同时也要帮他建立一种更好地去认识真实
世界的认知模型。如果你真的好好跟孩子说话，那你就会惊讶地发现，真
的有很多孩子能听取你的建议。因此，如果你的儿子说，他想拿到体育奖
学金，并加入杜克大学校棒球队，那就问问他，为了这一目标，他能做些

什么。我们还建议，你们该一起坐在电脑前，好好研究一下加入球队所必备的学业要求和运动数据，这样才能帮孩子去探知，为了实现目标，他需要先做些什么。

支持孩子去追求与学业无关的兴趣，这没问题，相应地，要是将这些兴趣视为一种惩罚的原因，那问题可就大了。很多家长会克扣孩子体育活动与课外活动的时间，一天就那么多时间，如果你家的高中生因为些杂七杂八的事儿找不到时间做功课，或者累的根本就学不进去，那你在向他传达一种什么信息呢？难道不会让他认为课外活动要比学习更优先吗？

从逻辑上讲，这么说有道理，但科学并没对此提供支持。请记住，如果一个孩子对学习没兴致，那他就是没兴致，家长也只有干着急的份儿，而剥夺那些他有兴致去做的事儿，其实并不能解决问题，反而可能会进一步削弱他的动机水平。

小毛驴屹耳

"我家孩子干什么都没动力。他仿佛压根不知道自己想要什么。"

对于青少年来说，在一段时间里感觉没什么动力，感觉就像《小熊维尼》里的驴子屹耳，这很常见。如果这种情况持续超过了两三周，或是突然一下出现，那可能值得关注一下。需要对此进行彻底的医学评估，以排除导致这种冷漠感的临床原因，必要时还要进行心理或精神评估，以筛查抑郁症或毒品摄入的情况。

以上这些更严重的问题一旦被排除，你就可以鼓励你家屹耳去参加一些服务活动了，还要共同协商限制他看电视和玩电子游戏。你大可以带他去见见你认为他可能喜欢的人或物，但你能做的最重要的事情，还是要表达出一种信心：他能找到他心仪的事物。我们能意识到，这么做不容易，但请别忘了：你不能直接帮你的孩子找到激情所在。

你还可以强调一下自我意识的重要性。有件事我们惊讶，有很多孩子从没问过自己"我究竟想要什么"，甚至也从来没有人问过他们这一问题。他们忙着努力取悦他人，或者对抗来自别人的控制，但还是需要思考一下自我。他们要考虑一下自己的特殊才能与生活目的。他们应该问问："我想要什么？我喜欢什么？"就算你给不出答案，但你还是可以帮助他们提出这些问题。纵然不太容易接受，但在生活中找到兴趣和动力是孩子自己的责任所在。

你也可以帮助孩子多多关注他们擅长的事情。许多小屁孩会忽略掉他们的天赋："哦，谁都能做到。"他们会错误地做出断言："如果我擅长这件事，那一定是这玩意太容易了。"他们经常忽视自身才能，而专注于他人最擅长的领域。一旦他们发现自己的短板，则只是进一步证明了之前的悲观预期。

如果他们觉得自己没有什么明显的长处，他们就该这么问问："我能做点什么，至少让我跟大多数人一个水平？"而这可能导致其他更宏观的问题，例如："我的目的是什么？我需要哪些帮助？我怎样才能让自己去做我想做的以及要做的事？"这是一个重要的节点，会让孩子能够对兴趣、才能和自我意识的所在产生一定的方向感。他们年轻时所找到的领域未必就是他们最终投身的领域，但这是重要的一步。

有一个患语言学习障碍的女孩莱蒂，从 5 岁到大二都一直在接受比尔的指导。莱蒂 14 岁那年，尽管她已经能够很好地完成作业，也很听父母的话，但她的母亲还是担心，她似乎在生活中没有任何真正的激情。比尔告诉她，虽然我们时不时地在孩子的兴趣方面提建议，但兴趣这东西强求不来。兴趣往往是自己长出来的，并且往往以一种出人意料的形式。

当比尔 6 个月后再次接待莱特的母亲，并跟她讨论与学校有关的问题时，她说："哦，顺便说一下，莱特已经加入了华盛顿动物救援联盟，好像还非常乐在其中。"在接下来的几个月里，莱特对她在那儿的工作投入了大量的精力，到了年底，她已经能列出华盛顿大区内所有的救助站和待救助的狗了。比尔早就料到了会这样，因为生活总在变化，而那种似乎无望的情况往往都能改变。机会无处不在。

救援工作成为莱蒂真正的激情所在，她在这之中发现了一种有意义的表达方式，并依此展现她对动物的热爱。3年后，作为高三学生，她去做一份幼儿教育的实习工作。她又发现，在她面向幼儿的工作中，那些她用于动物救援的奉献和投入能够同样用得上。然后，莱特成为一个积极向上的大学生，专修儿童发展和学前教育。最近她大学毕业，并获得了幼儿教育的学位，正在享受她的第一份工作——一名幼教老师。

许多小屹耳都有些"宅"，会拒绝做任何新的或不同的尝试，并有一个狭窄的舒适区。他们通常喜欢阅读、独奏或玩电子游戏，而非参与更积极的任务，往往也不愿意把自己置于不熟悉的社交场合。许多父母说，如果他们不一直催，他们家的小屹耳能永远不出门。

面对这样的孩子，家长很难忍住不唠叨，然而，唠叨无法激励他们去尝新尝鲜。家长首先要明白：当要适应新情况时，小屹耳们通常都缺乏对能力的灵活把控和信心，而这可能导致他们对尝试新事物产生焦虑。此外，由于这些孩子很少能跟别人"自来熟"，他们很可能会对在家庭或教室外的社交需求感到更加焦虑。因此，帮助小屹耳们就需要一套组合的方法：

（1）保持冷静，专注于跟孩子建立稳固的关系，哄骗孩子对关系有害无益。要知道，的确有些人就算在一生中也没有过很多兴趣爱好，也没有过很多朋友，但他们依然过得很幸福。

（2）问问孩子，是否希望能更舒服地去应对新状况，别对他们感到那么紧张。如果她希望，你可以帮她引荐一位相关领域的专家，帮助孩子更有信心地接受新挑战。

（3）告诉孩子，你认为作为父母，让她接触真实的世界是你的责任，而你宁愿不要总是催着她去接受新鲜事物，同时还可以问问她对此有什么建议。

你还可以跟孩子达成合理的"妥协"，上限是你对孩子的活跃度与参与感的期待，下限是新鲜事物给孩子带来的不确定感与挑战性，并在此之间达到平衡。

（4）身体的活动可以激活各种各样的孩子。你可以看看是否能让你家的小屹耳有兴趣去参加一项大多数孩子都不做的运动，比如击剑、攀岩或柔道。如果有必要的话，甚至可以用上短期的奖励。

赫敏·格兰杰

"我的孩子内心压力很大。在她看来，要么上耶鲁，要么全完蛋。"

有些孩子受困于竞争激烈的学校环境中，或者被要求获得尽可能多的荣誉。哈利·波特的朋友赫敏·格兰杰就完全属于这一类。尽管孩子会因焦虑和竞争相互影响，但在绝大多数情况下，这类孩子所感受到的压力都来自父母或老师。

赫敏们被培养出了这样的认识：一定要出类拔萃，或满足他人的期望。而这其实非常不健康。他们的动机在很大程度上其实是以恐惧为基础的，他们会因为无法实现自己或别人为他们设定的高目标而感到非常焦虑。他们往往控制感很差并会有一种"存在的无力感"，这个词来自斯坦福大学前新生教务长和《如何让孩子成年又成人》（*How to Raisean Adult*）一书的作者朱莉·利思科特 – 海姆斯（Julie Lythcott-Haims）。[17]

显然，如果压力来自父母，那解决方案很简单：停手即可。即使你为自己的孩子感到骄傲，她也可能会以为自己是因为有种种成就才得到了爱。一般情况下，靠进一步的沟通就能解决这个问题。

但如果你跟她说："听着，我并不介意你的成绩好坏，或你考上了什么学校。"但她仍然焦虑和恐惧，那修复起来就更加复杂了。

我们最近跟一整个教室紧张兮兮、又被临近的 AP 英语考试折磨得精

自驱型成长

疲力竭的高二学生聊了聊，谈到了压力与睡眠剥夺对发育中的大脑的影响。学生都很有礼貌，也做了笔记，还提出了很好的问题，而且他们似乎也认为如果没有长期的疲惫和压力，他们最终能更加成功。然而，当谈话结束时，他们的老师把我俩拉到一边说："这些孩子中的每一个都认为，如果他们没考进耶鲁，最终就只能在麦当劳打工了。"华盛顿一所私立经营学校的英语老师也告诉过我俩非常相似的情况，孩子一上九年级，想着没能进入名校，就都会"吓坏了"。

那如何着手处理呢？该怎样鼓励一个如此依赖外在的成就表现的孩子，让她产生内在动机呢？首先要问她愿不愿意听到一些可能有助于她学业的消息，但可能会伴有一点点的恐惧与焦虑。如果她愿意的话，那就告诉她真相：你上什么大学并不能对你的人生成就产生那么巨大的影响。接下来跟她分享一下如下这些论据。数十年来，研究人员斯泰西·伯格·戴尔（Stacy Berg Dale）和阿兰·克鲁格（Alan Krueger）一直在关注同一个高中班级的毕业生的职业发展轨迹。在那些具有可比较的 SAT 成绩的学生中，无论他们是否进入精英大学，他们的收入潜力其实都没有什么差别。千真万确，不管他们申请某一所名牌大学后是否被拒，也不管他们没被名牌大学录取，是否会另选一所没那么出众的大学。[18] 盖洛普民意测验公司和普渡大学的另一项联合研究发现，学生就读的大学的区别（例如，公立与私立、热门与不热门）对他们在哪里上班以及幸福感有多强烈几乎没有影响。最能预测幸福感的因素是在大学生活中更为内在的一些体验型因素，例如：①有一位教授对他们表现出了个人兴趣，能激励他们学习，并提供鼓励；②在大学期间去实习或工作，还能用得上他们正在学习的东西；③积极参与课外活动，或者需要一个学期甚至更长时间才能完成的项目。[19]此外，皮尤研究中心 2013 年进行的一项研究发现，公立和私立大学的毕业生报告了相同的生活满意度，其中包括家庭生活满意度和个人财务满意度，以及工作满意度。[20] 这些研究都表明，如果你既聪明又积极，那你去哪里上学其实并不重要。对于一些孩子来说，明白这一点会让他们更容易关注那些对自己来说真正重要的东西。

你还可以与自家的赫敏分享"大鱼小池"的理论。这一理论由赫伯特·马什（Herbert Marsh）提出，[21]如果你在同伴群体中表现优异，你就会认为自己处于一种更积极的状态。因此，能在一所没那么出色的学校中脱颖而出，从长远来看，往往比在竞争激烈的学校中表现得泯然众人要更好。马尔科姆·格拉德威尔在他的著作《大卫与歌利亚》（*David and Goliath*）中讲述了一个成就心极强的学生决心考上布朗大学投身科学的故事。主人公发现布朗大学的环境令人沮丧，放弃了她对科学的执着追求。而在另一所竞争没那么激烈的学校里，她为自己自然迸发出的兴趣找到了更多的发展空间。格拉德威尔写道："我们很少停下来认真想想……最负盛名的机构是否总是我们的最优选择。"[22]不妨让你的孩子思考一下，在一个更小的池塘里当一条更大的鱼，这样也许更好。

帮助你家的赫敏去了解，虽然在某些事情上遭遇失败可能很可怕，但是关掉一扇窗并不意味着同时就关上了所有的门。事实上，这可能意味着一种解放，一如我们亲眼所见，我们有一位朋友考砸了高一的 AP 音乐理论课，虽然她一开始很担忧，但最终这让她摆脱了对低于 4.0 的 GPA 的持续恐惧感。她看到如此糟糕的境遇实际上并没有摧毁或阻塞她的未来发展时，就变得更有能力去承担风险了，也更有能力去过上自己的生活，而非总是感觉有只怪物无时无刻不再撵着她跑。这段经历让她最终更加成功。

比尔自家的孩子上小学的时候，他特意告诉他们，学习成绩与生活成功之间的相关性很低。他说，如果孩子希望的话，他会去看看他们的成绩单，但他其实更关心他们作为学生和独立个体的发展。孩子似乎总是很相信比尔，并且很高兴自己的父母不会一直追着他们谈学习的事。当比尔的女儿读高三时，有一天晚上，她去听了爸爸关于青少年大脑的一个讲座，在那个讲座中他分享了本书中讨论的一些理念。在回家的路上，女儿说：

"我敢打赌，你讲座上说高中成绩对生活成功不重要，而你其实并不买账。"

比尔问她为什么会这么想。而她回答说，因为她的老师和学校辅导员总是会谈到成为一名优等生（她曾经的确是其中的一员）的重要性。而比尔向她保证，基于大量的研究，他确实相信自己在讲座上说的话，而为了证明这一点，如果她的成绩单上有了个 C，那么他愿意付给她 100 美元。他之所以这样做，是因为倘若女儿能够获得一次只得到 C 的经验，并看到她的世界也不会迎来末日，所有她对未来的选择也都没有被排除，而她仍然可以创造有意义的生活，那他就会很高兴（但她从来没找他赚过这 100 美元）。

奈德告诉他遇到的每一个"赫敏"（他也的确遇到过不少），她能做的最重要的事，就是在余生中发育出她想要的大脑。她是否真的想要一个这么紧张和疲惫的大脑，而她以后也就很容易焦虑和沮丧吗？她想要一个属于工作狂的大脑吗？或者她是否想要一个强大又快乐，还很坚韧的大脑？就像奈德一样，你可以跟孩子说："你显然足够聪明，所以才能这么拼。问题在于这对你的长期发展而言，是不是健康的呢？能不能助你达成至高价值呢？"然后再鼓励她思考一下她的最高价值在哪里，对她来说最重要的又是什么，并让她在考虑这些问题的时候顺便想想，她自己是否正在朝着正确的方向前进。随后，你还可以帮助她设定基于价值观的目标，因为当你在设定能加以控制的目标时，你的心智就会感到很快乐。我们还将在第 10 章中进一步谈论目标设定，并深入地讨论助推孩子成功的心理策略。

今晚怎么做

- 重要的事情说三遍：支持自主性，支持自主性，支持自主性。
- 探索孩子究竟对什么事情有内在动机。为了做到这一点，你可以通过询问他在日常生活中的什么事后会感到"真的很开心"。拥有

健康自驱力的孩子通常会想到这些事：他们在学业或体育项目中
表现优异，度过了某段逍遥快乐的时光，或者跟朋友或家人做了
些有趣的事。相应地，那些受制于动机或难以维持动机和努力水
平的孩子则常常会说，当他们没有感到责任，没有任何期待，以
及没有感到压力时，他们才最开心。

- 跟孩子谈谈，在生活中，他们想要什么？他们喜欢做些什么？他
们觉得自己擅长什么？如果他们出于某个原因来到世上，那这个
原因又可能是什么？

- 帮助你的孩子表达目标并写下来。我们将在第 10 章中更深入地探
讨这一话题。但就目前而言，仅仅表达一下她想要到达何种地步，
已经算迈出非常有建设性的一步了。

- 给孩子提供空间和时间，让他们做自己喜欢做的事，这能激发他
们在任何活动上都能产生心流。

- 在困难面前引导并塑造孩子对挑战与坚持的热爱。赋予年幼的孩
子更加积极的动机品质（例如说"我就知道你不会放弃"）。

- 教你的孩子别过分专注于取悦他人。如果他们专注于外部反馈，
请考虑一下偶尔这么表达："每个人在某件事上能取得成功，还从
其他人那里获得积极反馈，并为此感觉非常良好，这完全正常。
不过，在我的经验中，最明智的做法还是要评估一下自己的表现，
并专注于更好地去做正确的事情。"

- 如果你的孩子似乎没什么激情，请记住，有许多的人与经历都能
对他们的生活产生积极影响。不妨去寻找一些不同领域的导师或
榜样，让孩子得以接触更广泛的职业生涯和生命选择。

6 第 6 章

彻底停工期

在古印度的吠陀传统中，有这样一种说法："所有的动都以静为基础"。休养生息，活力四射，再休养生息，再活力四射。我们无论干什么，都需要这种动静结合的交替。这道理在运动和健身的时候最为明显，间歇训练让我们知道，运动的相当一部分好处其实就来自身体在休息期间的自我恢复。我们也能在瑜伽中看到同样的现象，每次瑜伽练习最终都结束于身体的彻底静止。这在脑科学领域中也同样适用，白日梦、冥想和睡眠都能让大脑休息，并依此把新的信息和技能巩固在记忆里，还能使大脑以更健康的状态重新投入使用。大脑里至少有 40 个静息态神经网络，我们没法在本书中对它们逐一讨论，但要知道，就算我们休息下来，大脑也依然处于激活状态，这一客观事实就强烈表明，我们应该认真去对待"休息"这件事。我们认为，大脑的这种深度休息就是所谓的"彻底停工期"。

我们很难去争辩说，自己的休息和活动正处于最佳的平衡状态，而且我们的文化氛围本就不怎么安定。最近的一系列研究发现，比起静静地坐着自己思考 6 分钟，有 64% 的年轻男性和 15% 的年轻女性宁愿选择自己给自己来点轻微的电击，对于"无事可做"，我们总是茫然无措。[1]青少年、成年人，甚至幼儿都没有足够的睡眠，也没有足够的时间自省，这也进一步导致他们容易感到过大的负荷和压力。父母会形容自己"忙疯了"，与此同时，我们接待的孩子中有很大一部分也感到压力重重，疲惫不堪。

"停工"有许多不同的形式。任何让人放松下来或恢复精力的东西的事物，比如园艺和阅读，其实都算得上。然而，随着生活节奏的加快，我们需要"彻底停工"。彻底停工并不意味着就要打电子游戏，看电视，刷YouTube 视频，给朋友发短信或参加有组织的体育项目与活动。彻底停工是指不需高度集中思想，也不带什么目的，单纯地无所事事。

这可是我们能为大脑做得最有效的事情之一。对大脑这个 7 乘 24 小时运转着多任务处理的芯片来说，它是一剂重要的解毒剂，能有效解决思维分散与思维麻木的问题。彻底停工还能允许你处理积压已久的刺激。你可以把日常生活中的诸多活动、任务和互动想象成不断落在你大脑上的鹅毛大雪，不消多久，就制造出了绕不过去又难以跨越的一大片积雪。彻底停工就是一台能将它们均匀处理掉的除雪机，可以为你的生活做好准备，以便你能在光滑的表面上好好滑雪，从而避免因不均匀堆积的积雪导致的沟壑和偶尔的雪崩伤到你。在本章中，我们将深入探讨两种强大的彻底停工形式：白日梦和冥想。相较之下，睡眠是一个体量巨大的彻底停工期，因此，我们将用整个第 7 章来探讨它在当下生活中的重要性，以及它为什么总引不起该有的重视。

心智漫步：白日梦的好处

自从科学家开始研究大脑，他们就主要在探究这样一个问题：大脑在关注于任务或处理外部刺激时，究竟在干什么呢？直到最近，他们才开始认真考虑大脑在其余时间里的运作机制。在20世纪90年代中期，神经科学家马库斯·雷切尔（Marcus Raichle）注意到，当我们专注于任务或目标时，大脑里的某些部分会变暗。1997年，他和华盛顿大学的同事一起分析了大脑的这些部分，并给它们命名为：默认模式网络。直到2001年，雷切尔才发布了一项研究，而该研究披露了默认模式网络亮起的原因：大脑正处于警觉的状态，但不专注于具体的任务。[2]过去这10年，雷切尔引领了一股新的研究浪潮，进一步发现，那种能激活默认模式网络的分心时光，对于健康的大脑来说绝对有着重要的影响。[3]

我们只要一眨眼，默认模式网络就会被激活，而我们的意识网络也会暂时休息。哪怕仅仅是闭上眼睛，深吸一口气，再呼出去，这也对大脑恢复元气有帮助。一旦你的默认模式网络被激活，你就会思考自我，思考过去和未来，以及思考一些需要解决的问题，所有这些问题对于自我意识的培养都至关重要。相应地，如果你考虑其他人的经历和感受，那么这个过程对于移情的发展也很重要。在默认模式网络里，个人反思的所有重要工作得以执行，而这恰恰就是让你成为一个有思想的人的原因。它允许你去组织自己的想法，还让你有机会与自己对话。想象一下，你和一个对你说了两句重话的朋友吵了一架。在那喧嚣的一天里，你其实并没有机会仔细思考这件事，只是知道自己很生气。不过，第二天早上你淋浴的时候，就会想："这件事实际上没什么大不了的。但她昨天为什么要那么说我呢？也许她碰见了点糟心事儿吧。我甚至都能感知到，她具体是怎么想的呢。"每次把场景在脑海里重现一遍，它的影响就会小一点。但是重现场景是需要时间的，如果你不允许自己停会儿工，那你只能继续愤怒下去，而不会看到愤怒可能会进一步转变成什么。如果大脑是根据它的使用方式来发育的话，那除了思考自己和他人之外，我们如何才能进一步学着理解自己和他人呢？

如果我们过度地在大脑里重现场景，或者这么做让我们感觉痛苦，并且我们陷进了负面的思维循环，那这就不是"心智漫步"了，而是"思维反刍"。这是截然不同的两个东西，而你真需要的，是前者这种每天都有的、没有压力的停工时间。

如果我们心理健康，而且有着几分钟的停工时间，默认模式网络就会允许大脑主动进行分析和比较，试图解决问题，并创立一些替代性的解决方案。这有一条关于默认模式网络的知识你要知道：你若专注于任务，它就无法激活。研究员玛丽·海伦·莫迪诺－扬（Mary Helen Immordino-Yang）描述了两个交替发挥作用的大脑系统：①当我们从事目标导向任务时被激活的是直面任务的"外观"系统；②不重视任务而重视休息的"内观"系统。[4] 当我们专注于需要集中注意力的外部任务时，不管是对着地址找地方，还是积极学习努力备考，我们都会关闭我们的白日梦通道，也就是大脑里"内观"的部分。而当我们做白日梦时，我们"外观"并执行明确任务的能力也会消失。

虽然我们的文化很重视做事不能虎头蛇尾，但研究一再表明，心智漫步还是很重要的。杰罗姆·辛格（Jerome Singer）是认知心理学领域的传奇人物，同时也是第一位认为心智自由漫步的状态实际上是我们"默认"心理状态的科学家。辛格在 1966 年的著作《白日梦》（*Daydreaming*）中进一步论证了白日做梦、想象和幻想，其实都是健康心理中的基本元素。这些元素涵盖了很多东西，比如自我意识、创意潜伏、对自我发展的规划、对事物与交互的意义认知、了解他人的视角、对自身与他人的情绪加以反馈，以及道德归因。[5] 而所有这一切都导致了我们所了解的"啊哈！"时光。音乐家、畅销书作家和神经科学家丹尼尔·莱维廷（Daniel J. Levitin）强调过，当你处于心智漫步的模式，而不是以任务为中心的模式时，更有可能激发对事物的洞见。只有当我们让自己的心智漫步起来时，我们才能在我们没有意识到的事物之间建立意想不到的联系。而这恰恰可以帮你解决那些以前似乎没法解决的问题。[6]（正如卡洛·罗韦利（Carlo Rovelli）在《七堂极简物理课》里谈到的，爱因斯坦曾在意大利待过一年，这一年里他偶尔参加讲座，"漫无目的地东游西荡"，这段生活之后不久，就在相对论这一领域上获得了突破性进展。)[7]

你的默认模式网络若能效率越高地加以切换，那你在处理日常事务方面就能做得越好。当你把自己拉出白日梦，重新去面对生活中的种种，你的大脑此时就已经处于蓄势待发的状态了，具有高效地默认模式网络的人在包括记忆、思维灵活性和阅读认知相关的测验中都能表现更好。同时，能够高效地开关默认模式网络的人往往也伴有更高的心理健康水平。[8]就像有这么一个高效的压力"闸门"，在需要时能快速打开，还能在没有需求时快速关闭。在患有 ADHD、焦虑症、抑郁症、自闭症或精神分裂症的人群中，默认模式网络往往就不能有效地发挥作用。因此，他们比正常人更难在审视自己和面对生活之间来回切换，进而会引发过多的白日梦或过度的自我关注。人在反思自我的时候，要是不能有效地切换，一旦有什么外部事物需要我们关注时，脑子就会不够用。

在我们生活的这个世界里，"无聊"是一个极贬义的词语，人们经常相互竞争，比着看谁更忙，仿佛自我价值感就取决于忙碌的程度。这种所谓"高生产力"的认识也渗透到了孩子的思想中，想想典型的美国家庭，全家人开着车，而孩子总想要听点什么、看点什么或玩点游戏什么的，他们忘了该怎么去看看窗外，闲聊一会或发发呆。心理学家亚当·考克斯（Adam Cox）指出，在 50 年前，孩子在几个小时的无所事事之后才有可能会觉得无聊，而现在的孩子只能坚持 30 秒，同时，大多数成年人哪怕仅仅花了 4秒来把车停进车位，也会觉得有必要再看一眼手机。[9]对于接受了过度刺激的青少年来说，无聊总令他们不安，但他们"很适应接连不断的混乱"。[10]

我们给出的答案是"少即是多"，用安静的时间段替代充满着交互与活动的时间段。当你等公交或排队等医生的时候，你是不是会立即拿起杂志或开始看手机呢？你能否仅仅是在那里坐几分钟呢？当你开车、健步走或跑步时，你是在听 Spotify(一种云音乐播放软件) 呢，还是在听播客？

你又能否倾听一下自己的想法吗？这时，你会想点什么呢？由于刺激无处不在，我们才要更加关注"停工期"。虽然远足或露营可以给纷杂的生活喘息之机，但毕竟不是长久之计。我们需要主动地抉择，放下或关掉我们的手机。

在读完这一章后，我们真诚地期待你能有这样的改变：允许你的孩子有"什么都不做"的时间。有时，很多父母与新技术分享着同一个毛病：无孔不入。奈德接待过的最优秀的孩子之一，同时也是个压力最大的孩子，他深刻地表达了许多孩子都有的一种感受。"我只想有那么几个小时自己的时间，我就想做点我想做的事，什么也不干就待着。但我一有点空，我父母就会赶紧把它填上。'你不应该多为考试做做准备或学点什么吗？'"家长给他们安排得满满的，以确保他们能够跟上其他孩子，不会"浪费时间"。但是实际上，做白日梦的时间是必不可少的。

儿童心理学家琳恩·弗赖伊（Lyn Fry）建议父母在暑假开始时，要陪着孩子一起，让他们列出他们在闲暇时自己喜欢做的所有事情，一旦他们抱怨说无聊了，那就可以参考他们列的单子。[11] 他们自己必须弄清楚自己该怎么度过光阴，而不是由着父母来安排。这样他们就可能会花时间来思考自己究竟想成为谁。学会忍受孤独，进而能够享受独处，这是童年时期要学会的最重要的技能之一。

我的儿子马修过去总被人说"心不在焉"。他四五岁的时候，全家在他上学前一起吃早餐，我透过报纸一瞟，就看到马修盯着面前那碗麦片神游天外了。

"你干啥呢？"我问。

"在听声音。"马修回答。

"哦，好吧，"我说，我感觉周围很安静，所以我会有点困惑，"你能赶紧把麦片吃完吗？"

"当然了，"马修说，但一两分钟后他还是没回过神来。"你听啥呢?"我问。我其实挺忧心，这种状态毕竟持续得有点久，还导致他迟迟吃不完麦片。

"我脑子里有首歌，"他说。

那段时间，类似的事发生过很多次，当时我打断了马修的遐想，是因为我带着一种成年人的观点，坚持认为抓紧把他送到学校会更加重要。但现在的研究表明，马修的白日梦，可能与孩子的其他想法一样，对于儿童认知发展同样非常重要。如今，每当我的朋友问我马修怎么就培养出了杰出的音乐能力，我都会想到那些白日梦，真是可谓好处多多。

——奈德

冥想的心灵

在最近的一个为精神卫生从业人员组织的工作坊中，邦妮·朱克（Bonnie Zucker，她写了两本关于儿童焦虑的好书）介绍了一些焦虑症的治疗方法。她问台下的 300 名专业人士，是否会定期冥想。举手的人一只手都数得过来。朱克博士随后说："冥想其实非常有用，所以我要求在座所有还没学着冥想的人要学会怎么冥想，然后在一年内打个电话给我，跟我讲讲冥想如何改变了你的生活。"

我们完全同意朱克的说法。练习冥想变得越来越重要，因为世界的瞬息万变诱发了更多的愤怒与恐惧，并且生活节奏也随着技术的发展进一步加快，这也让我们能简单"独处"的时间少之又少。虽然儿童和青少年很少找父母帮他们找个教冥想的老师，但有研究表明，如果儿童和青少年经常练习冥想，那冥想就会同样以作用于成人的方式让孩子受益。在本节中，我们将简要讨论正念和禅定，这是两种最常用于儿童和青少年的冥想形式，我们还会解释我们为什么要建议在孩子的日常生活中设立冥想时间。

正念

卡巴金（Jon Kabat-Zinn）是一位科学家，在普及正念以及增强正念的科学性方面，他开创的正念减压疗法（mindfulness-based stress-reduction，MBSR）发挥了举足轻重的作用。他将正念定义为"一种有意的、不加评判的对当下的觉察"。基本的正念冥想练习之一，就是把注意力集中在呼吸上，并关注随呼吸出现的思绪。其目标就是要不需评价与反应地专注于即时体验。你可以因此监控自己的想法，以及你对这些想法的反应。其他的正念练习还包括扫描身体里的压力区，以及正念进食和正念行走。一些正念练习还鼓励培养道德与价值观，比如耐心、信任、接纳、善良、同情和感恩。

正念有很多种形式。心理治疗师可以用它来帮助孩子学着调节自己的情绪，也已经有学校开设了像戈尔迪·霍恩（Goldie Hawn）的 MindUP 和 Mindful Schools 这类课程，而这些课程已经为加州奥克兰的低收入小学的学生提供了正念教育。学校中的正念基本包括冥想引导、可视化练习、肯定练习、呼吸练习、正念瑜伽、音乐练习，以及能促进积极的自我表达的写作和视觉艺术方面的练习。由于正念这个概念囊括了广泛的实践形式，因此从学前班到大学的学生都能练习正念。著名的神经科学家理查德·戴维森（Richard Davidson）目前就正在研究如何向 4 岁儿童介绍正念练习。

关于正念对儿童影响的研究仍处于初级阶段，但已有研究表明，这些练习可以降低学生的压力、攻击性和社交焦虑水平，并改善一些执行功能，比如行为抑制水平和工作记忆水平，同时也能让学生在数学领域中表现得更好。[12] 对成年人的研究也展现出一些在大脑激活层面，甚至在基因表达方面的变化——正念影响了一些特定基因的表达开关。[13]

　　我们最近跟纽约大学的应用心理学教授、著名的心理学者乔什·阿伦森（Josh Aronson）聊了聊，在本书中我们也引用过他的一些研究成果。阿伦森目前正在让纽约市中心学校的弱势学生使用正念软件"头脑空间"（Headspace），并对此加以研究。他告诉我们，只要练习20天，孩子就会报告说，他们拥有了前所未有的全新经历。有的学生说他们第一次感觉到处于自己的身体之中能让他感到舒服，同时也开始在大自然中看到了有美感的事物。一个男孩报告说，在他上学的路上，他以往一般都会这么想："我会遭遇毒贩子吗？我会招惹上警察吗？我会被警察拦下来吗？我会挨枪子儿吗？我考试能及格吗？我的朋友考试能及格吗？我们的未来有希望吗？"在做了10天冥想练习之后，他说他第一次注意到，原来阳光灿烂，好日子里的一切都那么美。"在学着冥想之前，我一直抬不起头。"他这么说。阿伦森主张把冥想纳入学校日常工作，这样它未来也就能进一步成为社会组成的一个环节。如果有孩子在做冥想，那大多数孩子就会喜欢上冥想，而一旦大多数孩子掌握了这个技能，他们就可以从中受益。

禅定

　　我们二人都练习禅定（transcendental meditation，TM）。冥想者都有一段真言，那其实是一种无意义的声音组合。倘若练习者默默地重复他的真言，心灵就能安定下来，也会体验到更平和的意识状态。最终，真言会将禅定者引向心灵海洋的深处，那里处于彻底的平静之中。你将抵达一个没有思绪，但充满警觉的地方。这是禅定中"超然"的部分，你完全超越了思维的进程后，才能达到这个水平。尽管"超然"是"无所为"的一种缩影，但经过40多年的研究发现，这种深刻的、安静的身心体验可以改善身心健康，甚至提升学习水平和成绩表现。

禅定把儿童、青少年和成人带入的生理状态被称为"宁静的警觉"。它不同于睡眠和简单的闭目养神。有许多研究发现，禅定可以让身体在几个重要方面（例如氧消耗量、基底皮层阻抗）深度放松，其效果甚至优于睡眠。[14] 而这种深度的休息能让神经系统从压力和疲劳带来的负面影响中得以恢复。禅定还能让应力响应系统更加高效，这样人既能对压力源做出快速的自适应响应，同时也能更及时地关闭响应。拥有了更有效的压力反应系统，年轻人就更能"想得开"，恢复元气也就更快。还有一些研究表明，压力应对的速度可因"禅定"的影响提高两倍，也因此会进一步提高抗压能力和抗挫能力，而这两者都是学业、事业和生活成功的有力预测因素。伴随着"宁静的警觉"，脑波活动的连贯性显著增加。而这又与提升注意力、记忆力和抽象推理能力息息相关。[15]

阿尔法波是一种与放松相关的、相对缓慢的脑电波。比尔曾在田纳西大学接受过生物反馈的训练，训练的一个内容就是把某个人连接上电子传感器，这样就能看到他的脑电波。当时，传感器仅仅贴着比尔的头颅，他还被要求闭上眼睛。三四秒后，负责监视他的医生说："我的天哪！"

比尔睁开眼，问："怎么了？""没什么，"医生说，"你闭眼的那一刻，突然出现了一段非常漂亮的阿尔法波。"比尔告诉他，他本人已经练习了25年冥想。医生则回应他："难怪！"这证实了比尔这些年的冥想真的导致了大脑在功能上的变化。比尔曾经是那种很有压力感的人，所以他自从意识到了这一点，就对此深信不疑。

多年来，对禅定的研究表明，每天两次，每次冥想10～15分钟的孩子会体验到压力水平、焦虑水平和抑郁症状的显著下降，同时也会更少地表达出敌意与愤怒。[16] 同时，他们也睡得更好，思维变得更有创造力，健康水平增高，自尊水平提升，并且有更佳的校内表现，在认知和学业技能测试方面也做得更好。虽然禅定本身并非要对心灵加以控制，但它还是提升了练习者由内而外的控制力。这一定程度上是通过让大脑不断自我更新来实现的，因为这么做能让大脑保持良好状态。禅修同时还能降低人们感到不堪重负的程度，让我们的思维能更有效地运转，并提高我们应对挑战的水平，还能赋予我们信心，以迎击生活中那些不容忽视的挑战。在城市中那些欠缺资源的中小学里，不少学生的生活其实充斥着暴力、恐惧和创伤，而执行"静谧时光"，让学生每天两次，每次冥想 15 分钟，就能产生深远的影响。[17]

虽然我们知道冥想对孩子有益处，但我们并不认可要强迫学生去冥想。强扭的瓜不甜，同时也不符合我们在本书中提及的理念。

根据我们的经验，许多年龄较大的儿童、青少年和年轻人会自己主动去冥想，只要他们接受教导，把冥想视为可以减轻他们身体或情感上的痛苦，提高他们的学习成绩的工具，或者认为冥想是全家人日常生活中的一种习惯。来自同伴的认可对青少年而言举足轻重，所以要是能得到其他年轻人的支持和认可，他们就更有可能定期地冥想。我们建议，你可以跟孩子谈谈冥想这个话题，并邀请他们一起来学习。如果他们对此产生了兴趣，那就让他们好好尝试一下（每天冥想一次或两次，坚持三个月）。你可以直接跟孩子讨论冥想的好处，或者找一位懂冥想的儿科医生或熟人来跟孩子聊聊。你还可以帮家里的青春期孩子一起考虑一下，怎么把冥想练习纳入他们的日程安排里，并在开始试着冥想之前，给予孩子彻底的支持。你也能帮着孩子去识别冥想所带来的变化，而这将有助于他们掌握自己的冥想，并鼓励他们坚持日常练习。为了避免陷入"依我所言，勿仿我行"的窘境，我们也建议你自己先尝试一下冥想，再邀请孩子加入进来。

以上就是你所能为此做的一切了。比尔的儿子长到十几岁的时候，他问过比尔是否对他不想冥想这事感到失望。"我当年没学冥想，因为我父母就没冥想过，"比尔告诉他，"后来我学了，是因为我喜欢。如果你不喜欢，那也不用强求。"

　　当比尔第一次去探索该怎么冥想时，他就被告知了"无所为才能有所得"的道理，比起疲惫和紧张的大脑，得到了深度休息的人脑才能更有效地工作。当时他并不觉得冥想会浪费时间，不过同时也不认为冥想就能节省时间。但他很快意识到，哪怕他每天只做两次 20 分钟冥想，也能获得更大的成就。后来的 42 年里，他也一直身体力行着。每天他完成所有客户的接待后，要做的最后一项任务就是归纳整理相关文件和测验材料。如果他之前没做冥想，那整个过程可能需要长达 30 分钟，其中一部分原因就是他要在存储文件的区域来来回回五六次来规整东西。如果先做过了冥想，他通常只要跑两趟就够了，10 分钟他就能搞定，同时，冥想所带来的高效率与清醒的头脑还可以一直持续到晚上。这可不是魔术，他的确注意力更敏捷，思维更有效，失误也更少了。

　　19 岁的大学生伊丽莎白来我办公室做过一次测试，当时她上大一，学业上的问题很大。她报告了在两年前，她在父亲去世之后深陷于创伤之中，随后就有了焦虑症和抑郁症的表现。她承认自己有着轻度抑郁的症状，而频繁吸食大麻和睡眠障碍问题让她没法好好上课、好好学习。讨论中，我向伊丽莎白建议，她可以考虑将大麻代之以禅定练习，因为冥想可能会在免除抽大麻烟所能导致的种种负面影响的同时，帮她安抚思绪，改善睡眠，并随着时间的推移，疗愈因丧父带来的痛苦。

　　她同意试一试。于是她戒了 15 天大麻（这是学习禅定的先决条件），开始定期练习冥想。很快，她就注意到自己内心的感觉更加平静，也睡得更好了。没过几周，她就注意到自己变得更快乐了，还开始渴望去追求她真正的激情所在——视觉艺术。据她以前一起抽大麻的烟友讲，伊丽莎白似乎能从冥想中体验到那种"天然快感"。随着她渐入佳境，她开始学习社区大学里的课程，重建自己的学术规划，还志愿担任当地艺术学校的助教。她敦促自己的母亲也学学禅定技术，来帮她处理自己的悲伤问题，甚至还考虑做一个教人学禅定的老师，以便让更多年轻人学会冥想。伊丽莎白最终决定，转到另一所大学，那里有着一流的视觉艺术学习项目，而她目前既有精力，又有热情，正接受着系统的教育和专业的培训。

——比尔

父母经常问我们什么

"我孩子的老师说，他在学校总是发呆做白日梦。这算不算注意缺陷障碍？"

患有注意缺陷障碍的孩子如果对课堂上的内容不感兴趣，的确会广泛性地走神发呆。如果你孩子的老师说孩子比其他同学做白日梦的情况更严重，并且会担忧孩子可能有无法专注、行为无序、对于布置的课堂任务完成起来有困难的问题，或者孩子容易冲动，以及总觉得自己身体不舒服，那么请联系专门的儿科医生，并考虑做一个 ADHD 的可能性评估。

"我怎么知道我的孩子是不是有焦虑问题？他老做白日梦，我还听说爱发呆的孩子其实都很焦虑。"

那些经常做白日梦且没有注意缺陷障碍的人通常有两种情况：他们对自己身边的世界不满意，所以更喜欢把大部分时间都花在自己的脑海中；当下发生了某件事，或者他们害怕即将发生的事，于是选择停滞不前。大多数做白日梦太多的孩子也会表现出其他焦虑症状。如果你觉得孩子发呆频繁，但没看到任何其他的焦虑迹象（例如睡眠困难、身体不适、头痛、情绪激动、过度完美主义、过度关注外界评价），那么就不需要太刻意关注。

"禅定与正念哪个更适合孩子用？"

二者很难直接比较。禅定有一个高度标准化的程序，而正念从教学到实践都包含很多种不同的形态。尽管如此，我们的普遍看法还是这两者都能让孩子大大获益。正念练习可以为儿童和青少年提供自我理解与自我调节的重要工具，而且他们还可以每天都用上一用。它还能帮孩子培养善良的品质和同情心，因为生活的压力让年轻人越来越难体验到同情和利他，所以这两者如今也越来越重要。至于禅定呢，我们相信它所引发的深度休息下的警觉状态非常有价值，并且每天两次的禅定练习也能降低压力水平和焦虑水平，改善学习状态，并有助于营造积极的学业氛围。

从实践的角度出发，正念对孩子而言是一件如虎添翼的事。它学起来不费劲，甚至幼儿也能学会，这就是为什么现在全国许多学校都开设了正念练习课。此外，学生也没必要专门跟导师学习正念练习，他们自己就能练得不错。

禅定则是一种由训练有素的导师教授的标准化技术，这也意味着它几乎可以在任何学校实施。然而，禅定只能由经过认证的教师传授，它的学习成本通常更高，"静谧时光"课程甚至更有挑战性。不过，令人鼓舞的是，大卫·林奇基金会和其他捐助者已经筹集资金，开始让全国各地资源不充裕的学校里的数千名学生能够学习和练习禅定了。虽然禅定，正念和白日梦对于发育中的大脑至关重要，但"彻底停工期"的最重要形式、我们这么多生命活动所依赖的基础，还是我们应该花去生命中的 1/3 去做的事情——睡眠。它至关重要，我们在下一章中要给你好好介绍一下。

今晚怎么做

- 在白天找个机会，让你的思绪徜徉。这可能意味着只是静静地坐几分钟，看看窗外，瞅瞅云朵；这也可能意味着做点你能"无意识"完成的活动（比如修剪草坪），让你体验到"与自己在一起"。
- 全家人讨论一下，关于放下所有的事以及给自己真正空闲的时间，以及这到底有多重要。如果他们愿意听你讲，那么告诉你的孩子，只有当他们没有专注于任何具体事物的时候，才能真正去思考自己和他人。同时也跟他们讲，当一个人让自己的思绪自由发散时，经常会有所洞察，并且人也需要"彻底停工"来巩固他们在学校学到的东西。

- 问问你的孩子："你觉得你有足够的时间留给你自己吗？没在学习，也没在运动，更不是发短信或与其他人交谈，你有足够的类似这样的时间来自己静下来独处吗？"如果你的孩子回答"没有"，那么帮他一起想一想，这样他可能就会在自己的日常生活中找到几次静静地坐着放飞思想的机会了。和孩子一起投入思考，面对挑战，争取足够多的属于自己的时间。

- 下次开车时，如果带着孩子，不要急着听音乐、放视频、玩手机，先忽略这些科技产品，而是说："你介意我们花几分钟，欣赏欣赏风景吗？"

- 考虑自己学习一下冥想。马萨诸塞大学医学院有一个正念中心，有很多资源（umassmed.edu/cfm），加州大学圣迭戈分校（health.ucsd.edu/specialties/mindfulness/Pages/default.aspx）和威斯康星麦迪逊大学（centerhealthyminds.org）也有相关资源。你还可以访问禅定网站（tm.org）。如果你对禅定感兴趣，那可以到身边最近的机构听听介绍性的讲座，同时问问你上中学的孩子是否愿意同往。你还可以让你的孩子了解到，有几十位练习和认可禅定的名人，其中就包括那些很受青少年人群欢迎的明星（目前有凯蒂·佩里、凯莎、玛格丽特·乔和休·杰克曼），这样便能激发孩子的兴趣。

- 如果你对正念感兴趣，可以尝试与孩子一起使用练习正念的应用程序，例如 Headspace 或 Mind Yeti，在有压力时，这些软件特别管用。对于年龄较小的孩子，可以看看劳伦·奥尔德弗（Lauren Alderfer）的书《正念猴子与快乐熊猫》（*Mindful Monkey，Happy Panda*）和伊莲·斯奈尔（Eline Snel）的 CD 书套装《像只青蛙好好坐》（*Sitting Still Like a Frog*）。

第 7 章

睡眠：最彻底的停工期

　　20 世纪初，美国的成年人每晚都能睡 9 个小时甚至更长时间。然而电力和科技的普及改变了这一切。现在我们已经比当时平均少睡了两个小时。

　　有睡眠专家说，如果你白天会困倦，或者需要摄入咖啡因让自己挺下去，那你就有睡眠不足的问题。如果你需要设个闹钟叫醒自己，那你就还需要更多的睡眠。照这个标准来看，恐怕我们中的许多人都处于严重缺觉的状态。

　　在我们见过的青少年中，大多数都跟我们说过，他们上学的时候，在大部分时间里都感到很疲倦。事实上，有一项关于青少年睡眠模式的研究得出了如下结论，15 岁及以上的青少年中，超过 50% 每晚睡眠时间少于 7 个小时，而 85% 的青少年睡眠少于针对他们的常规建议量：8～10 个小时。十四五岁似乎是一个重要的转折点，学生的睡眠量在这个节骨眼开始变得严重不足。[1]在 20 世纪 90 年代和 21 世纪初，也就是智能手机加剧了睡眠剥夺问题之前，儿科睡眠研究人员玛丽·卡斯卡顿（Mary Carskadon）发现，她研究的青少年里有一半平均每晚睡 7 个小时，他们早上都很累，同时脑电图看起来很类似嗜睡症的患者。[2] 虽说这个问题在青少年人群中最严重，但比尔测试过的很多幼儿园学生和小学生，每天早上也是哈欠连天，还说他们自己早就习惯了这种"总觉得很累"的状态。

"孩子在幼儿园能学到食物搭配金字塔，"卡斯卡顿博士说，"但根本没人教他们生命金字塔的基座，其实就是睡眠。"[3] 自然界中的万物都有休息的时候。所有的动物和昆虫都会睡觉，哪怕是果蝇也不例外。如果你让果蝇摄入咖啡因，它就能疯狂地跳上几个小时，但它最终还是会崩溃，并以"睡懒觉"的形式来弥补缺失的睡眠量。如果你不让实验室里的老鼠睡觉，它们很快就会死掉，就跟你不让它们吃东西死的一样快。[4] 睡眠可以优化大脑和身体的机能。如果没有睡眠，人就会陷入恶性循环。因为睡眠不足，你的控制感会减弱，而你越累，就越难爬上床去睡觉，这么一来，再多看一集《国土安全》就更有吸引力了。这样一来，你抑制自己狂看 YouTube 的能力，以及阻止自己玩手机的能力就会逐渐消失。同时，在你疲惫不堪的时候，你也更可能都晚上 11 点了，还要吃下一整杯冰激凌，而非选择在早上 9 点神清气爽的时候这么做。睡眠不足的确助长了我们的坏习惯。从表面上看，这问题似乎很容易解决，但睡眠缺失的怪圈实际上很难被打破，因为如果你累了就会更加焦虑，如果你焦虑，你就会更难入睡。这不是个小问题，因为睡眠可以说是对大脑健康发育而言最重要的事情了。

许多父母都意识到了睡眠的重要性，并希望了解如何才能帮孩子获得更多睡眠。但事实不尽如人意，因为父母根本就无法控制孩子有多少家庭作业要完成、学校早自习的上课时间，或者孩子的某场足球比赛，直到晚上 8 点才能开球，但让他们急得直薅头发的最大原因是：父母没法让孩子说睡就睡。我们将深入研究这些困境，但首先让我们解释一下，睡眠为何有助于增强人的控制感。

睡眠和大脑

我们俩人都挺喜欢睡觉的。尽管我们自己过着非常忙碌的生活，但仍然时刻注意，要在没有闹钟的情况下获得充足的睡眠（对于比尔来说，要睡 7 个小时，而对奈德来说是 8～8.5 个小时）。我们对睡眠的这种关切源于这样的基本认识：好睡眠是一切活动的基础。这就跟房子的地基一样，很容易被忽视，因为它既不很性感，还很无趣，但如果没了它，崩溃就不远了。如果让薄弱的地基搭配上多雨的冬天和潮湿的地面，那迟早要出事。睡眠就是大脑的食物。所以夜晚来袭，而你打算熬会儿夜，以便多回复一封电子邮件，或者女儿恳请你允许她晚睡一会儿，那么请想想睡眠的重要性吧，并跟你的孩子谈谈，再来做出最终的决定。

缺觉本身就是一种慢性压力。 而根据压力领域的重要研究者布鲁斯·麦克尤恩（Bruce McEwen）的说法，缺觉与慢性压力对身心产生的影响非常相似。

这些影响包括更高的皮质醇水平、对压力有过激反应、更高的血压，以及副交感神经系统（它有镇定的功能）的效率降低。缺觉还会导致炎症，影响胰岛素的分泌，降低人的食欲，也会让人情绪低落。麦克尤恩发现对年轻人来说，慢性的睡眠不足（每晚睡眠时间仅有 6 个小时或更少）跟急性的睡眠剥夺会产生同样的恶果。对于十七八岁的孩子来说，在 6 周内每晚睡 4～6 个小时，和 3 天没睡眠的情况下，在认知任务上的表现没有差别。[5]

在我们的压力反馈系统正常运作时，早上醒来时皮质醇水平最高，而晚上睡觉前最低。皮质醇有助于让你获得起床所需的那种力量。但在高度紧张的人群中，这种运作模式往往反其道而行之。如果他们在夜深以后试图安定下来好好入睡，皮质醇水平会很高，而当他们早上试图起床时，却处于很低的水平。许多睡眠不足的孩子也是同样的情况。

缺觉还会严重影响情绪控制的能力。如果你睡眠不足，杏仁核会对让人情绪波动的事件更敏感，这类似焦虑症患者的大脑活动。[6] 我们认为青少年身上的许多负面特质，比如打不起精神和判断力水平低下，实际上可能就是缺觉导致的。奈德曾温柔地问过学生："你有没有注意到，你真的很累的那天，往往你妈妈也特别唠叨，而你最好的朋友也老招惹你？"这就是因为缺觉降低了你的灵活性，削弱了你在宏观层面上看待事物的能力，也削弱了你的判断力。睡眠不足的青少年也更有可能摄入咖啡因、尼古丁、酒精和药物来应对情绪波动，而他们本可以通过获得足够的睡眠来更有效应对这个问题的。[7]

缺觉就像一颗"消极炸弹"。根据杰出的睡眠研究者罗伯特·斯坦戈尔德（Robert Stickgold）所说，他进行过一项研究，其中一半的受试者连续 36 个小时没有睡过觉，而另外一半休息得很好，当他们看到正面、负面和中性的词汇（例如，"冷静""悲伤""柳树"）时，会被要求评价自己的情绪。经过两夜的恢复性睡眠后，他们接受了突然安排的记忆测试。那些来自"好好休息"小组的人能回忆起超过 40% 的词汇，并且相当均匀地保留了正面和负面的单词。反观那些睡眠不足的人，他们记住的词汇更少，而且记住的更多是负面词汇。他们对正面词汇的回忆下降了一半，而负面词汇减少了 20%。"这个结果表明，当你被剥夺睡眠时，你对消极事件的记忆能力能达到对积极事件的记忆能力的两倍，"斯坦戈尔德总结说，"于是就产生了一种有偏差的并且可能还很令人沮丧的对这一天的记忆。"[8]

与慢性压力一样，对于那些本就容易患焦虑症和情绪障碍的儿童来说，缺觉也是一个很大的诱因。若你没有睡够，前额皮质和杏仁核之间的联系就会减弱，[9]好比你的领航员睡着了，但你的"斗狮战士"还醒着。在创伤后应激障碍、抑郁症、双相情感障碍和其他精神病综合征中，都能看到前额皮质和杏仁核之间失去了链接，[10]同时，睡眠不足和抑郁状态之间也存在很强的相关性。与睡眠良好的同龄人相比，患有睡眠呼吸暂停的男性和女性得严重抑郁症的可能性分别是前者的 2.5 倍和 5 倍。如果使用 CPAP（一种能让你的呼吸道在夜间保持畅通的装置），则可以显著缓解抑郁症的症状。女孩在青春期后患抑郁症的风险会增加 3 倍，这也可能与她们在这个年龄段更难获得足够的睡眠有关。

缺觉还很伤身。 它会影响血糖调节，进而导致肥胖。对日本、加拿大和澳大利亚儿童的研究发现，每晚睡眠时间少于 8 个小时的孩子的肥胖率，要比能睡上 10 个小时的孩子高 300%。[11] 在休斯敦，一项针对青少年的研究显示，每天少睡 1 个小时，孩子患肥胖的概率就增加 80%。[12] 缺觉也会让孩子更容易生病，因为免疫功能也受到影响。[13] 缺觉也会导致能杀死癌细胞的体内细胞明显减少，以至于美国癌症协会已经把夜班工作归类为可能的致癌因素之一。[14]

睡眠对学习也至关重要。 对学习来说，几乎没什么能比休息更重要得了。简单地说，在一个人睡了 8 个小时之后让他学习 4 个小时，那可比在他睡了 4 个小时后让他学习 8 个小时更有效。只要有一点缺觉，人的思维能力和认知表现就会受到影响。在一个研究轻微睡眠限制的实验中，一些六年级的学生被要求比平常早睡 1 个小时或比平常晚睡 1 个小时，并坚持 3 个晚上。那些睡眠时间比其他同学少 35 分钟的学生在认知测试中表现出了四年级学生的水平，他们实际上因此丧失了两年的认知能力水平。[15]

想想我们睡觉时，到底发生了什么吧。大脑会"重放"一天的经历，从皮层到海马体反复发送信号，用来整合和巩固记忆。最近学到的新东西会在"屏幕"上播放，让它能更深入地渗透进大脑，并将其与过去学到的其他知识结合起来。睡眠可以刷新整个大脑并提高大脑的专注度，让它调整到最佳状态，投入新的学习。在非快速眼动睡眠期间（就是没有快速眼球运动的睡眠时间段），科学家看到了被称为"睡眠锭子"的短时间电活动，它能帮助大脑将信息从海马体内的短期存储位置移动到脑皮质中的存储长期记忆的地方。这种所谓的慢波睡眠，有助于巩固新的记忆并保存我们学到的信息。睡眠专家马修·沃克（Matthew Walker）将其比作按下了"存储"键。电波从大脑的一部分传播到另一部分，我们称之为"缓慢同步的吟唱"，这有助于把大脑不同区域的信息串起来，并赋予它们彼此间的联系，编织出一套挂毯一般的信息结构。[16]

在罗伯特·斯坦戈尔德对睡眠早期阶段的研究中，参与者在 3 天时间里玩了 7 个小时的俄罗斯方块游戏。在刚刚入睡就被唤醒的时候，有 75% 的人报告说他们体验到了游戏的视觉图像，这表明大脑在睡眠期间还在继续掌握玩俄罗斯方块的技能（如果有一项重要技能需要去掌握的话，也是同理）。斯坦戈尔德得出这样的结论：那些在学习和完成新鲜任务后就睡觉的人，比那些在完成任务后熬夜的人，在第二天能回忆起更多的内容 [17]。

就算你已经不是高中生了，也要了解睡眠对学习到底有着怎样的影响机制。去年春天，比尔决定在妻子斯塔尔的鼓励下学习希伯来语，而她已经学习了几年。比尔在早上上班前会学几分钟，在第一周还取得了不错的进步。有天晚上，斯塔尔建议他们两口子晚上 8:45 一起学希伯来语。比尔当时觉得状态很好，可以轻松地对话交流，弹吉他，并跟同事讨论来访者的病情，但结果到了那个时间，他发现自己已经太累了，根本没法学习。他慢慢地在自己工作簿的第一行里写出了几个由三个字母组成的单词，然后开始写第二行。他努力了几分钟，来"破译"一个看上去又新又难的单词，可回头看了眼第一行后，才意识到第二行的词与第一行的词其实完全相同——他太累了，于是写完就忘。在晚上 8:45 这个时间节点，他正试图用一个只能发挥 10% 功能的大脑来学习。如果必须要学会这些新单词，那在他看来，很可能要耗上几个小时，可他要是先睡上一觉，明早再开始学，他有信心 20 分钟内就能搞定。然而，对许多学生来说，他们恰恰就是伴着如此低效的心理状态完成了大部分学习任务！

睡眠和成绩相互有影响，这一点都不奇怪。有大量研究表明，在学生的自我报告中，睡眠时间缩短与学习成绩下降之间存在着相关性。学校只要稍微把上学时间调晚一点，就能减少缺勤和迟到的情况，学生也不太会在校内打瞌睡，还能改善学生的情绪状态和学习效率。[18] 根据凯拉·瓦尔斯特龙（Kyla Wahlstrom）最近取样了 9000 名高中生的一项研究，上学时间若被推迟到上午 8∶35 及以后，学生的成绩就能提高 1/4。瓦尔斯通说："越迟上学，效果越好。"当你把学校的上学时间从 7∶30 改为 8∶30 时，比起从 7∶30 改到 8∶00，你能看到更明显的效果。[19]

一旦得到休息……

当你休息得很好而且没什么压力时，前额皮质会以自上而下的方式调节你的情绪系统。如果你睡得不错，前额皮层和其他系统之间的联系就会得到更新与加强，我们那可靠的领航员才能接手调节我们的思维和行为。

每隔一段时间，奈德就会看到这样一个孩子：他不仅能考最高分，而且在校外活动中还表现出色，同时，他们也很开心，没什么压力。当他问及他们的睡眠规律时（因为他总这么问），这个学生会说："嗯，没错，我天天 10 点就上床睡觉去了。我这个人，一累就表现不好。"当然，这些孩子可能本身就更有效率，更爱学习，这样他们就可以顺利完成任务，并在合理的时间睡觉。但更有可能是这样：他们效率高，爱学习，那是因为他们休息得很好。（的确，管教不善的孩子经常碰到入睡困难的问题，我们将在第 11 章中来讨论这个问题。）

简而言之，一睡解千愁。快速眼动睡眠（REM）（大多数梦境就发生在这个阶段）能带走情绪体验中的痛楚。当我们处于 REM 睡眠状态时，大脑中是没有任何与压力相关的神经化学物质的，一天 24 小时，只有这点时间能这样。根据马修·沃克的说法，在 REM 期间，大脑会重新激活情绪和有问题的记忆，并在无神经化学物质干扰，也没压力的环境中，通过反思性的梦境将它们存入脑海。古老的说法背后也有科学支撑，睡眠真的让"明天早上起来就没事了"。[20]

在一夜好眠之后，每个人都会体验到更强的控制感。但关键的一点是：要想入睡，你必须先撒手。你必须放弃刻意的控制，才能睡得着。显然，你不能替别人做到这一点。那么你怎么才能帮你的孩子获得足够的睡眠呢？睡眠障碍有很多种，我们也有必要仔细罗列一下这些障碍，同时，孩子的年龄不同，睡眠上的挑战也相应地有很大差异。出于这个原因，我们决定将本章的其余部分用于解答我们最常听到的由父母提出的问题。

"我的孩子究竟需睡多久？"

一般来说，学龄前儿童每天需要 10～13 个小时的睡眠（其中有一个小时经常以午睡的形式呈现）。6～13 岁的孩子则需要 9～11 个小时。对 14～17 岁的青少年来说，需要 8～10 个小时。年龄在 18～25 岁的年轻人需要 7～9 个小时。[21] 以上这是大概的一个指南，世界顶级儿科睡眠研究人员之一朱迪斯·欧文斯（Judith Owens）表示，与其他大多数人类需求一样，人群对睡眠的需求可能也是呈钟形曲线分布的，[22] 有些人需要多睡会儿，才能更有效地投入工作或学习。要确定你的孩子是否有足够的睡眠，不妨考虑一下这些问题：他是不是靠自己就能醒过来？他白天累不累？他在白天会不安或烦躁吗？你可以依靠以上这些注意事项，来指导自己去帮孩子获得所需的睡眠量。

"我怎么才能知道自己的孩子要不要因为睡眠问题去看医生？"

父母应该注意一些常见的睡眠障碍。其中最重要的是失眠，以及跟睡眠相关的呼吸问题，比如睡眠呼吸暂停。如果你的孩子打鼾、入睡困难，或者觉不深，那你应该咨询一下儿科医生，如有必要，还要咨询睡眠专家，这是为了排除一些像哮喘、过敏、扁桃体或腺样体增大这样的生理因素，要知道，这些问题同样也会干扰孩子的睡眠。对于年仅四五岁的儿童来说，也照样可能出现失眠的问题。而对于青少年来说，失眠其实非常普遍，睡眠相位后移综合征也很多见，这些孩子不到深夜一两点就不觉得困，并且他们的生物钟也需要重置。同时，失眠常常与注意力缺陷障碍和自闭症有关系。[23] 你还需要排除掉压力、焦虑或抑郁对有睡眠障碍的儿童的影响。如果你的孩子并没有 ADHD 或自闭症，但依然无法安顿下来好好睡觉，或者需要房间里的成年人来帮她入睡，那么这是一种病根在行为层面的失眠障碍。早期的干预措施可能会有效，因此，你可以求助于认知行为治疗师或睡眠行为问题专家。

"我认同睡眠的重要性，但学校这么早就上课了，而我女儿的课外活动再加上家庭作业又让她没法早睡。我也不想让她放弃她很喜欢的那些课外活动！那我能做什么？"

我们经常听到类似的担忧，也亲眼见过很多这样的案例。奈德的一位叫作凯莉的学生是个大学生，同时参加三个运动队，还预修美国历史、英语和微积分这三门课。她妈妈就很担心凯莉会睡不够觉。

"你掺和的事儿挺多啊，"有一天，奈德对凯莉说，"干得怎么样？"

"还行吧，"凯莉耸了耸肩，"可我真的很累，人也非常紧张。"

"我能理解，"奈德说，"我感觉你妈妈特别关心你是怎么适应这些挑战的。我出于好奇，想问一下，你通常什么时间睡觉？"

"一般都凌晨两三点吧。"

"哇。你能跟我说说你这一天是怎么过的吗？你既要当个好学生，又要当个优秀运动员，我知道你全力以赴要做到最好，但你这睡得也太少了。"

"嗯，我一般要做 5 个小时的家庭作业。"她说。

"根据我的经验，如果你提前休息一下，稍后再做作业，就能更快地完成。也许你 4 个小时就能写完作业，而且还能多睡会儿。但我还是想多问一句，再忙也不至于能忙到凌晨两三点吧？"

"我要做的事有很多。"她说。

自驱型成长

"除了三个校运动队之外吗？你还有什么可忙的？"

"来，我给你捋一下。我参加了'好伙伴'项目，还参加了模拟联合国，而且我还领导着全校的'社会行动计划'。我还是校荣誉委员会成员。哦，我同时也是学生大使、学生辅导员以及朋辈导师。我还要接受治疗。我也在俱乐部玩玩长曲棍球，并且还参与了帮助有特殊需要的孩子锻炼身体的项目。"

我们都希望把每件事都完成得漂漂亮亮。但在凯莉所要学习的所有事情中，最重要的一件，恐怕是该如何做出明智的选择。奈德表示，他不能直接告诉她某件事她不应该参与。但因为贪多嚼不烂，她参与每项活动的次数都不多。高校生活的一个重要意义，就是让你明白自己无法面面俱到，同时应该知道，你自己的幸福感必须排在首位。

对于像凯莉这样成绩优异的孩子或者有完美主义倾向的孩子，奈德经常会跟他们说点这样的话来给他们加油打气，你也完全可以拿来用：

我知道，你特别尽职尽责。你承诺了很多，也永远不会让任何人失望。所以你就会开始熬夜，更加努力地完成所有工作。但这么一来，你其实牺牲的是你自己。因为你要是长期疲惫，那你就无法保持最佳状态。有件事你不知道，那就是你不必在所有方面都做得比别人好。你需要找出你想专注的东西，并把你的时间和精力投入其中。如果有一个课程你不喜欢，并且你也知道你为它耗掉那么多时间真没什么性价比，那么当然可以考虑弃掉一个兴趣班或者降低一点要求。把时间重新投入到自己身上吧，比如睡眠以及那些对你真正重要的课程或活动中。如果你拒绝了某个机会，不要把它看作辜负了别人，其实你是给了别人一个让他们成长的机会。

"我跟我家十几岁的儿子说他要多睡会儿，但他认为自己并不需要睡足我要求的 9 个半小时。他说自己感觉很好，而且他大多数朋友也每晚睡不足 7 个小时。那我怎么知道他真正需要睡多久呢？"

　　真实情况是这样的，孩子在青春期后，睡眠经历了正常的相位移动，结果就是大多数孩子在差不多晚上 10：45 之前都无法入睡（同时他们的大脑会一直保持睡眠模式直到差不多早上 8 点）[24] 让问题更复杂的是青少年对光的影响更敏感，并且还会在夜间更多地使用电子产品。

　　对于青少年而言，最关键的是要带着尊重跟他们好好谈。因为不想听父母念叨"你看我跟你说过吧"，很多孩子都不愿意改变自己的睡眠模式。我建议用下面的话来接近主题，并验证一下孩子对自己的认识是什么样的。你可以这么说："你可能没错。你也的确可能是那些能比大多数人睡得少的孩子中的一员。可是话说回来，我还是想支持你，为自己做个明智的决定。"正如睡眠专家和《要么睡，要么输！》（Snooze...or Lose!）一书的作者海伦妮·埃姆塞勒（Helene Emsellem）所言，在每天结束的时候，如果十几岁的孩子本人并不想改变自己的睡觉时间表，或者白天也不怎么疲倦，那么逼着让他们接受改善睡眠的干预措施没有任何意义。[25]

　　因此，首先假设你家孩子已经知道疲惫是什么感觉，以及睡个好觉又是什么感觉。你也可以承认，有些人是比其他人觉少，可能只睡 8～8.5 个小时就够了。你还可以跟他讲，大多数孩子都不能很好地判断自己有多累，以及他们究竟需要睡多久，再邀请孩子来做一个实验。找几个工作日，等孩子从学校回家后，让他在上午 11 点的时候，找一个没光线的房间躺下，看看他要用多长时间才能入睡？如果他没几分钟就睡着了，这就是严重缺觉的迹象。还有个方法，就是建议他去做一项"研究"。让他熬熬夜，直到他认为是时候睡觉了再上床，连续三晚，然后让他评价一下自己白天的感受。他可以按照 1～5 分来评定自己的一些指标：警觉性、专注力、学业上的生产力、情绪、忧虑水平、挫折感以及待人接物的能力。在接下来这三个晚上，鼓励孩子早点睡觉，以获得你认为他所需的睡眠量。随后再让他描绘一下自己在这些日子里的感受如何。这样一来，他能体察到什么区别吗？如果他真的觉得没什么区别，那他可能真的不怎么需要睡觉。

"我家女儿很明显就是长期疲劳，但我没法说服她需要多睡一会儿。她说睡觉就是浪费时间。我该怎么办呢？"

这个问题回答起来就跟走钢丝一样难。你想要尊重她的自主权，不想让睡眠成为一个控制感的问题。你不能逼着孩子睡觉，也不能增强孩子睡觉的意愿，但你还是可以在晚上提供一种安静、放松的日常生活状态给她。如果孩子表现出了抵触，你可以说："你要是睡不着的话，我的责任就是帮你睡着，医生如果说你这个点就该睡觉了，那我肯定要确保这个点就给你把灯关好。"

睡眠很重要，其证据无可辩驳。你可能会在顾问角色中使用的一些策略还包括：

- 通常，由一个并不是父母的第三方提出建议时，孩子会更愿意认真对待。对于一个学龄儿童来说，告诉她，你要听听儿科医生关于睡觉的建议或者孩子所敬重的另一个成年人也会有一定的作用。如果你家孩子十几岁了，那就问问她是否愿意分享一篇关于睡眠的文章，好好看看。
- 对于学龄儿童和更年幼的孩子，你可以跟他们商量一个熄灯时间，然后再执行。要提醒他们，作为一个负责任的家长，你会在晚上对睡前活动和电子产品的使用有所限制（稍后会详细介绍）。
- 因为来自电子产品和同伴的压力会让青少年很难早早睡觉，那我们可以这么说："我知道这对你来说不容易。我也不想强迫你。但如果你愿意早点上床或需要什么帮助，那我很乐意效劳。"在这种情况下，有点小激励是可以的，因为你并没有把它作为一种手段，让他去做你想让他做的事，而是为了帮他在有一定挑战的情况下，完成自己想做的事。这个小区别微妙而重要。[26]
- 对于年龄大点的孩子来说，更要给睡眠足够的优先级，尤其是在开车之前——在睡眠不足的情况下驾驶是非常危险的。如何规划他们的睡眠会更复杂一些。的确有用于评估孩子何时入睡以及他睡了多久的可靠工具（例如活动记录仪），但需要进行大量培训来掌握其使用方法，而且父母实际上也没法在家中使用这些工具来追踪孩子的睡眠情况。此外，智能手环在收集数据时也并不可靠。但你还是可以让你的孩子做好睡眠记录工作，记下她什么时候关灯，早上问问她觉得睡了多久，以及她有没有起夜的情况。她可能不知道她睡了多长时间，这没关系，只要多问一嘴："比昨晚睡得好吗？"帮孩子弄清楚他们有没有得到足够的休息，这是一个系统化的过程。信任、沟通和协作解决问题都是这个过程中的关键。

- 如果有需要用到电子屏幕的家庭作业，就鼓励你的孩子提前完成，稍后再做阅读类的作业，这样就能减少屏幕光照时长。

- 问几个这样的问题："你要是知道自己提前睡上一个半小时，就能发挥得更好的话，会让你觉得睡眠变得更重要吗？"以及"如果你知道睡不好觉就有患抑郁症的风险，那会让你改变想法吗？"

- 还可以和她谈谈你自己为了能早点睡觉，都能做些什么。比如："你愿意让咱俩相互支持，然后都能好好睡觉吗？我提醒你，你提醒我，怎么样？"

"我家上六年级的孩子好像摄入了太多的咖啡因。她每天都喝好几杯苏打水和星巴克，还好现在她还没开始喝那种能量饮料。我该不该担心呢？"

简单的答案就是"该担心"。我们很担忧饮用含咖啡因饮料的青少年人群会大幅增多，而且还很绝望地意识到，其中一些产品会被卖给年仅 4 岁的儿童。许多青少年每天都消耗高达 800 毫克的咖啡因，这相当于大约 8 杯咖啡的量。（梅奥诊所建议，青少年每天最多只能摄入 100 毫克咖啡因，至于儿童，根本就不该碰这东西。）

咖啡因对儿童发育的影响尚未得到很优质的研究，但我们知道儿童可以对其产生耐受性，而这将发展成为一种习惯性的摄入[27]。咖啡因能在你的系统中留存几个小时。比如你在上午 10 点射入了咖啡因，到了下午 4

点，它还有一半仍留存在你的系统中。[28] 虽然孩子比成人能更快地代谢掉他们摄入的东西，但这种兴奋剂在他们的生理系统中保留的时间还是太长了。我们建议除了一些巧克力和偶尔来点苏打水外，不向儿童提供任何含咖啡因的食物和饮料。如果他们想跟他们的朋友一样靠喝咖啡显得"长大了"，奈德建议可以来一点去咖啡因的饮品（虽说叫去咖啡因，但多少还是有一点）。

哪怕你打心眼里愿意这么做，也照样不太可能让你家的青少年完全不喝含糖且含咖啡因的饮料。那么，最好的方法还是要跟孩子谈谈咖啡因所带来的影响：虽然这种影响在短期内可能是积极的，但从长期来看，还是弊大于利。本来就困的青少年如果摄入了咖啡因，那就会睡得更少。他们也会与成年人经历类似的副作用：紧张不安，胡思乱想，焦虑紧张，心率加快。如果你短时间内引用了大量含咖啡因的饮品，或者突然喝了能量饮料，这些症状还会进一步加剧。

让你家孩子在摄入咖啡因后，留意一下自己的警觉性、紧绷感或紧张程度。当十几岁的孩子真正对这些指标加以关注时，有一些人会报告咖啡因只能让他们醒着，但没法让他们更加机敏与清醒。同时，要让孩子知道还有其他方法可以提高人的警觉性和精力（如睡眠和运动）。再告诉他，不使用兴奋剂，保持良好的休息状态，这对我们社会中的大多数成年人来说其实也是个巨大的挑战。最后，他们还是有责任去弄清楚该怎么管理好自己的精力。比尔告诉孩子，如果他们能搞清楚怎么坚持好好休息，并且不对兴奋剂有所依赖，那么他们在进入青年期的竞争之后，一定可以身处前列。

"我就是只夜猫子，我家孩子也一样。对抗这种习惯并不容易，我们很难在合理的时间上床睡觉。"

你说得没错，当昼夜节律跟你的作息矛盾时，想早点睡觉可不容易。我们想在这个问题上引用如下研究。学者肯尼斯·怀特（Kenneth

Wright）研究了一些年轻人，他们中有一组刚刚度过一个天天上班的普通一周，还有一组在没有电灯和电子产品的情况下，外出露营了一周刚刚回来。对于前者，受试者通常晚上 12∶30 左右入睡，而褪黑素（一种嗜睡激素）在这之前的约两个小时开始产生作用。而对于后者，褪黑素提前了差不多两个小时就开始发挥作用了，睡眠时间也因此有所提前。这项研究还发现，露营能减少"晚睡者"（夜猫子型）和"早睡者"（云雀型）之间在睡眠节律上的个体差异。夜猫子的生物钟经常因为接触电子媒体和电灯的光亮而被延后。简而言之，如果你和你的孩子都属于夜猫子，那你需要特别注意你从晚餐时间开始所接触的光照量，然后要比云雀型的人更早地开始逐步放缓生活节奏。你还可以购买专门的眼镜来减少蓝光对身体系统的影响，而现在也有许多设备自带一种能减少蓝光的内置显示模式。但是，上网刷新闻、看电影或查阅电子邮件带来的刺激仍然会妨碍你一夜好眠，所以一定要注意，不是只处理光线就够了。

"我家十几岁的孩子为了赶着上学，平时必须早上 6∶30 就起床，但一到周末，就能直接睡到 12∶30。这样可以吗？"

对此，专家的建议各有不同。周末的时候，如果我们的起床时间明显晚于平时醒来的时间，那我们将会感到有点发懵，也会有点不舒服，就跟我们倒时差的时候一样。出于这个原因，许多睡眠专家都建议青少年在周末不要比上学期间起床的时间晚超过两个小时——如果他们需要补补觉，那就多睡一小会儿。还有一些专业人士，比如国家儿童医疗中心睡眠医学部的行为睡眠专家丹尼·卢因（Danny Lewin）认为，这事儿需要大家坐下来，好好谈一谈，解决方案也很灵活多样，我们也同样认可这一观点。可以与跟孩子聊聊理想的睡眠安排是什么样的，并列出最适合你和孩子的睡眠安排表。还要让他知道，如果他比上学时晚两三个小时才起床，那就会有那种倒时差的感觉，还会让他在周日晚上更容易睡不着。只要他好好倾听了，也权衡利弊了，那就让他自己来做出决定吧。

今晚怎么做

- 让好好睡觉变成全家人的事，再设定一个让全家人多睡会儿的家庭目标。奈德总是告诫他处于青春期的学生"要顾人，先顾己"，这是他从自己的理财规划中总结出的经验，这有点类似于要想有钱付账单，那必须要提前留点存款。他告诉孩子："你需要一周内睡够63个小时左右（差不多每天9个小时），所以先好好规划睡眠时间，然后再对剩下的时间怎么分配做计划。"对你和你的孩子而言，这条建议都能成立。你还可以和孩子谈谈你自己与睡眠有关的个人挑战，并告诉他们你是否找到了自己适用的好方法，同时还要告诉他们，你对他们的建议始终保持着开放的态度。

- 评估你的孩子在睡觉前，是否能有效地让自己平静下来。如果不能，请阅读一些对专家所说的"睡眠卫生"或"睡眠习惯"加以探讨的文章。在你真正累了之前，就要准备好去睡觉，因为等你真累了的时候，就很难抑制住做点什么的欲望，进而再多看一集电视剧。鼓励你家十几岁的孩子去做同样的尝试吧。至少在孩子睡前30分钟把灯光调暗，拉上窗帘，这就能触发分泌褪黑素。也可以试试遮光效果好的窗帘以及放松心情的音乐。还可以试试让孩子喝杯温牛奶，因为这么做确实有诱导睡眠的效果。如有必要，请咨询一下儿科医生怎么服用褪黑激素，对于很焦虑的孩子和患有ADHD的孩子这非常有效。我们还鼓励让孩子在白天多做体能锻炼，对于入睡困难的问题尤其有效。

- 如果你的孩子睡觉很轻或者入睡难，那么请考虑用白噪声发生器。

- 如果你的孩子参加了运动队，你可以在搜索引擎里搜索一下相关的研究，里面谈到了睡眠对运动表现的巨大影响。有一项针对斯坦福大学篮球队队员的研究发现，在每晚睡眠时间超过8个小时的情况下，经过了几周训练，他们就能跑得更快，投篮也更精准。[29]要让你的孩子知道，得益于睡眠专家的建议，不少 NBA 球队已经取消了投篮晨练，以便球员能获得更多睡眠。

- 开个家庭会议，探讨一下在卧室里，每天晚上在哪个时间段不允许使用电子产品。丹尼·勒文建议孩子（以及父母）在睡觉前的 30～60 分钟里，不妨把电子设备放在厨房里充电。（这让我们能暂时离开手机，而非整晚都不能碰。）勒温还鼓励家长以保持尊重的方式来跟青少年交流。如果连续七晚在卧室里不让孩子用手机显得太严苛了，那坚持五个晚上行不行呢？然后，你和你的孩子也可以讨论一下，在房间里用手机以及在房间外用手机，需要怎样区别对待。如果孩子坚持说她离不开手机，是因为她要用手机当闹钟，那赶紧去商店，给她买个真闹钟回来。她喜欢哪款闹钟就给她买哪款，毕竟钱能解决的事儿，都不是事儿。

- 建议你家上高中的孩子去问问他那些每晚能睡够 8 个小时的朋友或同龄人，他们是怎么做到的？孩子从其他孩子那里往往比从成年人那里能学到更多。

- 如果你的孩子累坏了，那请提醒他要对自己和他人保持耐心。要帮助他认识到，疲倦不堪的时候，他的情绪反应会有所不同，并且更会因家长和朋友感到烦躁。

- 在理想情况下，我们希望孩子能学会让自己冷静下来。但也有一些人（尤其是那些患有注意力缺陷障碍或焦虑症的孩子）要学会这一点真的很难。有些孩子需要听着音乐（但别让他们在手机上听音乐），甚至要看着才能入睡。虽然这并非最优解，但总比没招强。

- 鼓励你家疲惫的孩子在放学后或在大课间小睡个 20 分钟吧。小睡贵在"小"，一旦睡太久就会导致整个人昏昏沉沉，并影响晚上睡觉的节奏。把小睡理解成用短暂睡眠的形式来提提神，再合适不过了。

- 对于患有睡眠障碍以及严重缺觉的孩子，则可以考虑让医生专门写一份医嘱，让孩子可以不上早上的第一节课。另外还可以参阅 www.racetonowhere.com/sleep-page 上的睡眠工具包。

- 如果你家孩子的生物钟没法被激活，那么在早晨接触强光可能会有不错的效果，但在尝试光疗前，请咨询相关专家。此外，如果天气允许，带孩子去露营吧。我们经常遇到那种一整年都没睡过好觉的孩子，参加个夏令营就能让他们重归正轨。因为没有电灯或电子产品，在夏令营期间，他们晚上 9：30 就已经躺在床上了。不过如下的两种情况就别去露营了：当下正是隆冬时节，或者你住的地方纬度很高，以至于很晚才能日落。只要使用得当，露营真的是个很有效的方法。

- 再读点跟睡眠有关的书。我们推荐的书是海伦妮·埃姆塞勒所写的《要么睡，要么输！》，以及理查德·费伯（Richard Ferber）博士所写的《解决你孩子的睡眠问题》。

- 评估一下来自学校的要求（尤其是家庭作业）在多大程度上影响了孩子早早上床睡觉。最后一条建议并不简单，所以我们整个下一章，都将围绕着"孩子的校园环境"这一主题展开。

第 9 章

把控制感带进学校

我们见过很多讨厌上学的孩子。这种讨厌事出有因，在校学生的控制感确实会随着年级升高而逐渐走低。[1]为了帮我们的孩子管理好他们自己的学校生活，我们恐怕需要先花点时间来站在学生的角度想一想，他们在学校究竟感受如何。他们在低年级的时候还有很多自由选择的机会，但逐渐接触到了强制性的家庭作业，干什么都要排队，上个厕所都要举手打报告，并且几乎在每时每刻都要完全遵守各种各样的要求。在学校里，很难见到自主权的踪影。

从上学前班到上大学，我们都希望孩子能拥有让人愉快，还能激发出创造性的学校体验。学校应该讲究劳逸结合，也应该保护孩子生而有之的好奇心，让他们每天都有很长时间能投入地做点什么。在一所理想的学校里，教师有权威感，而孩子则有选择权。这样的学校环境能做到几乎完美的自我调控。然而不幸的是，不管是公立学校还是私立学校，似乎都并不以此作为它们努力发展的方向。

如今的教育趋势增加了教师的教学难度，同时也提高了学生的学习难度。到底怎样才算"好老师"，已经越来越难由教师自己说了算。甚至在许多全日制幼儿园教学计划里，还采信了一种错误的假设：少点休息，多点学习，这样才能提高测验成绩，于是就导致校方只会在教学中安排一次短短 10 分钟的休息。哪怕是一二年级的学生，也会受困于自己的家庭作业。而到了高中阶段，孩子又感觉外界只靠如下这几个指标来定义他们：①日常成绩；②标准化考试成绩；③被哪所大学录取，而所有这些，都仅仅是一种外部验证指标。一些学生很少能与之产生交集的成年人，正在给它们排名列次。你还记得有个电视广告吗？人们走在街上，头顶上还飘着自己的信用卡评分。"我才不是个数字！"此情此景，我们都想把这句话喊出来。既然人人都把学校看作《哈利·波特》里面的"分院帽"，那有些学生压力大，也就不足为奇了。

20 多年来，有一项议程一直在推动着学校改革，然而这项议程的制定者似乎在大脑功能及儿童健康发展领域中，对我们现在所知道的最基本的研究成果都不了解。教育界的领袖和政策制定者从没问过："儿童大脑的健康发育需要什么？""他们怎样才能好好学习？"或"什么时候教孩子阅读和代数是最合适的呢？"相反，他们似乎总在问："为了达到我们学校、我们地区或我们国家的标准，我们要让这个孩子掌握什么？"大多数改革都集中在把什么东西塞进孩子的脑袋里，然后把孩子考到吐，而非让他们的大脑好好地得以发展。这就意味着，我们更要具备分明白轻重缓急的能力。教育改革失败的原因，就在于同时降低了学生、教师和管理者的控制感，也因此诱发了更大的压力感受，降低了学生的参与度，也在教师队伍中滋生了更多的不满和倦怠感。

我们知道，靠这本书，我们改不了学校的政策（我们会把这部分内容放在下一本书里），但我们依然可以向家长提供一些信息，让他们成为孩子最有效的拥护者。我们非常希望教育工作者好好阅读一下本章的内容，我们也将提供一些提升儿童受教育体验的具体方法——纵然我们尚不能颠覆整个教育系统。因此，尽管本章并不是针对学校政策问题的全面干预，但我们依然认为，认识到控制感的重要性，完全可以指导我们去好好想一想，这个每年都要占据孩子 7~9 个月时间的场所，到底意味着什么。

让孩子多投入

教育工作者和家长所面临的最大挑战之一，就是怎么能让学生主动投入自己的学习中。尤其是在初中和高中，有很大一部分学生能不学就不学。甚至有一些拔尖的学生也会采取奈德所说的"两点一线"态度：只要对成绩没影响的事情，那就肯定不做。[2] 我们现在培养出的学生，往往既缺乏好奇心，也没什么提升自我心智的动力，相应地，他们却会过分在意指标与结果。

你能促进孩子多多参与课堂的最好方法，恐怕就是允许你的孩子在课堂之外拥有更多的自主权。我们在第 5 章中讨论过"自我决定论"，其提出者爱德华·德西和理查德·莱恩发现，如果父母更支持孩子拥有自主权，他们的孩子就越倾向于"报告说能够更好地通过自我监督完成家庭作业，做事情也更自觉，而且也会被老师评价说具有更强的自我激励能力、更强的胜任力，以及能在课堂上更好地调整自己的状态。"[3] 他们的平时成绩往往也更出色，而且在标准化考试中也能考出高分。

课堂上的事同样也很重要，而且在教学环境中提供自主权其实也并不困难。简单到仅仅鼓励教师多给学生一些选项，都能起到作用（"你想要开个睡衣派对，还是要做个小小路演？""你想在课上写论文还是回家再完成？""你想在教室完成这件事，还是回到家里再开工？""你想自己搞定，还是要找个队友？"）。同时，这也有助于让孩子有更多的手段来掌握技能，也可以用于探究学生的反馈，还可以鼓励他们去探索适合自己的策略，也能更好地去解释他们做事情的目的，以及你希望他们能从中学到什么。

我们知道，如果一个孩子建立了与老师的关系，而任务又跟老师有所关联，那他就会更加努力，也能做得更好。我们见过的老师很多：有的优秀，有的卓越，而有的只能算是一般。虽然并不是每个老师都能跟每个孩子建立这种关联，但的确有些老师，没法跟任何一个孩子建立起真正意义上的关系纽带。这有一部分客观原因，就是老师本身往往也没有什么自主权，这就让许多人变得脾气暴躁，牢骚满腹。有证据表明，如果老师可以选择教学内容以及教学方式，教学质量会更高，而压力水平会更低。但不幸的是，另有最近的研究发现，老师的自主权水平在过去 10 年中，呈现下降的态势。[4]

作为家长，如果你觉得自家孩子的师生关系不是那么稳固，那你可以这么做：在关系建立的阶段，你可以尝试帮孩子跟他的老师取得联系，也可以敦促孩子跟老师聊聊他在课堂上学到的东西，或者问问老师，他小时候的兴趣都有哪些。如果你的孩子跟老师相处得很不愉快，纵然可能很棘手，但你还是可以和校长谈谈，让孩子转个班，离开原来老师的管理。不过你也许能做的最有用的事，还是要跟孩子强调，他要对他自己的教育负责。他的学习不是他老师的职责，不是他校长的职责，也不是你作为家长的职责。如果他上六年级的时候数学没学好，导致没有打好基础，以至于在七年级学初级代数时碰到了麻烦，这时彻底归咎给自己六年级时那水平不高的数学老师，其实也没什么意义。我们并不是让你告诉自家已经很努力的孩子："所有问题都出在你自己身上。"相反，我们希望孩子能够认识到，不可能每个老师都是特别棒的好老师，指望上学这些年碰到的每个老师都是顶尖师资？这太不现实了。无论有没有能提供帮助的老师，你都要帮助你家孩子制定好一系列策略，来好好控制与管理他自己的学习，否则他就会陷入困境，明明知道自己没在学习，却很无助，更无力去改变。

　　如果孩子跟老师之间不来电，那么该怎么敦促你的孩子学习呢？他会加油努力，以证明老师看错了他吗？很棒啊。他会不会决定好好学习，这样才能永远不用上那个老师的课？这也很棒啊。跟孩子说，他没必要被一个可怜的老师限制住自己的脚步。别把学校太当回事，这本身就是人生的重要一课。

　　你还能给孩子提供点实打实的帮助。如果孩子不想学，那么试着找个好家教或教学类的游戏，这能让他投入到数学或者科学知识中。对于初高中的孩子而言，你可以鼓励他们看看可汗学院上的视频课，或浏览一下其他的在线辅导网站，以帮助他们掌握本该在课堂上学会的那些知识。你甚至可以鼓励他们在老师正式讲课之前，先预习一些教材，这样就能在下一课中找到"我能搞定"的感觉，这比学了一天，对着乱糟糟的知识头脑发懵地追赶进度强多了。你还可以鼓励孩子自主学习，并将他们所学到的知识转授给其他人——父母、兄弟姐妹或者同学。这可以建立他的自尊心，给他力量感，同时也是真正掌握复杂知识的最佳方式。

降低学业要求和压力水平

　　在第 1 章中，我们讨论了压力对大脑情绪功能作用的影响。在这里，因为它还会影响直接学习，我们还要再重点谈一下压力这个话题。

　　奈德在他的辅导生涯中所注意到的第一件事，就是有的孩子在平时考试中表现得非常好，但一参加正式的 SAT 或 ACT（美国大学选拔考试）时就会掉链子。他读了很多相关的文献，并跟不少科学家和心理学家谈过这一话题，希望了解其背后的原因，最终，他发现了耶克斯－多德森定律（Yerkes-Dodson Law）。在 20 世纪初，罗伯特·耶克斯（Robert Yerkes）和约翰·多德森（John Dodson）这两位心理学家共同提出，人的表现水平会随着生理和心理唤醒的增加而提升到一定程度，随后则开始下滑。我们都需要一定程度的唤醒（来自好奇心、兴奋感或轻微的压力）才能让我们的精神达到最佳的敏锐程度。可一旦我们压力过大，就会变得没法直接思考，大脑效率转而变得十分低下。奈德的学生用不同的方法交付学期论文，这也成为耶克斯－多德森定律的绝佳例证。平均而言，女孩的曲线偏左，而男孩的则偏右。这意味着对女孩而言的最佳压力水平，往往还不足以激励男孩子，而男孩的最佳压力对许多女孩来说，压迫性可能又太强了。（请记住，这些数据都是平均值——每个孩子的情况各不相同。有些女孩会更像男孩子的反应模式，反之亦然。）作为父母，你要记住的是，能激励你的东西未必就适合你的孩子，对你来说好像没什么大不了的事，对你的孩子来说完全可能是个太过分的刺激。

如果你把耶克斯－多德森定律考虑与学校的真实情况结合起来，你可能会看到，有 1/3 的孩子处于最佳学习的状态，这被称为"宁静的警觉"，还有 1/3 的孩子过度紧张，而最后 1/3 则处于无聊而放松的状态。多年来，耶克斯－多德森定律一再得到研究支持。[5] 学生在一个提供高挑战和低威胁的环境中，学习最好，表现最佳——他们在这样的学习环境中，学的内容很难，但是可以安全地探索，犯点错误也没事，同时有足够的时间来学习和高质量地完成工作要求。当学生知道了失败也无可厚非，他们就能承担起那些会让他们真正成长的种种风险。他们也可以培养出能够在保持高水平运转的同时，还很快乐的大脑。

然而我们见过的很多孩子，都没有条件在这种环境中去学习。他们在对大脑充满毒性的环境中学习着，他们过的日子充斥着压力和疲惫，同时还总是伴随着高水平的无聊体验。你知道有一种对战争的经典描述吗？那就是"无休止的沉寂猛然被突如其来的惊恐无情打断"。在很多学校里，学生其实过的就是类似日子的"少儿版"。这样一来，有许多学生不仅学习成绩不好，还得了与压力有关的种种疾病。

太多的压力会冲击前额皮质，正如我们在第 1 章中介绍的，它就是"住在大脑里的金发姑娘"。前额皮质的有效运转，需要多巴胺和去甲肾上腺素之间的微妙平衡。一旦前额皮质处于无法完全运作的状态，学生就会失去投入专注和保持注意力的能力，而且他们有三个核心的执行功能——自控、工作记忆和认知灵活度也都会遭到损害。[6]

在学习这件事上，所有执行功能中最重要的那个，可能就是工作记忆了。有了它，你才能记住正在加工或更新的信息。工作记忆让你能把现在、过去和未来串联起来，让你认识到事物之间的联系，同时也是创造力的关要素。一定程度上，可以说工作记忆本身就等同于学习。有一些专家表示，工作记忆将成为新的智商指标，因为它能比现在的智商更好地预测学业水平和人生成就。[7]一旦孩子蒙受了压力并且其工作记忆受损，他们就很难把信息整合起来，也没法领会与跟上事物发展的脉络线索。我们可以站在大脑的角度上，把工作记忆想象成电脑里的内存，它能让程序运行起来，而不同于储存程序本身的硬盘。一旦认知负担太重（你脑子里想的东西过多）那就像在浏览器中打开了太多网页，这么一来，电脑就有可能运行缓慢甚至直接死机。压力如果太大，对人脑来说也是同样的道理。

奈德有一个很有意思的数学小游戏，他经常跟孩子一起玩，来展现工作记忆（如果你愿意，那就自己试一下，但别在纸上做）。奈德会快速地说："用 1000 加上 40。好了？再加 1000。加 30。加 1000。加 20。加 1000。加 10。最后得多少？"当他最终问人们算出来得出了什么答案时，大多数人都会说 5000（正确答案是 4100）。奈德有一个朋友是华尔街的债券交易员（那可是个实打实的数学极客）就算是她，也说答案是 5000。这道题其实与数学没那么深关系，但与大脑如何工作紧密相关，它证明了，人在加工一大堆信息的同时，还需要在大脑中好好地保留着它们，到底有多难。这时再加上压力的影响，那简直就是火上浇油了。不久前，奈德接

自驱型成长

待了一个家庭的咨询，这家人的女儿学习非常刻苦。她在学校很努力，但是 ACT 的成绩很糟糕。完全可以这么说，压力简直要把她整个人都淹没了。奈德带她一起做这个"每个人都会错"（这么说是为了不打击到她）的数学小游戏，还想让她明白我们总是会在测试中犯些错误，而有些错误是测试的设计者故意诱使我们犯下的。不过上面那些数还没说过一半，这个姑娘就已经满眼含泪了，因为数学以及跟学校有关的一切已经变成了直指她内心深处的剧烈威胁。她的大脑当下最需要的，根本就不是计算的能力，而是冷静的状态。

记住，一旦我们遭遇威胁，我们就没法思维清晰，也不能有逻辑地好好思考。我们只会拼了命地逃跑，扎稳马步准备开打，或者干脆躺下装死。如果你的孩子一直在害怕他那严厉的老师会点他的名，然后他会在全班同学面前丢人现眼，那他根本不会琢磨老师现在正在教的任何知识。比起"学进去"，"活下去"往往才更重要。

虽然我们希望学校能给孩子营造一些挑战，但学校的大环境还是应该让孩子能感受到接纳与鼓励的。听上去这让学校要根据具体情况选择具体的解决方案，但每个学校背后的问题是相同的：孩子在学校的时候，从身体到情感都能感到安全吗？他们是否对自己在课堂上的所作所为拥有控制感呢？他们能否在安全的环境中勇于试错呢？

除此之外，还要提醒你家孩子，对他来说最重要的是自我的发展，而非获得完美的成绩。我们在第 5 章中讨论"小赫敏"这一群体的时候谈到了这一点，要帮助你的孩子保持正确的观点。最后，为了减少孩子的学业压力，你最值得做的尝试之一，就是自己先不要把学习成绩看得那么重。如果你把这件事看得很重，那可以跟奈德曾经接待过的一个学生的妈妈一样——给孩子道个歉。她给女儿写了一封非常感人的信，我们也争得了她的同意，可以在本书中引用一下。信上这样写道：

　　今晚我让你失望了，我也期待你能原谅我。我知道自己的行为不合理，但我还是想解释下到底发生了什么。

　　今天下午，我见到你某个同学的妈妈，她问我你昨天数学考试的成绩如何。我耸耸肩跟她说，我都不知道有数学考试。当她嫌弃地冲我摇了摇头时，我觉得很耻辱，我真是个不称职的妈妈。我内心既纠结，又困惑。回家后，我问了你这次测试前前后后的信息，还说想查查你的作业，看看你的成绩。你表现得不敢相信的样子，眼里含着泪，盯着我。

　　你一直是一个好孩子，聪慧、好奇、有创造力。你乐于助人、能宽以待人，也很勤奋，但并不那么争强好胜。另一个妈妈想跟我确定她家孩子是不是比我家的优秀，我却让她影响到了我跟我自己孩子的关系。

　　我保证，我永远不会再问你考得怎样，也不会上网去查你的作业情况和成绩，甚至不会看你的成绩单，除非你想让我看。

　　对我来说，你远远不是一个分数或一纸证书，你是上天给我的至爱礼物，你值得我的尊重。我也希望自己能重新获得你的信任和尊重。

　　我爱你。

妈妈

　　我们还认为，学生和成年人共同努力，一起来减轻学业压力，这也非常重要。我们支持建立一个包括学生、教师、学校行政人员和家长在内的减压小组，其目标是共同探索减轻学校里压力感受的手段。（比尔第一次给学校老师讲授了压力对大脑的影响后，副校长在会后就拦住了比尔，说他很担忧自己的大脑，由此可见学校管理者都过着压力多么大的日子。）这样的小组可以专注于寻找提高学生和教师自主权的方法，在上学的时间段里创造更多的休息时间，以及修改家庭作业相关的制度（比如在假期里取消家庭作业）。[8]

家庭作业：要启发，别强制

在我们见过的孩子里，有几百个已经感到自己被家庭作业生生压垮了。在过去的 30 年中，尤其是对低年级儿童来说，家庭作业的增幅巨大。[9] 最近有一项研究发现，从幼儿园到三年级的学生的家庭作业，要比国家教育协会（the National Education Association NEA）和国家家长教师联合会（the National PTA）推荐的多 3 倍，就算是幼儿园的学生，平均每晚也要做 35 分钟作业。[10] 至于那些就读精英高中的青少年，每晚平均要做 3 个多小时的家庭作业，而初中学生也要在作业上用掉两个半小时。然而，只有20%～30% 的受访学生表示，他们认为自己的作业"有用或者有意义"。[11] 在近 90 年的研究中都没有令人信服的证据表明家庭作业对小学学习有明显帮助，那为什么年幼的孩子还要做家庭作业呢？明明已经有研究表明再怎么布置家庭作业，它起到的效果也有限，那为什么高中生还是会投入这么多时间来做作业呢？少量的家庭作业（每晚一到两个小时）的确有助于提高初高中学生的学业成绩，但在实际的学习上，一旦超过了这个量，反而过犹不及。[12]

在孩子觉得疲劳紧张的时候，就会陷入事倍功半的窘境。家庭作业经常让亲子之间关系紧张，也总是削弱亲子关系的质量，并破坏孩子的自主意识。在家庭作业这件事上，人们往往混淆了手段和目的。比尔经常能见到一些孩子，他们考得很好，对知识的掌握也很到位，但总是因为没交作业，在科目评分上才得了 C 或者得了 D。

我们的座右铭是"要启发，别强制"。我们希望教师能启发孩子去课堂外学习。有一些研究表明，当孩子对他们的学习主题有一定决定权时，就更有可能参与并完成相关的作业，这也是为什么大多数作业最好还是要让学生自愿来完成，而且不应该加以评分。[13] 我们相信，最好还是要给孩子推荐一些作业或者是一个有助于达成目标的替代性任务，并鼓励他们去完成，而非强制他们去完成，甚至还要给作业打分。老师留作业的时候，也应该跟学生解释一下，他们能从中收获什么益处，还要留意学生对作业的反馈和建议。这跟"明天之前读完 B 册教科书第 20～50 页并答完 10 道习题"这样的作业要求截然不同，在最好的情况下，教师会这样表达："如果你能在放学后找个时间研究 20 分钟，那你的大脑就会在你今晚睡觉时建立起新的连接，而这将有助于你去理解与记住学到的东西。要是你太累或者压力太大，那就做点别的吧。你总有感觉好点的时候嘛！到时候再研究也来得及。"

芬兰的学生享有全世界上最高水平的教育成果，同时家庭作业方面的要求水平也最低，他们之中很少有人每天能做半小时以上的功课。[14] 芬兰教育界最著名的代言人帕斯·萨尔博格（Pasi Sahlberg）表示，他们的很多小学生和初中生在离开学校之前，就已经完成了大部分家庭作业，芬兰的 15 岁学生既不聘用私人家教，也不在校外上什么额外的辅导课。[15] 他还指出，恰恰是这些，让芬兰学生拥有了惊人的成就。要知道，许多在阅读、数学和科学方面跟芬兰学生旗鼓相当的亚洲国家的学生，可是花了大量时间在校外接受辅导和上补习班的。[16]

多年来，比尔已经跟许多老师有过交流，这些老师要么不留作业，要么规定作业可做可不做，要么只给掉了队的学生留一些作业。他们中包括蒙台梭利学校的教师、公立中学教师，甚至还有一位在国际文凭课程中教经济学的教师，这位老师 10 年前开始推荐学生每周都完成一些材料阅读，但是不需要专门完成家庭作业。在过去 10 年里，他的学生跟那些天天做作业的学生没什么区别（并且还能在国际文凭考试中获得高于平均水平的分数）。奈德本人也会刻意地只给学生布置很少的作业，因为他对"穷忙活"向来没什么兴致。他希望他辅导的孩子能努力学习那些自己觉得有用处的东西。如果他们来接受奈德辅导的时候说自己因为时间太少而没完成作业，奈德也会感谢他们坦诚相告，同时告诉孩子，他觉得他们需要更多更好地利用时间，除此之外，还要让孩子知道，只要他们愿意，他就很乐意来帮助他们规划时间以安排工作。

让我们假设一下，如果你所在的学校采取了与芬兰截然相反的方法。只要有的选，你就可以试着转校去一个认同以大脑为中心的学习方法的新学校，这样的学校旨在培养好奇的学习者，而非一切都为了考高分。如果你觉得家庭作业变得太过繁重，或者孩子表现的过度紧张，你也可以介入进来。学校总喜欢说他们选择的政策都是有理有据的，可以问问校长，学校里与家庭作业相关的政策背后，有着怎样的证据支撑。你还可以用这句话：“这对我家孩子不好使。”这是萨拉·贝内特（Sara Bennett）和南希·卡利什（Nancy Kalish）合著的《对家庭作业说不》（*The Case Against Homework*）中我们最喜欢的一句话。如果家庭作业本身确实成为一个问题，你也会惊讶地发现，老师也会很愿意为之做出调整。

你甚至可以给你的孩子一个“特许令”：作业的事，随他去吧。如果老师布置了过多家庭作业，而且干预措施没奏效，那你可以不做，并依此来评估利弊。孩子的健康和幸福，以及他从个别老师那里得到的成绩，究竟哪个更重要呢？对我们来说，答案非常明显。

等孩子准备好再教他们

我们有个叫玛丽的朋友，她女儿埃米莉刚上幼儿园。埃米莉上的是学前班，有包括养兔子、用通心粉来制作艺术品在内的种种课程。埃米莉对学习怎么阅读并不感兴趣，但她喜欢跳舞和唱歌，还能跟芭比娃娃一起玩上几个小时。至于埃米莉的姐姐弗朗西斯，早在她上幼儿园之前，阅读能力就很强了，姐妹俩之间的差距很让玛丽担心，埃米莉的祖父母也同样认为这是个问题，于是暗示玛丽该多多给埃米莉读书听。当玛丽和另一位妈妈聊起这件事的时候，这位朋友还跟着揪心起了她自己的两个女儿，进而担心起自己是不是也没有给小女儿读足够多的书。这些孩子是不是在他们上幼儿园的那一刻起，就输在了起跑线上了呢？

这种情况很让人焦虑，因为它以恐惧、竞争和压力而非科学或现实为基础。父母不仅自己感到压力很大，他们的孩子也受牵连，甚至在正规教育开始之前，就已经出现了一把无形的标尺，比较着这个孩子跟那个孩子。"越早开始，领先越多"，基于这种错误的假设，孩子的学业基准点正在不断地提前。尽管有证据表明在孩子 7 岁时教他们阅读更高效，而且早早学习阅读的孩子所获得的任何先发优势都会在童年后期消失，[17] 但现在的儿童依然在 5 岁就要开始学阅读了。

曾经被认为到了一定年级才能完成的复杂任务如今被看作稀松平常的小事，而那些使使劲才能跟上要求的以及还没准备好的孩子，就会被认为低人一等。倘若孩子自己还没完成准备，就去学习那些被强加给他们的内容，他们自然会感到沮丧、尴尬，并且对控制感的体验程度也会很低。

现实是这样的：虽然学校发生了巨变，但儿童本身没怎么变过。如果我们加以测量的话，就会发现今天的 5 岁儿童并不比 1925 年时的同龄人更优秀。今天的孩子跟 1925 年的孩子一样，在四岁半的时候才能画出一个正方形，在五岁半的时候才能画出一个三角形，以及在六岁半时，如果要记住自己数硬币的数量的话，最多只能记到 20 枚。而这些常规表现，表明孩子已经准备好去学习阅读与算术了。当然，的确有些孩子表现不一般，但是孩子都需要先掌握数字，才能真正理解加法，他们必须学会辨别三角形中的斜线，才能识别和写出像 K 和 R 这样的字母。但问题是，20 世纪 20～70 年代的儿童可以自由玩耍，并为自我管理等关键技能打好基础，但如今幼儿园的学生，却需要好好地阅读与书写。

随着年龄渐长，大脑的发育使得学习几乎所有东西（外语除外）都变得更容易了。工欲善其事，必先利其器。用钝锯也照样可以造桌子，不过耗时更长，体验更差，并且可能会养成以后改不过来的坏习惯。我们从匆匆忙忙的学业特训中，看到的最明显的问题之一，就是孩子握铅笔的能力很差。正确执笔其实还挺困难的，你需要具备足够精细的运动技能，才能在两个手指的尖端和拇指之间轻柔而稳定地握住铅笔，还要学会仅仅用指尖，就能水平及垂直地移动铅笔。有一个 20 人规模的学前班，我们事先知道这个班级已经过早地鼓励孩子学习书写，其中有 17 个学生需要专门的治疗，来纠正他们为了拿稳铅笔而自己想出来的错误手法。你想想：有 85% 的孩子需要额外的帮助，父母也花了额外的钱，父母和孩子都会感到压力，仅仅是因为有些成年人毫不考虑儿童的发展规则，想当然地认为："嘿，如果我们教这些四岁的孩子学写字，那岂不是很好？"

我们看到，这种催着赶着学东西的情况会一直持续到高中。八年级的学生开始学以前九年级学生才要学的科学课，十年级的学生则会读以往在大学里才教的文学作品。在华盛顿特区外的蒙哥马利郡，学区会尝试教代数，而对象是八年级的大多数学生，而非九年级的学生，同时，他们的最终目标是让七年级的大多数孩子也能掌握。实际情况却糟透了，有 3/4 的学生没能通过期末考试，[18] 因为大多数八年级的学生根本就没有足够的抽象思维能力来掌握代数。从历史的角度来看，孩子在十八九岁的时候开始上大学，那是因为他们已经准备好了，虽然总有例外，但总的来说，14 岁的孩子往往并没有发展到适合上大学的地步。讽刺的是，我们一心要强化我们的孩子，但对于这一论题的思考一直在被弱化。

奈德接待过很多家长，其中一些想让孩子上九年级的时候就开始筹备 SAT 考试。奈德告诉他们，把孩子的时间和家长的金钱花在到时候自然会在学校里学到的东西上，并不明智。等待孩子在学校顺利地培养出技能、获取了知识，然后在高三的时候做一点备考的准备，这样做会好很多。过早开始备考不仅完全没必要，而且还会起到反面效果。这就好比跟你家 14 岁的孩子解读错综复杂的 401（k）退休福利计划，就算你说得天花乱坠，他也不会加入的。

　　比尔经常处理一些过早开始学习的孩子所碰到的麻烦。他见过许多孩子一被要求阅读，就不吭气甚至哭了起来，那是因为他们曾经都因为读不好而难受过。当孩子一次又一次地失败，就会将这种失败内化到自己的身上。比尔最近访问过一位儿童心理学家，其本人的四岁女儿就很有挫败感，究其原因，是她自己写的日记没有同学写得好。

　　综上所述，父母能提炼出来的最核心的关键信息本身其实非常反直觉：首先，早出手不一定结果好；其次，杯满则溢。为了对抗过早学习带来的影响，你可以按照下面说的做：

- 如果可能的话，在择校时选一个在课程设计中能兼顾孩子发展规则，同时适合你孩子的。对有些孩子来说，做小池塘里的大鱼是最好的。宁为鸡头，不当凤尾，这能让他们有信心去解决问题，而不是被困难吓跑，也能让他们变得强大，同时很有力量感。但如果孩子正在更大的池塘里跟更大的鱼竞争呢？那就帮助你的孩子找到适合他们的课程环境。

- 即使周围所有人都紧张兮兮的，你也要放轻松、看长远。大多数 5 岁就学阅读的孩子，在 9 岁时也并不比那些六七岁才学阅读的人表现更好。比尔还清楚地记得，他家女儿 5 岁的时候，身边有些小朋友已经开始阅读书籍了，他们两口子就有一些轻微的恐慌感。虽然他们知道，孩子在 7 岁时学阅读要比 5 岁时容易得多，并且过早让孩子学东西是有害的，也没法产生持久的好处，但他们夫妻还是想知道，自己是否因为让孩子落在了别人后面，进而会危及孩子的未来发展。他们还考虑过要不要让她离开没有学业教育的幼儿园。但他们最终还是坚持了自己的理念，把她留在了一所不着急学东西的学校，直到四年级，才开始给她布置作业。尽管开局不利，但她还是在 26 岁时获得了芝加哥大学的经济学博士学位，成为一名成功的经济学家。比尔喜欢讲这个故事，这不是为了吹嘘（好吧，还是有一点点吹嘘），而是为了强调，就算明知道趋势会把你带到错误的方向上，也很难做到逆流而上。

○ 请记住，急于开发所带来的任何收益最终都会消失。经常有父母告诉比尔，他们家三年级的孩子正在做四年级甚至五年级的数学题，但比尔从未听过有 26 岁的孩子吹嘘说，他们要比大多数 28 岁的孩子更成功。

○ 不要过分关注高级课程班。如果你以牺牲心理健康和睡眠为代价，让孩子参加更多的高级课程班，其实这对孩子一点都不好。大学生能比高中生从《白鲸》中感悟更多，那是有道理的。如果我们考虑到他们前额皮质在成熟度上的巨大差异以及他们的抽象思维能力和情感成熟度上的发展水平，那么就很好理解，为什么随着年龄渐长，大多数学生就能理解和欣赏那些为成年人写的好小说了。复杂的科学理论与数据、量化的概念以及历史的主题也是同样的道理，大多数孩子在上大学的时候都能更轻易地掌握它们。我并不是说 15 岁的学生就肯定没准备好去上大学课程。我想指出的问题是，当这种情况成为大多数学生的默认设置（如果我没上过五个高级课程班，那我就永远上不了大学），其结果是很有破坏性的。

用正确的方式来测验孩子

我俩都以给孩子做测验作为生计，所以我们不反对让孩子做测试。"测验"本身就是我们吃饭的手艺，而且我们也认为，只要使用得当，测验真的是非常有用的工具。

神经科学家喜欢说："神经元彼此互联，共同激活。"那些经过我们反复努力、深刻进行的思考，更容易在大脑中留下痕迹。华盛顿大学心理学家亨利·罗迪格（Henry Roediger）是一名测验专家，他认为，虽然"测验"一词有着非常负面的含义，但它仍是最强大的学习工具之一。正如他所观察到的，比起简单地翻阅笔记，如果你努力去回忆某个事实或概念时，就更能加强你对它的记忆。

"测验不仅可以评估知识，还能改变知识。"他说。[19]

测验还能帮助你觉察到自己遗漏的内容，并让老师知道该在哪些知识点上多花点时间。没有什么比客观的反馈更能够清晰地验证你究竟知道什么，或者不知道什么。测验还可以减轻考试焦虑。单独或在小组中参加测验，都会给你带来一些压力，而适应这种轻微的压力能有效地锻炼你去更好地适应最终考试时的压力。

也就是说，我们当下在学校施行的标准化测验其实存在重大问题。许多支持这些测验的政策制定者其实是政客，而非能启发学生的教育家。他们会探讨诸如问责制度、提高标准、缩小差距、"拼尽全力，学得最好"之类的议题，却很少关心真正的研究，而研究恰恰证明了，严重依赖标准化测验对改善教育成果毫无成效。帕思·萨尔博格简直是我俩最喜欢的芬兰人了，他研究过全世界许多国家所使用的基于考试的教育手段，并发现这些国家所考出来的成绩实际上正在下滑。相比之下，芬兰选择更加强调训练有素的师资、人与人之间的合作，以学校为基础的课程设置以及教育者之间那种建立在信任基础上的领导风格。相应地，芬兰的孩子越考越好。

我们还要从老师的视角来看看测验这个东西。测验让老师以分数为目的去教学，也降低了他们的自主性。这还会让他们担心自己的工作，因为他们能不能继续跟学校签合同，往往会取决于学生的考试成绩如何（而他们几乎没法直接控制这些成绩）。他们会更容易把其他的老师当作竞争者，而非合作者（是不是还有另外一个九年级老师，他的班上全是拔尖的好孩子？）。同时，他们的学生也会成为他们自己进步的潜在障碍。他们可能会撺掇孩子留级算了，因为老师并没有被鼓动要像考虑学生的考试成绩一样去考虑他们的整体幸福感。考试的结果还频繁地被用于评估老师、学校与学区的综合情况，而所有这些都妨碍了老师更有效地完成工作，以及跟学生建立更紧密的联系。

不管什么事，只要让孩子、父母和老师变得更紧张，还会降低他们的控制感，那就必然会失败。过分强调考试与测验会让教育走上一条更加狭窄并让人沮丧的道路。每个学生每天都应该是有所期待的，而被考试驱动的教育挤掉了选修课的课时，还把这些时间集中于备考上，这就把学生的美好期待置于更多的风险之中。许多孩子在那些非核心的学业科目（甚至是一些根本算不上"课程"的活动）中，才有着最夺人眼球的亮眼表现，比如艺术课、音乐课、商业模拟课和戏剧课。这些科目没法做到"两点一线"的快速提升，但孩子总是能"千里之行始于足下"，一点一滴打造好作品，精进自己的表现。从动机的角度来看，你家孩子可能并不喜欢几何学，但只要他知道学校还有合唱团、乐队排练、艺术课程或者商业模拟课，他就能真正地运用自己的创造力，享受他所投入的事情，而这肯定也会让他在学毕达哥拉斯定理的时候更加得心应手。

在2014～2015年这一学年，有超过65万名学生选择了不在学校接受标准化考试。如果孩子自己想去参加这个考试，我们并不建议你逼着他们退出，但还是要跟孩子谈谈考试的利弊，并让他自己选择。

如果你的孩子选择了要参加标准化考试，你仍然可以跟他们说清楚考试所具有的价值，以及考试并不具有的那些价值。教育档案局（the Educational Records Bureau，ERB）所提供的测试，以及基础核心能力测试都只能用于评估技能和知识水平，并为教师教学提供参考，一定要让孩子知道，这些测验的成绩不是他们智力的标签。

如何把控制感带进学校

总之，学校应该更多地关注怎么培养健康的大脑发育，而不要太发愁考试的成绩。学校更应该去探索，怎么才能让校内体验带来的压力降下来，并促进学生的自我认知与自我调节，还要通过增进自主感来最大化学生的自我激励水平，以及通过将艺术融入教学的方方面面，来最大限度地提高学生参与度。[20]

有许多项目正在致力于打造压力更小的校园环境。其中就包括我们在第 6 章中讨论过的"静谧时光"计划，该计划于 2009 年首次在旧金山的一家中学亮相，而当时这所名为访谷中学的学校正陷在资金不足的泥淖中。中学里的大多数学生每天两次练习禅定，每次用时 15 分钟。（其他同学在"静谧时光"里也要阅读或者休息。）比尔在 2011 年参观这所学校时，副校长跟他讲，在项目启动之前，学校辅导员办公室的门口能站上 30 个孩子，因为他们上课就是鬼混，统统被任课教师给撵了出来。而仅仅用了两年，如今，一个这样的学生都没有了。加利福尼亚州和全国各地的许多其他学校都引入了"静谧时光"，而且也获得了非凡的成就。[21]虽然"静谧时光"经常被用于那些资金有缺口的学校，但它对资金充裕的学校而言，也同样有价值。在芝加哥，有一所精英女子高中的学校管理员跟比尔讲，她同样也执行了"静谧时光"，因为"我实在不想再往医院送上哪怕一个既抑郁又沮丧的孩子了。"

一些学校还会通过教学生学习正念觉知与做正念实操练习，比如学习执行"监管区"程序，来进一步提升学生的自我调控能力。在这个程序中，孩子会被教导要询问他们自己内在的感受如何，并学会识别某些特定的信号。如果孩子处于"红色区"，他们会情绪紧张和容易激动。"黄色区"虽然也是一个代表着高度活跃的区域，但孩子此时对自己的行为有着更多的控制权。至于"绿色区"则会让孩子感到平静，同时保持警觉和专注，这就是学习的最佳状态，是孩子能应对适当挑战的地方。然后还有"蓝色区"，这时孩子会感到无聊、疲倦或者悲伤。我们目睹过有些一二年级的学生，整个班级都处于躁动的状态，这时只要老师解释一下，告诉学生是时候进入"绿色区"了，再鼓励全班专注地做几个能让他们身体平静下来的深呼吸，效果就能非常明显。

还有一些学校正在把传统的高中体育课程替换为高强度的健身训练，以利用随剧烈运动而来的强大的认知力量，也有益于卡罗·德韦克所倡导的学生的成长心态。我们支持以上所有对这些项目以及能健康地提升控制感的其他任何方法。

我们所倡导的这种让孩子受教育的方法并不总是能被外界所接受。在这个国家（实际上是全世界）的一些地区，在竞争极为激烈的学校里，在形形色色的高级课程班里，种种比着冲刺过线的情况就像每个街角都有的星巴克一样，避无可避。在比尔多年来交流过的青少年里，许多因为患抑郁症而服用药物的孩子会暗示（就跟他们父母做的一样），只要他们能上好大学，那他们为了达到这个目标所做的一切、所妥协的一切都是值得的。然而他们错了。正如罗伯特·萨波尔斯基所说，抑郁症是天底下最残酷的疾病。对孩子来说，它们会变得非常沮丧，因为太累、压力太大，而且已经被现实撑了太久太久，而对于一封录取通知书来说，这个代价也太高了。能上大学只是大学所有经历的一部分，而我们稍后就要讨论关于大学最关键的一个问题，那就是等你上了大学，会有什么在等着你。

今晚怎么做

- 教你的孩子对他们自己的教育负起责来。孩子应该感到能掌控事态，而不是在学校的影响下"被掌控"。请注意，这跟责备那些本来就很拼的孩子其实有很大的区别。
- 如果你的孩子没有跟老师学东西，要接受这一点，但别怪到老师头上。"库珀老师已经尽力而为了。他只是不知道怎么以你学习的方法来教你。"鼓励你的孩子去思考，有什么东西能激励他去掌握老师在课堂上教的东西。

- 提醒你的孩子要有大局观，成绩没有学做人与学做事重要。
- 在孩子还没有准备好的情况下，一定要抵制催着孩子提前学东西的压力，无论是在幼儿园学阅读，在八年级学代数，还是在高中学很多高级课程。
- 建立一个由老师、家长和孩子共同组成的倡议小组，讨论你们能一起做些什么，来减少孩子在学校中的压力体验。还要集思广益，进一步在学校中倡导开展有利于大脑的活动，比如运动、艺术和冥想。

第 9 章

全天候在线：驯服技术的野兽

这些年来，父母向我们提出了各种各样的问题。其中一些纠结于某个特定的文化时刻：我该怎么跟我家 10 岁的孩子谈谈恐怖主义的问题？还有几个问题则被更频繁地问道：怎么做我才能帮上那些不喜欢阅读、有阅读障碍的孩子呢？我怎样才能让他好好做作业呢？但是，如果要做一个表，涵盖了我们经常能听到的问题，其中肯定有这么一个问题排名上升得特别快：我怎么才能让我的孩子在放学回家后，不要一直在那儿玩电子游戏？

对父母而言，在 20 世纪八九十年代，游戏还必须连到家里的电视上才能玩，或者要依托价值不菲的掌上游戏机与专门购买的盒装游戏卡带才能玩。其时，至少游戏机跟电视机都还能被锁起来，这样在孩子吃晚饭的时候、睡觉的时候和上学期间都能加以限制。可如今，一大批年轻人已经拥有了属于自己的智能手机。

根据皮尤研究中心最近的一项研究[1]显示，在 13～17 岁的人群中有73% 的孩子，若要限制他们花在视频游戏、收发短信和社交媒体上的时间，已经变得很难了。大多数美国孩子在 7 岁的时候，在屏幕前花掉的时间共计已经达到了整整一年。[2] 只有 35% 的青少年在放学后还会直接交际，同伴之间靠打电话交流的人也少得可怜，但每天会有 63% 的孩子收发短信。[3] 3～8 岁的孩子每天对着屏幕的时间长达 7 个半小时，这个数字本来就够高了，但是对于 11～14 岁的孩子来说，这个数字还会一跃而至长达 11 个半小时。[4] 这意味着这一代人的大部分社会和认知发展，都将通过一个屏幕得以发生。对于年轻人来说，技术成瘾已是一种新常态，只要在短短几个小时内没法用社交媒体，他们中的许多人就会感到实打实的恐慌，[5] 同时，有些父母却对此充满了不解。亚当·布莱特（Adam Pletter）是一位心理学家，同时也创建了一种项目，能把孩子正在使用的新技术教给父母。他指出，关于新技术使用方面家庭要做出的决定，跟其他的育儿决策大为不同，因为父母对于他们放到孩子手里的那个神奇工具，知道的实在太少。

有一位父亲最近在奈德的一次演讲过后找到了他，他有一个痴迷于技术的 7 岁儿子。他对自己的儿子非常关心，但他儿子只要醒着（甚至在很多本该睡着了的时间里）都在玩电子游戏。

"我求过他，也威胁过他，甚至还贿赂过他。什么用都没有。"他说。"他整天待在房间里不出来。不跟我说话，不跟他妈妈说话，也不跟他哥哥说话，只会在电脑上对着陌生人大吼大叫。"

其实游戏本身不是他最要关注的东西；事实上，他的儿子正在把自己孤立起来，同时也不跟家里任何人交流。技术本身是一种不可思议的工具，具有能让生活丰盈起来的强大力量，但它所取代的东西（跟家人相处的时间、朋友间面对面互动、学习时间、运动时间和睡眠时间）也都非常宝贵，而技术不断地训练大脑去期待不间断的刺激，这实在让人深感不安。在亚当·奥尔特（Adam Alter）的著作《欲罢不能：刷屏时代如何摆脱行为上瘾》中，他谴责了这样一种现象：许多从事技术工作，并且最了解技术力量的人，其实不希望他们自己的孩子使用技术。[6] 他们中有许多人把自家

自驱型成长

孩子送到华德福学校，而这些学校是禁止在教室里使用电子产品的，他们还在家里积极劝阻孩子在 12 岁之前使用电子产品。科技大佬史蒂夫·乔布斯就小心翼翼地去限制自己孩子使用电子产品，而且也不给自己的孩子买 iPad。《连线》的前编辑克里斯·安德森则告诉《纽约时报》的尼克·比尔顿："我家孩子说我和我妻子就像法西斯主义者一样管着他们用电子产品，而我们自己却过分地关注科技前沿动态……那是因为我们俩亲眼看见过新技术有多危险。我自己体会过电子产品给我自己带来的影响，而我不想看到这种情况有朝一日发生在我自己孩子身上。"[7]

　　设备不断更新迭代，技术发展势头迅猛，而我们一直在深入地了解这会产生怎样的影响。我们了解，人们已经意识到不断使用新技术，会对年轻人的大脑产生些什么影响。与此同时，有些人认为电子游戏能够拯救世界，而另外的人则相信新技术正在毒害、侵蚀着我们。本章就将探讨在这两种观点背后的科学。

　　技术可能令人生畏（Snapchat 取代了 Instagram，当年是 Instagram 取代了 Facebook，如今我甚至都不知道什么 App 正在风口浪尖上……也许是 WhatsApp？），也可能令人沮丧（我家孩子在最新的 Minecraft 发布之前其实玩得不错，可如今我们就像回到了原点一样），它还可能激发一种无助的感觉（如果我家孩子周围的同龄人人手一部手机，我怎么拒绝给他也买一个呢？）。以上这些困扰我们全都听到过，但这也恰恰代表我们有了一个绝佳的机会。请把新技术想象成一只野兽，当它被驯服时，就能为孩子的生活带来更多快乐和可能性。学着去驯服一只还要和你共处好多年的野兽，这可是一种不容小觑的技能，而其中的关键，就是要教你的孩子怎样才能保持上风。

　　青少年会发现，能跟人不间断地保持联系，这可太令人兴奋了。快忘了当年的情书和偷偷摸摸传纸条的事吧：人家现在可是随时随地都能互通互联。我的一个家里有保姆的朋友，见识到了新技术是怎样帮助他家保姆在一个陌生的新国家度过了自己的融入期的，他对此十分惊讶。他家保姆只有 18 岁，这是第一次离开老家，但她还是加入了 WhatsApp 的聊天群，还很方便地结识了其他的互惠女工（这个群一瞬间就能建起来），她还把照片发布在 Instagram 上，这样她的父母和朋友只要"关注"她就能了解到她的最新动态。

就算你并非跟家人远隔千山万水，也能从社交媒体中深深受益。害羞的孩子在网上互动时，往往会更加积极，孩子还能通过组建学习小组和分享彼此的笔记来获得帮助。[8] 还有些孩子可能觉得自己被边缘化或被他人疏远，他们也能在网上与那些跟他们有同样境遇的人取得联系。

就在几年前，儿童和青少年人群似乎花了很多时间在电子游戏上，当时的人们觉得，游戏就是玩玩的东西，在孩子长大后，又能产生什么影响呢？但随着电子游戏产业如今已经成为价值 200 亿美元的产业的一部分，情况早就不复当年了。这意味着会有很多的工作岗位以及职业的游戏玩家，能通过从事他们激情所在的相关行业来谋生。在一些电子游戏竞赛中，整个"奖金池"可能价值高达数百万美元。比尔咨询过一个非常聪慧的 21 岁青年，他每天要花好几个小时来玩一种交互策略游戏。作为玩家，他在全世界的排名能进到 1% 以内，但用他自己的话来说，他还远没能达到成为职业玩家的水准。他的计划是：要么成为顶级游戏玩家的经纪人，要么获取必要的培训和经验，以便将来能给游戏竞赛当解说员。

有很多电子游戏真的"很难玩"，要用到诸如模式侦测、手眼协调和假设构建等认知技能，这也就可以解释贝斯·伊斯雷尔（Beth Israel）医疗中心的一项研究发现，为什么如果腹腔镜外科医生每周能玩超过三个小时的电子游戏，在手术中的错误要比他们那些不玩游戏的同事少 37%。[9] 这一领域的杰出研究者之一达菲·巴佛利尔（Daphne Bavelier）指出，玩动作游戏的玩家必须掌握怎么去快速地做出决策，合理分配自己的注意力，以及怎么才能迅速把关注点切换到某个非常具体的聚焦点上。在实验室里，

自驱型成长

她和她的团队发现，每周玩动作类电子游戏（第一人称射击游戏）5～15 小时，人们就能有更强的能力，去感知突出细节和记住见过的标记。同时，游戏玩家还能更好地过滤掉那些不相关的信息。[10]巴佛利尔在报告中讲，在多任务处理方面，游戏玩家似乎也更有效率。（虽然这仍然不如每次专注做一件事更有效。）[11]

　　游戏设计师、演说家和作家简·麦格尼格尔（Jane McGonigal）从不掩饰自己对电子游戏的倡导，她认为人们玩游戏能广泛开发四个有用的特质：①成功在即的紧迫感——立即采取行动去解决障碍的愿望，同时坚信自己可以成功；②强化的社交能力——研究表明，在我们与别人玩游戏之后，即使赢的是对方，我们也会更喜欢他们，这是因为一起玩游戏会建立信任感；③越玩越带劲——我们更乐于努力赢得胜利，而非放松或闲逛；④史诗般的意义——玩家更喜欢依附于那些令人敬畏的宏大任务。麦格尼格尔说，这四个超级影响力能把人塑造为"被超级赋能又心存希望的个体"。[12]想象一下，如果我们能够从整个地球的利益出发，去引导这种能量，那我们能够取得多么辉煌的成果。

　　从脑科学的角度来看，电子游戏会让多巴胺水平达到峰值并引发心流。这两种表现是需要孩子足够专注并长时间思考才能获得的。对于许多孩子来说，电子游戏就是他们能体验到控制感的最好的场所。游戏设计师通过将游戏的难度调整到与玩家技能水平匹配的程度，来创造一个让他们专注、努力并参与其中的完美环境，因此游戏设计师往往要通过长时间的程序开发来激发出玩家的"完全沉浸感"。他们还给玩家提供了一个安全的环境，在这里犯错没什么丢人的，反而还是一种让你学到新技能并玩得更出色的手段。科学家已经得出了结论，游戏满足了人们对能力表现和控制感的需求——同时，多人游戏也满足了人们对关系的需求。（回想一下我们在第 5 章中学过的知识，以上这些都是动机的重要驱动因素。）

　　但是，在这方面仍有许多工作要做，而且尚还没有令人信服的证据表明，在玩电子游戏时人们所感受到的控制感和动力感，能转化到现实生活中去。除了能提升手术能力之外，没有证据表明游戏玩家可以更加专注或精准地去完成与游戏无关的任务。甚至麦格尼格尔本人都承认，游戏玩家的四种品质在我们的实际生活中，在这个没什么动感的世界中，并没有得以显示。

不过我们有足够的证据来证明：技术正在改变我们的大脑。最近进化出来的便是，大脑的"塑料"部分改变了对经验的直接反应形式。由于技术的原因，今天的孩子对视觉图像有了更好的记忆，并且通过这种方式，学习如何浏览和解码数字化的世界的能力也更强大。数字化内容的轰炸改变了儿童处理视觉信息的方式，甚至也改变了他们的阅读方式。以前的阅读是线性的，不能分心，只能一行又一行、一页又一页地读下去。现在，任何在计算机上花费大量时间的人都不再这样阅读了。他们寻找关键字与链接，随后简略速读。玛丽安娜·沃尔夫（Maryanne Wolf）是一位科学家，她的著作《普鲁斯特与乌贼：阅读如何改变我们的思维》是探讨阅读和大脑的最好的书之一，她已经在自己的大脑中看到了阅读模式的变迁。在电脑上忙了一天后，她试着去阅读一本冗长而复杂的小说。她说："我没法强迫自己把速度慢下来，我一直在略读，并挑出关键词，还控制我自己的眼动来以最高速度产生最多的信息。"[13] 这种变化的阅读方式正在影响着每个人，但是拿着 iPad 而不是书本长大的孩子（他们看维基百科而非百科全书）所受到的影响是最大的。

心理学家拉里·罗森（Larry Rosen）和教育顾问伊恩·朱克斯（Ian Jukes）共同得出结论，由于孩子接触了新技术，他们的大脑与父母和前几代孩子的大脑"完全不同"。这种变化的一个表现就是许多孩子无法忍受哪怕一分钟的无聊，也无法容忍一次只做一件事。[14] 但有趣的是，我们大脑中更原始的那部分在过去的 10 万年里，其实一直都没什么改变。我们对压力的反应与我们的祖先在面对猛犸象和剑齿虎时的反应是大致相同的。我们的杏仁核还是会激活我们的反应，让我们吓呆不动或者迎难而上。帮助婴儿与父母之间建立安全联系的大脑系统也仍然依赖于面对面的互动。大脑里帮我们运行生物钟，并确定我们对睡眠是否有需求的部分也没有太大变化。这意味着虽然新技术可能会优化我们大脑的某些部分，但还是会削弱我们大脑其他一些部分所需要的东西。这就是我们即将要讨论的"新技术的弊端"。

新技术的弊端

1881 年（没错，就是这么久远），一位名叫乔治·比尔德（George Beard）的医生提出了一个理论，以说明为什么越来越多的美国人受困于过度紧张的问题。他把罪魁祸首归为新技术：这些新"便利"让生活变得更快，就像铁路和电报一样，也让人们更加关注像怀表这样的小细节。[15] 众所周知，技术的突破通常让人们更多地去工作而非腾出更多的空闲时间。想想蒸汽熨斗的发明吧。它旨在通过使熨烫更容易，来让生活更方便……现如今，人们每个星期甚至每天都开始熨衣服了，而不是每个月熨烫一次。只要做起来容易，我们就会做更多，就像我们愿意发电子邮件而不是写信，愿意发条简讯而非试图通过电话来联系某个人。技术突破似乎在定义上就已经必然让生活更加紧张，因为这些突破加快了人们的步伐并提高了可达成的目标水平。比尔德在历史上最伟大的技术突破，即电灯的推广让我们能不再按大自然的节奏生活之前，就已经开始了对此的思考。

但是，如果你能想象怀表能造成的压力（照比尔德所说，这些表"激发了人们探知确切时刻的习惯，以免乘火车或约会迟到"），那今天人们整天暴风骤雨般地在推特上写这写那，我们的压力水平应该比 1881 年高很多倍了吧。一个典型的成年人每天会检查他的智能手机 46 次。[16] 有

16% 的青少年报告说他们每个小时都要检查一次手机（根据我们的经验看起来，这个数据其实已经很偏低了），还有 50% 的人说他们已经沉迷于手机的使用了。[17]

那么我们如何才能帮助我们的孩子培养出自我控制的能力，而不是每隔几分钟就要看一次 Snapchat 软件呢？即使对于成年人来说，想要适度地使用新技术也被证明不太容易，况且孩子的大脑还没有发育到能够抵抗强迫行为或让他分神的事物的程度。

一旦你刷新自己的电子邮件列表，查看你的短信，或打开你的 Instagram 账户，你就会受到多巴胺的冲击，尤其是在这时碰到什么积极的刺激，这种冲击会更加猛烈。这让人们被卷入一种基本的心理效应——间歇性强化。通过间歇性强化，就算不知道每次执行某个操作时是否会获得奖励，你还是可能会不断去做，而期望此时会驱动着你的行为。这就是为什么驯狗的人会给狗设立一个"头等奖"犒赏系统：如果你想让一条狗执行任务，不要每次它做出行为的时候都给它好吃的，而是隔上三次或五次再给它，这就能让狗更加享受其中。它永远不知道什么时候会得到犒赏，也不知道即将得到的犒赏是什么。所以，当你跟狗说"过来"时，它可能什么也得不到，也可能会得到一大块牛腩肉。这种预期会让它上瘾，所以它每次都会过来。当人们在老虎机前坐了几个小时，当孩子检查他们的手机信息时，其实是同样的效应发挥了作用。孩子收到的信息可能来自妈妈，是提醒他们别耽误了时间。同时也可能来自某个他正感兴趣的男生、女生。每条短信都包含着各种各样的可能性。因此，与生命中的其他阶段相比，青少年最容易受到各种具有潜在可能性的风吹草动的影响，也就不足为奇了。此外，孩子还经常告诉我们，让他们很难停下来查看自己手机的重要原因之一，叫作"FOMO"（the fear of missing out），也就是"害怕错过"。

如果你是个孩子，那情况差不多是这样的：你使用的新技术越多，你的自我调节能力就越差。[18] 你使用的新技术越多，你的执行功能水平（就

自驱型成长

是你的领航员）就越糟糕。这一点很重要：自我调节能力和执行功能水平这两个指标，在所有年级（包括大学）中，预测学术成功的效果是智商所能实现的效果的两倍。

以上是用 360 度的全局视角看待这一问题。接下来让我们利用对技术和多巴胺的普遍认识，探究一下对孩子影响最大的几个技术领域。在如下的五个主要领域里，我们要关注技术和孩子之间的关系。

（1）盯着屏幕是一个独立的风险因素。我们不想让孩子乃至我们自己做太多的事情，都依托于屏幕。

拉里·罗森及其同事的研究表明，屏幕前的时间与身体健康问题、心理健康问题、注意力问题和行为问题的增加呈正相关。[19] 她最近还发表了一篇令人不安的文章，叫作《智能手机是否毁掉了一代人？》。简·特吉（Jean Twenge）（我们在第 1 章中讨论过他们的研究）也认为，智能手机和社交媒体正在让当代的儿童、青少年和年轻人陷入"非常不开心"的状态。她的研究表明，尽管人们通过媒体不断取得联系，但当代年轻人越来越感到孤独、疲惫和被孤立。[20]

不同于阅读或绘画等其他久坐不动的活动，盯着屏幕还会产生一系列生理反应，这让它成为导致许多身心健康问题的独立危险因素。儿童每多看一个小时屏幕，血压就会升高，而每多一个小时的阅读时间，血压则会下降。这些影响跟孩子体育锻炼的时间没有关系。如果你一天有大量的时间都坐在屏幕前，那么花一个小时跑上几圈是远远不够的。[21]

屏幕还带来了各种充斥着暴力的新闻（从鲨鱼袭击人类的镜头到警察枪击罪犯）人们以前在家里从来都看不到这些。《美国国家科学院院刊》的一项研究调查了那些直接接触过波士顿马拉松爆炸事件的人的压力反应，以及那些通过媒体接触本次爆炸事件超过 6 个小时的人的压力反应。信不信由你，后者报告出了更高的压力水平。[22] 你可以滚动浏览一下你的 Facebook 内容提要，无论你是否刻意寻找，都能看到各种暴力死亡或犯罪的链接。这对成年人来说都让人不安，那可想而知对孩子有何影响。

（2）社交媒体将控制权从你手中夺走，还转交给你周围的人。

社交媒体依赖于可量化的朋友列表、点赞数量和我们揪心的关注者清单，对女孩子而言尤其是这样。最近的一项研究发现，花在 Facebook 上的时间越多，你的幸福感就会越低。[23] 如果你在社交媒体上发了一张照片，比如你的三明治，随后收到 17 个"赞"，那你可能会觉得真不赖。但是，如果第二天你发了张三明治的新照片，却只有 6 个人点赞呢？那你就很容易被一连串的问题所困扰：我选错三明治了吗？照片没拍好？我的朋友不在乎我了吗？也许我让他们不高兴了吧，还是我表现得太想让他们点赞了？难道我丧失了与他们的联系？对于我们这些与宝丽来而不是 Instagram 一起长大的人来说，这些问题似乎傻乎乎的，但对于那些在网上进行大量社交活动的人来说，那些高潮和低谷与朋友亲自拥抱或怠慢我们时我们的感受一样真实。

很难想象，心理上的控制点还能外化到比当下更彻底的地步。Instagram 与那些点赞就类似于全天候不间断的选美比赛直播，在你那 867 个在线的朋友中，任何一个都可以靠留下一段讽刺的评论或者忽略了你最近的帖子来告诉你：今天你不怎么热辣。社交媒体把我们的注意力从我们自己的经历上转移开来（我喜欢吃这个三明治吗？我喜欢那个跟我共进午餐的人吗？），重新定位到其他人对我们经历的种种看法上。青少年已经倾向于深切关注他们的同龄人对他们自己的看法。通过将更多的生活细节公之于众，他们一步步放弃了那些仅属于他们的有限的生活元素。

有一期《华盛顿邮报》的内容振聋发聩，杰西卡·康特雷拉（Jessica Contrera）追踪报道了 13 岁的凯瑟琳·波米芙琳（Katherine Pommerening），她用手机作为生活中的社交纽带。像许多青少年一样，凯瑟琳会仔细甄选她想要在 Instagram 上发布的照片，挑出她认为最喜欢的照片："对我来说，100 多个赞就算不错。"她还描述了评论中"tbh"

的重要性，这代表着"被倾听"或"说实话"。"如果有人说，'tbh，你可真漂亮'，那就差不多算是在评论中证明了你的水准。随后人们可以看着这条评论说'嗯，她真的很漂亮。'"[24]

毫无疑问，中毒的社交媒体用户（他那成千上万的朋友或粉丝中的任何一个人都可以本能地评价他们），自然会不成比例地遭遇焦虑、抑郁和自恋的问题。[25]现实如此惨淡，可惜孩子甚至都不这么认为。在最近一项针对13~30岁人群的民意调查中，大多数人报告说他们感觉自己被线上社交档案界定了，因为总是不得不忙于打理，以至于完全无法放眼于其他事物。[26]

（3）技术挤占了大脑本该用来培养健康的控制感的时间。

技术让孩子无法获得我们所知的健康发展所需的东西：睡觉（至少有84%的青少年手机用户睡在自己的手机旁边，青少年每晚平均在睡觉后还要发送34个文本信息）、[27]运动、彻底的停工期、非结构化的由儿童主导的游戏，以及与朋友和父母在现实生活中面对面的社交互动，最后这一点对于压力来说，是一剂强大的解毒药。

虽然社交媒体是女孩更关注的东西，但男孩往往把电子游戏看得更加重要。电子游戏开发者都是掌握了与动机相关的科学知识的天才。他们知道怎么让你参与进来，怎么给你合适的奖励，才能让你停不下来。而且正如我们已经看到的那样，因为青少年还没有完全发展出至关重要的自我控制能力，他们真的特别容易沉迷，玩得完全停不下来。先撇开第一人称射击游戏会导致孩子更有攻击性（我们相信的确如此）的观点，以及孩子从玩电子游戏中能获得的好处（这是实打实存在的），电子游戏依然问题很大，它甚至能让大约10%的孩子真正成瘾。[28]像魔兽世界这样的多人角色扮演游戏尤其如此，这些游戏让玩家身临其境，还可以提升玩家与玩家之间（包括在其他国家和不同时区的玩家）的关联度。几年前，比尔的一位同事对一个23岁的年轻人进行了评估，据他的父母说，这个孩子4年都没离开过自家的地下室。他花了太多时间来玩魔兽世界。这个家庭最终还是从马萨诸塞州搬到了马里兰州，这也是让孩子彻底休息下来的策略的一部分。

新技术与睡眠问题密切相关。发表在《美国医学会杂志》上的一项研究调查了 20 项研究的数据，而这些研究涉及超过 125 000 名 6～18 岁的儿童。研究人员发现，如果孩子每周有 3 次及以上在就寝时间打开屏幕看过，其睡眠不足的风险就增加了 88%，同时睡眠质量过差的风险增加了 53%。哪怕不是使用这些设备，调查结果仍然成立。只要在卧室里放一部手机或平板电脑，就会增加睡眠问题。[29] 该研究论文的第一作者本·卡特（Ben Carter）在接受《纽约时报》采访时说："当前最重要的是我们需要一个公共政策来要求父母把在睡觉前移除电子设备变成一种大家可接受的例行步骤。"[30]

　　有一次，我在向台下的父母和专业人士讲授睡眠与睡眠障碍时，第一次见识了电子游戏有多么让人放不下。在问答环节中，一位母亲站起来说，她家处于青春期的儿子已经状态很差，连续好几周都起床困难。因此，她准备找找当地儿科医疗系统的睡眠障碍诊所，给孩子做个广泛性睡眠评估。结果评估员告诉这位母亲，在评估期间，她儿子承认自己定了一个子夜一点的闹铃，与来自世界各地的玩家一起玩某个互动角色扮演游戏，直到凌晨四五点，然后再告诉自己的父母他一晚上都失眠，根本睡不着。最终的诊断是"伪装睡眠障碍"。

　　　　　　　　　　　　　　　　　　　　　　　　　　　　——比尔

（4）新技术似乎会降低共情能力。

总看屏幕而不看人，这对我们孩子的同理心水平产生了可测量的影响。在过去 30 年中，大学生所报告的同理心水平下降了 40%，其中大部分都发生在过去这 10 年里。[31] 这种现象很容易就能与面对面交流的减少联系起来。想一想：如果有个人在网上很残忍，他就不必眼睁睁地看到自己耍狠的对象。

麻省理工学院的心理学家雪莉·特克尔（Sherry Turkle）同时也是《群体性孤独》和《重拾交谈》两本书的作者，她指出人们正在步入"沉默的春天"。在雷切尔·卡森（Rachel Carson）看到新技术对环境的破坏之后，特克尔看到了新技术对同理心的侵犯。她报告称，82%的美国人表示通过社交媒体进行交流会降低其谈话质量。当她为《重拾交谈》一书采访人们时，受访对象会一次又一次地说："比起说话来，我宁愿发简讯。"但恰恰是通过对话和面对面的互动，我们才学会了亲密感和同理心。

（5）新技术可以轻松提供色情内容的入口，从而引领愈发暴力的性文化。

新技术的黑暗面一直越来越黑暗。色情内容随处可见，以致渗透到了它不该出现的地方，以及我们没有主动寻找它的时刻。《美国女孩：社交媒体和青少年的秘密生活》一书的作者南希·乔·塞尔斯（Nancy Jo Sales）认为，色情内容正在使一种新的性暴力愈发正常化。想想所谓的"贱人页面"吧。如果你不了解这个东西，那你应该去接触一下。贱人页面是指某个人（通常是男孩子）在学校里收集女孩的裸体照片，随即在线发布出去。这并不是得到双方同意的分享，有的女孩甚至对此都不知情。出于这个原因，我们强烈建议让你的孩子知道，你会检查她收发的文字信息和社交媒体内容，直到你感到没有安全风险为止。顺便说一句，这种做法完全符合保障孩子控制感的原则。第一，你事先让他们知道了，而非狡猾地去私下检查他们的电话；第二，你已经事先声明过，在某些领域中，他们仍然需要"辅助轮"的帮助。正如我们在第3章中所述，给孩子控制感并不意味着要放弃所有的限制和规则，为了能让孩子自己获得安全感，他们需要知道你会帮着他们在深水中继续航行。也许，已经没有比新技术更深的水了。

驯服野兽

现在大家已经清楚地了解了我们正在处理的事情了（有好的一面、坏的一面抑或丑的一面），我们可以设计一种方法来帮助我们的孩子去驯服野兽，使之迎合他们，而非对抗他们。

"这事听你的"这一原则仍然适用于新技术：在安排规划的时候要非常周到，跟孩子一起做出各种设定，这才能让孩子遵守这些安排。

孩子需要父母提供帮助。大多数人都能认识到，自己用起电子产品来就没完没了。但在某些时候，这也倒逼他们不得不学会自我监督，自己给自己设限。毕竟就算他们连自己玩游戏或刷社交媒体都管不好，你也没法陪着他们一起去上大学，并监督着他。随着时间的推移，你本人必须要放松管理。进步需要一个过程，而这里有一些教给你的孩子（也许你自己也用得上）如何驯服新技术这只野兽的最佳技巧。

打铁还需自身硬

首先你要认识到在新技术方面，你很可能有着一些不健康的习惯——大多数人都这样。在英国的一项研究中，60% 的家长担心他们的孩子会在屏幕上花费太多时间，而 70% 的孩子则认为他们的父母使用了过多的新技术产品。[32] 你自己必须把自己打造成一个负责任的新技术使用模范。跟你的孩子聊聊，人们在使用新技术时普遍都面对矛盾，包括你自己也是一样。告诉他一些对你有用或对你所认识的人有用的小妙招。要给你的孩子这样的许可：如果他正跟你说话，而你却在看手机，那他完全可以提醒你让你别看了，而且你还要为此道歉。让他们看到你自己有多努力去处理跟电子产品的关系。有一次，我们的一个朋友和她的家人一起外出度假，她把电话给了她丈夫收着，以便眼不见心不烦。因为她知道只要自己能够碰到手机，她就想要查一下自己的电子邮件，这会让她抽离此刻只关注自己家庭的重要时光。

寻求理解

虽然儿童往往能适应父母的习惯，但很多青少年做不到这一点。相反，他们更多地会和同龄人保持一致。他们要学着在他们自己生存的世界中追求成功，而不是在你当年长大的那个世界里。他们必须要掌握一整套社会规则和运转方式，而这些规则和方式可能对你来说会很陌生。寻求理解现在的孩子，这样你就可以带有敬意地去帮助你的孩子在适当的时候关掉他手上的电子产品。

如果你已经是十几岁孩子的父母，那么要了解到，互联网上是你家孩子最常社交的地方。就像你家女儿如果正在跟她的朋友聊天，而你不会无端打断他们，来上一句"别说话了"；在她给朋友发信息发到一半的时候，你也不能打断她，要求她别打字了。

谈到电子游戏时，我们听到很多家长都说："这样玩游戏，他就是在浪费自己的生命。"他们与孩子在对话中采用了缺乏尊重的语气。相反，去和你的孩子一起玩玩电子游戏吧，并试着了解它的吸引力。你可能会感到很惊讶，发现自己也能"玩进去"，这个游戏真的很有趣，于是你就能知道它对孩子真的很重要，但是更重要的是不要变得对它产生依赖。表现出对游戏既有兴趣还很通晓，这将有助于你有效地跟孩子协商玩游戏的限制，并在出现问题时进行有效的干预。当我们的孩子得到了尊重，并且在情感上跟我们保持亲近，我们就能够更好地影响他们。出于以上原因，我们要了解一下孩子的兴趣所在，但最重要的是，我们这样做，真的能让孩子获益。

回归自然

比尔的儿子在大学毕业后参加了为期 3 个月的户外领导力教育培训，他回家后讲，他讨厌自己的手机。在没有手机的情况下度过了 3 个月，他喜欢上了那种没人打扰、做事情不被打断以及重归自然的自由感。大自然有一套让我们复原与放松的手段。这不算什么新发现。在乔治·比尔德于 1881 年出版的关于紧张感的书中，他写到风的呼呼声和叶子的沙沙声等噪声有着怎样的节奏感，而文明的声音却是"无节奏的、不合理的，因此就算无害，也很烦人"。[33] 研究表明，孩子在沉浸于自然环境之后，甚至在看过自然界的海报之后，其感受和表现都能得到提升。[34] 在日本有一个专门的术语——shinrin-yoku 来（即"森林浴"）形容这种效应。行走在大自然中，我们可以"清理"杂乱的前额皮质，让自己平静下来，让自我回归到中心地位，并让我们在需要用到工作记忆的任务或测试中表现得更好。还有一项研究则显示，在无科技夏令营中度过 5 天后，孩子的同理心得到了改善。[35] 我们自己就认识几十个得了"新技术病"的孩子，他们参加了这种夏令营，并报告说在度过第一周后，他们甚至一点都没想念过自己的手机或游戏。

如果你不喜欢背上背包去旅行或徒步，你也依然需要努力规划你和自家孩子体验一次被自然美景所包围的短途旅行，哪怕目的地就是个城市公园。你或许觉得这么做起不了什么作用，但请相信我们，这么做是有用的。与此同时，你在公园、河流或海滩停留的时间越长，你就越会注意到它的效果。

告知而非说教

你的工作并不是要告诫与教授孩子该怎么用电子产品。你最该做的事情，就是表达对孩子能管好自己对新技术的使用的信心，并给他提供帮助。

作为一个顾问，你并不需要做决断，而是要尽到告知与建议的责任。这么做总是能得到出人意料的好效果。

奈德有一个学生，之前被安排在学校参加 ACT 考试，但这门考试并不是在周末组织的。所以她不得不先在学校挨过这漫长的一天，才能在上学日的晚上参加考试。幸运的是，在校的最后这段时间没什么安排，所以有了一个多小时的时间来准备考试。奈德担心上了一整天学后她的大脑已经非常疲惫了，而且他知道对方是一个对新技术上瘾的孩子，这一个小时她很可能会靠盯着手机度过。所以他告诉她，如果她没有离手机远远的，那在这一个小时里，她脑子里都会发生些什么事情。然后他问："你需要我提点建议吗？"她表示有这样的需要。"在一个完美的世界里，"他说，"你大可以睡个好觉，起床，热身，享用美味的早餐，然后再去参加考试。在参加 ACT 考试之前，你不会先上这一大堆课，也不会与老师和朋友有什么互动，更不涉及在学校里的鸡毛蒜皮的事。而这就是我给你的建议。最后一节课后，要关掉手机。把手机锁在你的储物柜里。然后，因为我知道你学校后面有个小树林，所以去散散步吧。比如溜达 15 或 20 分钟。在树林里走走会让你的大脑释放一下，暂时忘记那些你一直想'放在心上'的所有事情。通过清理头脑，你就能有更多的头脑空间，也就能够更清晰地思考，并在考试中表现更棒。"她最终的考试分数远超自己的预期，对自己当天的考试表现也非常满意。

通过合作达成解决方案

几年前，詹妮尔·伯利·霍夫曼（Janell Burley Hofmann）借着给 13 岁儿子买了第一部手机的机会，给他写了一封信，这封信在《赫芬顿邮报》上发表后，像病毒一般扩散开来。信里充满了温暖、幽默和一些好建议："不要在短信、电子邮件中，或通过这个设备的任何传播渠道中，讲那种你不会在跟人家面对面时所说的话。"在她儿子最终接受并签约的协议中，总共包含 18 个要点。这封信的受欢迎程度说明了这类场景对于诸多家长来说，都深有同感。我们在此不再赘述霍夫曼女士的情况，但我们依然建议你要更进一步地执行这种理念，自己与孩子共同来设置一份协议。如果围绕新技术使用这个议题，他们本人参与做出了相关决策，那么他们就会批判性地思考自我监管的必要性，并且也更容易坚持协议的约束内容。

如果你单方面地去压制孩子，他们就更容易奋起反抗。比尔多年前目睹过一个孩子为了绕过父母对看电视的限制，会经常做出种种努力。父母把电视机锁进柜子里，他就叫了个锁匠上门。父母剪断了电视闭路线，他逃课打电话给有线电视的供应商，把线路修好了。关键是，他总能比自己的父母领先一步——这可是 20 年前的事，当时家长实际上还是可以把电子产品一锁了之的。

不要试图在争执中，或者在你要求孩子关掉电子产品时费劲寻求解决方案。与任何类似的对话一样，双方都没有燃眉之急，以及没有什么需要立即采取的行动时候，才是合适的时机。

作为父母，你不应该同意任何让你感到不舒服的事，但还是要听听孩子究竟怎么说，如果他的论点看起来挺合理，即使你可能想的跟对方不一样，也大可以先答应下来。

我最近评估了一个名叫伊恩的 13 岁男孩，他在平面设计方面很有天赋。有几家大公司（他们不知道他的年龄）联系过他，还将他的设计作品用于企业的产品目录和视频制作。在许多方面，伊恩都是我见过的最优秀的青少年之一。但与此同时，他总是很冲动，还患有注意缺陷障碍，并且有点强迫倾向，这使他比起大多数孩子来，在管理自己的新技术使用方面遭遇麻烦的风险更大。高强度地使用电子产品让他能够长达几个小时聚焦于处理与设计相关的工作，但也让他很难把注意力"转移"并过渡到没那么刺激的活动上去，比如家庭作业、做家务或睡前准备。虽然他必须要用电脑来做家庭作业和他喜欢的设计任务，但他越是用电脑或手机，就越有压力和感到烦躁。他的父母说他们试过让他别再在床上用笔记本电脑或手机，但这引发了极为可怕的争执，于是他们不得不放弃——放任他不好好睡觉。他们指出，当年他们能够简单方便地直接拿走他的电脑和电话来限制他盯着屏幕的时间，那时他们的儿子是一个更快乐、更讨人喜欢的男孩。

当伊恩的父母询问该怎样帮助他来管理新技术使用的建议时，我问了他们一个熟悉的问题："这究竟是谁的问题？"在这种情况下，答案明显是伊恩自己的问题，因为这影响了他的情绪和他的学业，还影响了爸妈的情绪和工作，这是因为他因使用新技术而引起的烦躁让他变得很难相处。我建议伊恩的父母考虑一下帮助孩子学会以健康的方式来规范他对新技术的使用，这是一个重要的长期目标，不一定要立竿见影。我见过有很多"新技术病"的孩子，已经厌倦了失控，于是限制了自己对电子产品的使用。我告诉他们要与伊恩通过合作达成解决方案，强调他们能理解新技术对他有多重要（以及对他的平面设计工作有多重要），还要强调他们希望能在设定适当限制的时候提供支持。我建议他们集体讨论把计算机和手机的使用保持在健康范围内的策略，并寻求一种双方都同意的解决方案（这种解决方案通常是在讨论进行中得到了双方的尊重，并在结束时得以确定）。我还建议他们坦诚地问问伊恩，如果他限制不住自己对新技术的使用并且似乎有了"新技术成瘾"的问题，他认为应该怎么办。最后，我建议如果伊恩或他的父母认为是技术控制了他（而不是反过来），他们应该去见见一个能跟孩子一起管理他们新技术使用情况的专业人士。终于，伊恩松了一口气。他担心我会坚持让他不再使用电子产品，同时，他也很喜欢与父母一起去寻找解决方案的想法。

——比尔

了解你的杠杆作用

当孩子年幼的时候，你可以不允许他们访问设备，或启用父母限制功能，让他们只能访问被批准的网站，以此来轻松限制他们对新技术的使用。但随着孩子年龄的增长，这就会变得越来越棘手，而对于青少年群体，你根本就无法一直监控他们有着怎样使用电子产品的习惯。

但有一件你能做的事：一直要知道他们的密码，并让他们知道，你会永远知道这串密码。如果你还要给他们的信息流量付费，你可以把这当作让他们好好使用电子产品的条件。如果他们不在晚上把手机收起来，那你就不给他们付账单了。正如我们在第 7 章中所说，如果你的孩子声称他需要在卧室里用手机来设置闹钟，那请你直接买一个闹钟。最重要的是，要让你家的高中生知道，虽然你期待他们能获得良好的教育，但直到他们能够证明自己可以很好地调控自身对电子产品的使用，确定不耽误自己好好成长，你才会把他们送到学费高昂的好大学去。因为一旦他们做不到，那也是浪费他们的时间和你的金钱。

一些常见问题

"每天允许有多少看屏幕的时间？"

这个问题很简单，但是答案很复杂。以前，当父母向我们询问打电子游戏的时间时，我们建议每天不超过一个小时。但后来我们听说孩子会感到很沮丧，因为要花一个半小时才能在他们最喜欢的游戏里打到下一个级别。所以这里没有正确答案，但我们确实能提供一些指导方针。首先，鼓励家庭中的每个人都制订电子产品使用计划。与你的孩子一起来做这件事会很有帮助，这样一来，他们就能看到你在监控你自己的使用情况。我们建议他们首先要确定他们需要睡多少个小时，以及他们想要花多少时间来参加体育活动或其他用不上电子产品的休闲活动，还有他们需要花多少时间在学校作业、晚餐、家务以及为了上床睡觉和次日上学的准备工作上。这样就可以更容易地去考虑每天或每周要安排多少时间来使用电子产品。我们能做的，就是规划好我们所知道的重要事情和往后的任务。

对于年幼的孩子来说，回答这个问题会容易些。我们相信，学龄前儿童通过与人交往，以及在可能的情况下与自然界交流，通过戏剧、唱歌、建造和手工，就能发展到最好的水平。没有证据表明幼儿需要新技术的参与才能达成最佳发展，也没有研究发现早期接触过新技术的孩子能受益其中。

"我如何让对电子产品爱不释手的孩子对其他东西产生兴趣？"

对于"合理使用"这个概念，你和那种除了电子游戏什么都不喜欢的孩子可能会有截然不同的认识。对于学龄儿童，我们建议构建一种讨论，让他们认识到你是希望他们能够使用新技术的，同时你也知道这些电子产品对他们到底有多重要。如果你的孩子看起来很喜欢新技术，那可以跟他说："你长大了可能会成为一个搞技术的哦！"然后你可以告诉他们一些你不希望他们错过的事情，比如花时间和家人共处、阅读、与朋友交往或者睡眠。比如这样说："我知道这些游戏非常有趣，而且我不是说你不能玩，但作为你的父母，我担心你还错过了其他一些重要的事情。所以，如果我们可以谈谈你一周要有多少时间来享受你想玩的游戏，并且理出每周你要做的其他事情，那就再好不过了，这样我就不用担心你了。如果我们都能就这个计划达成一致，并且你还能坚持下去，那我就不来打扰你啦。"

"我倒是想限制孩子看屏幕的时间，但我孩子的学校要求他用电子产品做作业——有时一做就是几个小时。我该怎么办呢？"

虽然电子产品能用多长时间是一个复杂的问题，但我们认为成年人应该共同努力去告诉我们的孩子，我们不希望他们把时间全都花费在屏幕前，我们支持家长与学校和管理者一起来讨论这个问题。告诉他们你把孩子的健康放在首位，并告诉他们已经有研究表明孩子在屏幕前花费太多时间是有害处的。同时，你要为你的孩子能不通过电子产品完成作业提供解决方案。你要与其他的家长以及校长就这一问题开展对话，同时要与其他对此问题与你保持同样关注的父母一起努力，这样你的孩子就不会觉得自己是被单独挑了出来，也不会觉得是父母保护过度。[36]

"我的女儿才上五年级，但她非常想要一部智能手机。她说她班上的每个人都有，所以觉得自己格格不入。但我认为五年级的学生太小了，还不能用手机。我该怎么办呢？"

最重要的是，你不应该做那种你自己觉得不对劲的事情。比尔的孩子上高中时，他们常常抱怨自己是全年级唯一没有车开的孩子。但比尔本人为这件事感到非常自豪，他认为从长远来看，这么做帮助了他的孩子，而非伤害了他们。关键是，就算其他父母觉得可以，也并不意味着你就不能拒绝。

与此同时，你还要对需要解决的问题保持开放的态度。如果你的孩子觉得自己被外界忽略了，那么要探索她这种想法的来源，要表现出同理心，并解释说你并不想让她感到难过。考虑一下让孩子一步步认识手机这种东西。很多孩子都在用他们的手机发短信，所以第一部手机也许能通话和收发短信就够了，不用加上互联网的功能。

我们还建议你与孩子的老师谈谈，看看孩子所说的内容是否属实。你的孩子真的是因为没手机而被孤立了吗？

你还可以和其他家长聊聊。他们的孩子用手机干什么？这会引发问题吗？通过讨论来形成某种联盟，以给孩子使用手机设定类似的标准和限制。

父母在电子产品的处理上聚在一起，能起到不错的效果。而一旦父母和孩子在这个主题上聚在了一起，那效果会更好。

"我不希望因为我限制了孩子对新技术的使用，导致他没掌握需要精通技术的种种能力。我听不少人说通过接触新技术，能提高孩子的多任务处理能力。那我的孩子难道不需要接触电子产品，才能跟得上吗？"

让我们放下这种恐惧吧。在硅谷的华德福学校不能接触电子产品，而其中 75% 的学生是科技企业高管的孩子。当被问及他们是否担心自己的小孩会落后于他们本人的技术能力水平时，这些技术人员说他们已经让对技术的学习变得非常容易，孩子以后肯定能迅速赶上来。[37]

虽然玩上几个小时的电子游戏似乎确实能让你更好地处理多项任务，但这时你仍然表现得比一次只完成一项任务要糟糕得多。如果需要有意识地思考，那你就不能一心二用，所以实际上"多任务"属于用词不当。如果你试图同时关注两件或两件以上的事情，那么你实际所做的就是在任务之间快速转换。多任务处理会同时影响学习和表现的质量。采用多任务处理其实非常低效，人们会犯更多错误，任务最终处理起来也会更慢。[38]多任务还限制了深层思考和抽象思维的水平，以及表现出创造力和提出新创意的机会。[39]这可能就是为什么当今青少年被称为"App 一代"，他们会回避那些没有直接与简单粗暴的解决方案的问题。[40]最令人担忧的是，多任务处理已被证明会提高皮质醇水平，这就意味着这么做还会给神经系统带来更大的压力。冥想和正念如此受欢迎的一个主要原因，就是它们对多任务处理而言扮演着强有力的解毒剂的角色：它们强调体验当下，而非三心二意。

"我该怎么判断我的孩子是否沉迷于新技术？在什么时候我需要去寻找专业帮助？"

根据技术类型的差异，相关数据有所不同，但英国的一项研究显示，对在社交媒体上花费 3 个小时或更长时间的孩子而言，其心理健康状况不佳的可能性是别的孩子的两倍。[41]道格拉斯·金泰尔（Douglas Gentile）等研究电子游戏成瘾的学者则会使用如下这些评估标准，如：

（1）在花了多长时间玩游戏这件事上说谎。

（2）为了获得兴奋感，花费越来越多的时间和金钱。

（3）玩的时间减少时，会烦躁或不安。

（4）通过游戏来逃避其他问题。

（5）为了能玩游戏，不再做日常工作，也不完成作业。

（6）偷游戏，或者偷钱买游戏。[42]

最容易在电子游戏、社交媒体或互联网方面发展出成瘾情况的孩子通常具有某些特征，例如易冲动、社交能力低下、压力耐受性低下、认知灵活性差，以及存在社交焦虑。男孩会比女孩更脆弱一点，而且遗传因素也在发挥作用，尤其是涉及调节多巴胺系统和影响能参与情绪调节的血清素受体的基因。[43] 灵活度低、有强迫性思维和多巴胺系统敏感的孩子尤其难以为自己设立限制，特别容易产生滥用或上瘾的情况。比尔已经评估了许多这样的孩子，他们曾这样说："我可以停下玩游戏，但我停不下来想游戏。"

如果你认识到自己的孩子容易过度使用电子产品，那么与他协商出一些硬性限制就非常重要。他必须遵守已和你商定的限制，以便还能继续使用电子产品。在某些极端情况下，例如一个孩子会因为父母拿走他的游戏手柄而威胁父母时，家长就应该寻求专业帮助了。我们还建议要帮助你的孩子发展社交技能，因为许多人转而沉迷于新技术，就是因为这是他们唯一能感到舒适还能联系上其他孩子的环境。

另一种文化上的转变

许多青少年会探讨新技术的影响力以及抵制其消极影响的必要性，这让我们愈发感到乐观。如今有一个"反其道而行之"的运动，我们也希望这会让父母更容易对新技术施加限制。在一项针对年轻千禧一代的研究中，有 80% 的人表示需要放下电子产品并开始享受一些简单的事情。[44]

在千禧一代中，烘焙、缝纫和手工艺等更安静的实践活动已经越来越受欢迎。甚至零售业也正在加入这一去科技化运动，越来越多的商店和餐馆开始将自己打造成无科技品牌。我们知道有几家餐厅会不留情面地要求禁止使用手机，而西雅图有一家桌面游戏商店（具有讽刺意味的是，这家店还是由微软发起的）则使用了这样的营销口号："不插电，再重连。"

也许我们最喜欢的去科技化运动的例子来自马里兰大学的女子篮球队，几年前她们在比赛期间自愿放弃使用手机，还引起了媒体圈的轰动。"不再用手机可能是我们作为团队所做出的最好的决定之一，"后卫莱克西·布朗（Lexie Brown）接受《华盛顿邮报》的采访时这样讲，"我的意思是，虽然我喜欢我的手机，但这件事告诉我，我并不需要它。"相应地，队友玩纸牌游戏并且互相交谈的次数比用手机的时候要多了不少。而另一位队员讲："当我们拿回手机时，我们简直就想把它立刻还回去。"[45]

今晚怎么做

- 举行一个家庭会议，讨论该怎么设置不适用电子产品的时间或地方。至少在用餐期间或在卧室里不应该有手机，但你可能还想为全家人开辟出更多无手机的区域。有一位朋友的妻子是这样说的："上沙发就别拿手机。如果你人在沙发上，那就跟我说说话。"

- 成为健康使用新技术的好榜样。例如，开车时不要发信息。如果你需要在车里给人发简讯，请务必先停好车。如果你的孩子走进房间时，你正在用手机，请先停下来跟孩子打个招呼。如果你需要检查一下手机上的信息、电子邮件或提醒，请先征询他人的同意。"我看一下手机可以吗？可能是爸爸找我们。""我跟某某说过我要查查她发来的信息。"

- 尝试周一到周五每天至少与孩子一起体验30分钟不插电的"私人时光"，而到了周末每天至少要安排出一个小时，这段时间里不能接打电话或查看手机。考虑在周末的时候（例如，星期日上午9点到中午）定下一段时间，作为无电子产品时间段，"而是做做煎饼，读读书，玩玩游戏的专门时间"。如有必要，请与你的孩子协商出不用电子产品的最佳时间段。如果让你的孩子放下手机很困难，那请让他设一个计时器来提醒他每10或15分钟才可以查看一次手机。在我们看来，10~15分钟看一次似乎还是很痴迷，但只要你别那么死板，很难在不用电子产品的时间段里坚持下去的孩子就不会那么反感了。我们既要尊重也要理解，即使是在短时间里不使用电子产品，对他来说也可能很难。

- 外出时，要指出某个人因为使用电话而忽略了另一个人的社交场合（比如糟糕的约会、父母忽视了孩子的足球比赛、音乐会，以及每个人都在打电话的星巴克）。然后问问孩子："你觉得对方会有怎样的感受？"

- 如果你打算给年幼的孩子买部手机或提供给他互联网的接入手段，请学习一些相关资源，比如亚当·布莱特（Adam Pletter）的 iParent101.com，以及美国儿科协会的媒体和儿童沟通工具包，以进一步教育孩子如何使用他会接触到的游戏与应用程序。娱乐软件评级委员会（esrb.org）提供有关怎么在游戏里设置家长控制的相关信息。我们推荐的其他资源还包括 OnGuardOnline，它提供一些可以保护计算机的提示；Common Sense Media 对程序和应用程序进行了评级；iKeepSafe.org，可提供用于保护孩子线上安全的信息。最重要的是，要和你的孩子谈谈，让他们知道，帮他们学会如何善用技术，这是你的工作。可以这样说："这个小东西里面有个大世界。如果你在上面遇到一些让你觉得害怕的事，那我希望你能告诉我。"

- 要让孩子知道你会随机检查他们的简讯和 Twitter 页面，直到你觉得他们没有以对他人有害的方式来使用这些东西，或者他们的所作所为容易让自己受到伤害，然后要说到做到。

- 提前跟孩子说好玩电子游戏的规矩，关键点是不要在该退出游戏的时候弄得大家不愉快。

- 如果你的孩子存在电子产品滥用的情况，请考虑咨询心理咨询师或辅导员。

第 10 章

锻炼大脑与身体

精英运动员往往会做一些乍看之下让人费解的训练动作。

他们不去练举重用的杠轴，而去练习瑜伽球，而且总是在调用又大又显眼的肌肉之前，先练习和调节身上的小块肌肉。如果人们未经专门训练，甚至都看不出来这些小肌肉有健美的效果，但这些肌肉能使运动员更不容易受伤。哪怕是个拳击手，如果不在意这些小肌肉，在把孩子从浴缸里抱出来的时候也可能闪了腰。对于在街角走着走着竟崴了脚的那个跑步运动员来说也是同样的道理。虽然他们的整体状态非常好，但可能忽略了要保持良好的根基，这样一来，身体其他部分的正常运作就得不到良好的支持了。

在本章中，我们将探讨对那些能产生重大影响的小块肌肉加以锻炼的几种方法。我们最终想要的是一个有韧性、大脑健康的孩子，当遭遇生活中的诸多障碍时，不管是大事（比如考不上他们的梦想学府）还是小事（比如在学校里邀请别人当舞伴却被拒绝了），他们都该有个好底子。我们希望能帮我们的孩子构建一个既能够巧妙思考，又能从各个方面抗住打击的大脑。虽然我们希望他们一帆风顺，但我们也并不希望我们的孩子在事情发展并不如他们所期待，没有获得希望自己想要的结果时，表现得惧怕风险，甚至直接崩溃。

大多数孩子都没有被教授过赋能增效的心理策略，比如提前做计划并将目标可视化，反驳消极思想，以及在你想要的东西没达成时，你该怎么想怎么做。本章列出了我们这些心理学家和教育工作者在接待孩子时，以及在我们自己的生活中都靠得住的一些成功策略。我们借鉴了在成功心理学领域中颇有影响力的作者的观点，如史蒂芬·柯维、博恩·崔西（Brian Tracy）、阿黛尔·戴蒙德（Adele Diamond）和丹尼尔·西格尔（Daniel Siegel）这样的神经科学家。你可能已经听说过，甚至已经使用过其中的一些方法，但你可能不知道的是，它们对孩子也同样有效。让孩子好好坐下来并不容易，特别是在他们十几岁的时候，那可以说："亲爱的，让我们来谈谈怎么才能锻炼你的大脑，好吗？"他们很可能会拒绝你，这很正常。但是，了解这些方法策略依然会有所帮助，并且还有一些手段可以让这些方法自然而然地成为你家庭生活的一部分。

练习 1：设定明确的目标

事实上，每个著书立说探讨过成功心理学的人都同意，设定目标至关重要。我们俩都使用目标设定技术和可视化策略来发展我们的业务，我们也恳请你从小就要教孩子这样做。对于一些人来说，写下一个简单的目标列表就很有效。而对于其他人来说，想象一下他们目标的视觉图像会更有效果。例如，想要邋遢的孩子保持书桌干净整洁，那可以尝试在他的书桌收拾整洁后立刻拍张照片。他会把这张照片标签化，并注意到钢笔、铅笔、纸跟家庭作业分别都在哪里。等他下次需要收拾桌子的时候，他就可以看一下图片，再照着打理。出门上学前的准备也是同样的道理。如果他本人也同意不想让准备出门上学的过程总那么难受，那么他可以参考一张他自己已经完全准备好出门的照片，外套穿好了，头发梳好了，背包和饭盒也都拿好了。如果他能看见自己所追求的具体是什么，他就更有可能达成这一目标。这种技术对于那些不能很好地规划、组织自己生活的青少年也很有用，因为在对工作记忆的需求量上，匹配图片低于阅读清单。[1]

至于目标实现的可视化到底多有用，已经存在大量的文献对此说明。这基于大脑无法真正区分实际体验和想象出来的生动体验（这就是为什么我们就算知道那是虚构的，也依然害怕看恐怖电影）。在著名神经科学家阿尔瓦罗·帕斯卡尔-列昂（Alvaro Pascual-Leone）主持的一项非常有趣的研究中，有一组人被要求在一段时期内每天都要弹奏钢琴音阶。而另一组参与者则被要求在没有实际演奏的情况下，靠想象来演奏这些音阶。研究人员发现，两组参与者都表现出了与手指运动相对应的大脑区域的增长。[2] 对于运动员和康复病人来说，这个实验以及类似研究都有着巨大的意义。

一旦孩子长大了点，还会有一种被称为心智对比的目标设定方法，也很有效。心智对比技术由纽约大学的加布里埃尔·厄廷根（Gabriele Oettingen）开发，旨在帮助学生去设定切合实际的目标。[3] 这种方法通过绘制达成切实目标的路径的形式，以保护那些好高骛远的人免于被失望感击倒。这种方法也能有效支持那类整日阴沉沮丧的人——他们对任何目标的第一反应，就是立刻提上十几个理由，来证明为什么这个目标永远达不到。

心智对比的第一步，是让孩子设定他自己的目标。这不该是一个集体目标，也不该受你的影响。这个目标还必须既可行又具有挑战性。

第二步是鼓励你的孩子就他所希望产生的结果，写下几个词。在这个过程中，他们不应该瞻前顾后，而要随心所欲地写下任何想到的东西。

　　第三步是让你的孩子考虑一下，实现这一目标具有哪些内在障碍。请注意，这时你并不是要让他们考虑什么外部的障碍。再一次要求他们拿起笔，在纸上记下这些障碍，考虑自己会受到怎样的影响，以及当这些障碍浮出水面时，他们能做些什么来应对。

　　有时奈德的学生会把他们的 ACT 或 SAT 成绩作为自己的目标。他们随后在第二步写下的话则可能是"冷静""自信"或"专注"。当他们考虑内在的障碍时，就会写下"匆忙""压力"和"困惑"。这样他们在心理上就已经在准备应对考试，还会想象一下那种压力或混乱究竟会是什么样的。然后他们就会想象自己克服这些障碍的情景，或者至少是忍受这些障碍的情景。他们会对自己说些什么话呢？他们又该如何提醒自己使用一些考试技巧，比如这跟与校内考试不同，不会的问题不用答，留出更多时间分配到每个问题上是否才更合适？当他们遭遇障碍，他们的应对计划又是什么？他们已经预见到了潜在的挫折，也能接受发生意外状况，这将有助于他们更有效地去应对挑战。

　　奈德有一个学生受制于社交方面的困扰，还在转学后被诊断患焦虑症，她与辅导员一起通过角色扮演的形式，模拟那些让她不舒服的社交场合，并练习怎么说及怎么做。她练了一遍又一遍。纵然她知道，她很少能有机会去用她所练习的那些话，但是知道该说什么，这就让她不那么焦虑了。这样一来，社交上的遭遇对她而言也就不再那么难以预测了。

　　我们也坚信孩子应该在教室里、音乐室里、运动场上，甚至在自家后院里去设置"个人最佳"目标。并不是说竞争本身有什么不好，你的孩子在她真正想赢的时候，当然要学着如何去争取，但是当她的竞争对手是自己的时候，往往更有效。她可能无法控制其他人练习的努力程度或者水平高低，但是她完全可以控制自己的练习程度，以超越她本人之前的最短时间或最高得分。看到自己在某件事上越来越好，这是非常有益的。事实是，在给自己设立目标这件事上，多年轻也不嫌年轻，多老也不嫌老。

　　奈德常讲他的岳父，一位职业滑雪运动员的故事，他都活到下半辈子了，才决定要投身于单板滑雪中。奈德也曾经决定要试试滑雪。每一个滑雪板新手，在滑了一天后都会知道，这一天过得真的令人非常沮丧。你会摔很多跤，如果你已经20多岁了，你还会浑身湿漉漉的，而且满身瘀伤。但只要坚持了一天，你站直的时间就比一屁股坐在地上的时间要长。在第二天里，你会滑得马马虎虎。但到了周末，你就能从初级斜坡上顺利滑下来，并产生一种感觉，觉得努力真的有成效。学习新技能，并精进其中，这能激发出你内心的动力。

　　这个充满考试的世界对设立个人最佳目标来说，简直是一方沃土。奈德的一名学生艾利逊为了更好地准备 ACT 考试，特地来咨询他。她父母说他们希望她能考到 34 分（满分 36 分）。他问她自己的目标是多高，而她说自己想考到 31 分或 32 分。随后奈德得知，她目前的成绩是 24 分。把目标定在 34 分并没有意义，那是她父母的目标，而非她的目标。但是将她的目标设定为 32 分也没意义，因为这种跨度根本不切实际。他们就这一点谈了谈，最终确定艾莉森的合理目标是考到 28 分。这个分数既符合现实，又具有挑战性。如果她之后能够考到 28 分，那她就能像攀岩一样，"锁定"住。（大多数攀岩者会攀爬一段，再锁定到下段，随后再攀爬，再锁定，循环往复。如果他们掉了下来，也只会下落 3 米左右，而非 60 多米。）从 28 分这个舒适区开始，艾莉森就可以开始为她所取得的进步感到自豪了。然后她就能继续向前看，31 分或 32 分就成了非常合适的目标，她也能够瞄准、拿下，一气呵成。

　　无论是在考场上、斜坡上，还是在你孩子想要学习怎么造车轮的自家后院，这些为他设定目标的方法，让他从 A 点进步到 B 点，都能激发出他的内在动机和控制感。

练习 2：注意你的大脑要告诉你的事

根据我们的经验，当一个孩子理解他脑子里正在发生的事情时，他就更能自控，并且往往能行为更得当，表现更优异。哪怕稍微了解一下大脑（以及孩子自己大脑的独特之处）就可以恢复他的控制感。

即使是幼儿园的小朋友，也能够理解大脑的基本功能。儿童精神病学家、《全脑教养法》的作者丹尼尔·西格尔（Dan Siegel）在孩子面前用四个手指头裹住拇指握拳，并用这种视觉信息来教育孩子，在受到压力时，大脑里会发生什么。拇指代表着强烈的情感，比如恐惧、忧虑和愤怒（其实就是杏仁核，虽然这个词对幼儿园来说难了点）。而它上面的那些手指则代表了大脑的另一部分，以帮助人们清晰地思考，以及解决问题（这是前额皮质）。当人们的担忧或愤怒变得太强烈的时候，其他手指就会失去对拇指的控制，西格尔称之为"滚水冲开了壶盖"。当孩子觉得自己大脑里的壶盖要扣不住了的时候，西格尔鼓励他们考虑一下自己可以做些什么才能平静下来，比如前往一个指定的冷静点，这样他们的拳头就能再次握起来。

比尔测试过一个很具挑战性的孩子本，他是一个 9 岁的男孩。他的父母担心他有注意力涣散的问题，而且容易焦虑，还有完美主义倾向，以及他对挫折的容忍度非常低下。他们迫切地希望了解他们该如何帮助本在家庭和学校中表现得不那么敏感与糟心。

在测试的最初几分钟里，比尔就看到了他们想表达的情况。虽然本思维清晰、表达清楚，但他总是会用这样的话打断比尔："我不擅长这个""做什么事我都慢吞吞的"和"你要给我打个低分了，对吧？"当他要迎接第一个有点难度的挑战时，他猛地一拳捶在桌子上，说："我做不到！"如果比尔给本施压，他就变得非常焦虑不安，都到了马上就要哭出来或闹脾气的地步。

他们间的对话如下。

比尔：我能看出来这让你压力很大。我可以跟你讲讲我的想法吗？

本：行。

比尔：我感觉只要你头脑里没蹦出一个好主意，你就会觉得自己很傻。

本：没错。真是太让人沮丧了。

比尔：我打赌你肯定知道自己并不傻。我觉得，你也许知道自己的词汇量要比大多数孩子大很多。

本：我确实认识很多词汇。有的单词全年级只有我自己一个人知道。

比尔：你所面临的挑战其实是你大脑里的一部分，它叫作杏仁核，为了保证你的安全，它的任务有点过于繁重了。杏仁核是一种"威胁探测器"。它一直在寻找任何可能伤到你或让你感觉不好的事情。它本身无法思考，它只能觉察到可能的危险，当它抓住了什么东西时，就会让你感到压力，这样一来，你就能躲开危险了。我知道有一些孩子的杏仁核似乎发现不了任何威胁，但我也知道有很多孩子的杏仁核非常敏感，几乎发现所有东西都有威胁。而我认为你也有一个非常敏感的杏仁核。

本：我肯定有。什么事都能吓到我，让我心情低落。

你该看看我在学校是什么样子。

比尔：对你来说那一定不容易。咱俩既然要合作，那我们就应该记住，你的杏仁核真的非常敏感，而且它已经超过了它本该有的水平。因此，每当你不能立刻想出答案来，我们就可以提醒你的杏仁核，是它反应过度了——跟我在一起，你很安全，而且你肯定不傻。如果你开始变得紧张、沮丧，或者陷入了困境，咱俩就会知道这意味着你的杏仁核在试图让你感到失望，以免你觉得自己傻，然而实际上你并不傻，所以大可不必感到失落。

本：好的。

当他们重新回到测试中时，过程容易了很多。在那个早上剩下的时间里，本那强烈的完美主义和太低的挫折容忍度甚至成了比尔和他可以一起开玩笑的对象，因为他们反思的是他原始大脑里被误导的功能，而非他性格中的什么缺陷。当比尔在评估后期问到本的社交和情感生活时，他使用了与本有关联的意象比喻（本对爆炸物很着迷）：

比尔：我今天早上在你身上看到的这种挫折感，在学校里总出现吗？

本：是的。我很容易就生气了。

比尔：那你想来一根加长引信吗？

本：什么意思？

比尔：嗯，你知道如果炸弹有一根很长的引信，那就意味着它的爆炸会延缓吗？如果用了一根短引信，那就意味着它一点就炸。我的猜测是你的引信有些短，因为你的杏仁核实在是太敏感了。

本：（比画出约 5 厘米）也就这么长。

比尔：你想加长一下引信吗？

本：那要加长不少呢。

比尔：我们会更多地来谈论这个问题，咱俩也要和你的父母谈谈他们该如何帮上你。我也会帮你找到一个可以指导你变得没那么易爆炸的人。

使用简单的语言和生动的图像，解释情绪的科学规律，都非常有效，因为这能把问题从个人领域转移到科学领域中去。并不是说光凭一席话，本在学校里就能不焦虑了——要延长他的引信，还需要做很多工作。但是给他一个框架，去了解正在发生的事情，这是重要的第一步。比尔最近重新评估了本的情况，他现在已经 14 岁了，并且情绪得到了更好的管控。他仍然很紧张，也很容易受挫，但他也是一个积极主动、非常成功的学生，他还独立自主地打理着自己的生活。值得注意的是，曾经给他带来压力的考试现在变得舒适和轻松起来了。

比尔认为，他工作中最重要的部分之一，就是告诉孩子，他从他们的神经心理学评估结果中知道了什么。当他们了解到自己在哪些方面能比大多数人做得更好，以及还有着什么样的短板的时候，就会让他们更有信心认为自己成年之后还能在这个世界上保有一席之地。

练习 3：练习备选计划思维

我们看到的许多孩子都蒙受焦虑和沉迷的驱使，但卡莉，一个非常聪明、富有创造力、精气神十足的 17 岁孩子，可以说是我们曾见过的最焦虑的少年。她一心只想上哥伦比亚大学，而压力似乎并非来自她父母。在因为词汇问题、数学问题以及应试策略接待过卡莉之后，奈德清楚地知道她对这样一所大学（录取比例在三千分之一）的强烈焦虑和强迫性关注已经干扰到了她好好思考的能力。

几年前比尔给她做过测试，卡莉和她的父母一致认为，回来看看比尔能否提供帮助会是个好主意。她告诉比尔，她课业繁重，没时间去看治疗师，她已经在服用她的精神科医生认为最安全的抗焦虑药物，并且她有好多作业要做，也没法再早点上床睡觉了。比尔和卡莉最后得出的结论是，她与奈德的每次辅导会晤都应该专门留出一部分时间来关注所谓的备选计划思维。卡莉需要考虑一下，如果她没有进入哥伦比亚大学，她该怎么办，并且随着时间的推移，她还要调整好自己对此的感受，甚至对于其他的选择培养出积极的态度。那种如果没考进哥伦比亚大学的担忧可能会彻底击垮她的整个生活，只有放下这种担心，她才能够让压力反应平静下来，才能专注于做对那些她能答出来的考题。

面对潜在阻碍时，要想保持住健康的应对方法，备选计划思维（"如果你的希望没有成功达到，你该怎么办？"）是一大关键。虽然卡莉一开始表现出了抗拒，但她最终还是接纳了这一想法。她开始想象自己在密歇根大学的生活，并选择了它作为自己的替补志愿。她认为密歇根大学拥有出色的校园精神，那里的生活也很有趣，她还被安阿伯那轻松的氛围所吸引。她与刚毕业的学生交谈，还听到了他们曾非常喜欢的一些奇妙机遇。她很高兴地了解到从密歇根大学毕业这个梦想可能会更好，因为在那里她的成绩可能会相对更高一些。当她开始想象另一种未来时，卡莉的焦虑水平便有所下降。

备选计划思维可以帮助你更好地去理解问题。通过设想出不同的未来走向和设置备选计划，孩子（和他们的父母）就能了解到，哪怕首选计划不能顺利达成，那也不是世界末日。备选计划的思考能加强前额皮质调节杏仁核的能力。其实这就是前额皮质的工作：制定计划和目标——如果你的首选没能达成，你还能清楚地知道你该做什么，这样就更容易让你保持冷静和维系控制。对于孩子来说，几乎没有什么能比"我就要，但我就是做不到"的感觉更让他们感到紧张了。备选计划允许你更具建设性地去思考。"如果我不能这么干，那我就能么做……"它还提升了人的灵活度和适应性。随着时间推移，练习备选计划思维能让你变得信心充沛，进而能够更好地应对压力和挫折。

奈德会一直亲身实践备选计划思维，这经常能让他从平日里的场景中（如果我最喜欢的麦片吃光了，那今天早上我要吃什么？）以及灾难性的假设中（如果这架飞机的机尾起火了，我该怎么办？）得以解脱。最终，他收获了掌控感，因为他已预料到并决定了该如何应对各种各样的情况。

对于一些人来说，备选计划思维可能会包括考虑选择截然不同的成功路径。有些人依托不同的路径，最终达成了有意义并幸福的生活，他们的故事是我们能帮你拓宽眼界的重要源泉，我们将在第 14 章中再详细讨论。对你来说，明白美好结局可不止一个，以及拓展你的认知框架，都可以在很大程度上帮你缓解压力。

　　我辅导过一个特别棒的孩子，他叫罗杰，当时他的 ACT 成绩非常差。在分析他考试那天的情况时，我了解到罗杰那天在去考场的路上迷了路。我们当时的谈话是这样的：

　　"我觉得你一开始在路口拐错了，结果这一天都过得很糟糕，"我说，"不过并非每次击球都能本垒打。在棒球比赛里，如果你挥了 10 次棒，击飞或击丢了 7 次，但另外 3 次全都击中了，照样可能会进名人堂。你只要握紧球棒，好好打就行。"

　　"没错，但下次我必须打个好球才行啊。"

　　"好吧，我明白为什么你要这么想。但我是这么想的：你可以在 4 月再考一次 ACT。如果 4 月不顺利，你可以在 6 月再考。如果 6 月进展不顺利，那么 9 月还有另一次 ACT 考试安排。如果 9 月进展还不顺利，那你可以在 10 月继续参加。如果 10 月进展依然不顺利，你可以在 12 月再来一次。但是，如果到了高三的 12 月，你这分数还是止步不前，那我们可能就需要另安排一个计划了。"

　　罗杰笑了。制订 B 计划（或者 C 计划、D 计划乃至 E 计划）非常有帮助。"天知道啊，朋友，"我继续道，"你最好每周六早上抓点紧，要不然就得一遍又一遍得去参加这破考试。对你而言设立一个目标总是很重要的，但更重要的是要意识到你有不止一个机会去做真正正确的事。所以，没错，我们很乐意看到你这次挥棒能有顺利一击，然后你跳上一段庆祝胜利的舞蹈，咱们就完事了。但如果你没能做到，那你还要卖卖力气，再试一次。"

——奈德

练习 4：带着同情心与自己交谈

　　"我真笨。""我简直是个白痴。""我怎么会这么傻？！"我们经常听到孩子发出这样的评论，许多家长在听到孩子长期的自贬言论时都会感到非常绝望。但是先不要急着跟你的孩子辩解。如果你的孩子陷入了这种"我什么都干不好"的恶性循环，你应该这样说："这只是一种看待事物的方式，而我的看法有所不同。如果你想听听，我很乐意与你分享我的看法。"如果你的孩子不想听，那就先把这件事放在心里，再等个更适合的时间来跟孩子谈谈。因为这其实是一个自我控制上的问题，所以强加于人的智慧可能会让他们更固执于对自己的负面看法。

　　开展对话的另一个方法是提醒你的孩子，你也经历过一些困难境遇，可以这样说："当时，我是这样做的。你想听听吗？"再强调一次，如果孩子说不，就请不要继续分享了。但通常这时孩子还是会说愿意听听。

　　如果她愿意聊聊，你可能要这样说："你有没有注意到，我们有时跟自己说话的方式，不同于跟别人说话的方式？想象一下，如果我们同在一个垒球队。有人朝我传来一个普通的地面球，我却让它从两腿之间穿了过去。你会怎么说呢？可能会这样说吧，'没关系。你肯定能接到下个球。'为什么呢？漏接球肯定是个糟糕的错误。但你本能地知道，支持和鼓励会让自己更有可能接住下个球，而非把你的手套丢在地上，再尖叫着说自己的技术有多烂。"

　　教你的孩子像他们最好的朋友一样去支持他自己，说："来吧！你能做到的，希瑟。"采用第三人称自我对话要比采用第一人称自我对话强大得多。如果你的女儿通过名字来指代自己，她就更有可能采取距离更远、更具支持性的朋友立场，而不是当个吹毛求疵的评论员。[4]

　　让我们再深入研究一下，我们该如何处理类似漏接球一样的错误。如果你的孩子认为这个错误没有什么理性的解释，而且自我惩罚说全怪自己太笨，那么他就不会觉得自己有知错就改的能力。因为除了不再那么笨之外，没有什么其他方法可以导致更好的结果。有效的自我对话让他能够保持认可自己的能力，他绝对不笨，他只是没留神犯了一个错误而已。然后他就可以调查一下，究竟是哪里出了问题。这给了他一个缓冲的机会，通过提出究竟是哪里不对劲导致问题发生的具体解释，他就能够找到自己可以在流程中着手处理与改变的地方了。[5]

这里的关键点是要"就事论事"。如果存在一个不会威胁到你孩子的身份认同的因由，他就可以看看到底错在哪里，并吸取教训、继续前进。

练习 5：练习重构问题

我们的大部分工作都是通过指出孩子思维过程中的问题，并让他们重新构建思维以帮助他们更巧妙地思考。想想压力这种东西，就算简单地给不同的压力做标记，都能改变人的表现水平。波·布朗森（Po Bronson）写过一篇报道，专业音乐家和运动员在上场前都会感到焦虑，但是他们会将其解释为一种活力感，而业余爱好者则将其解释为一种负面的感受。[6] 对于前者，焦虑引发了心流，而对于后者来说，焦虑成为一种威胁。不是控制感的高低，而是这种对控制感的定义提高了动机水平，平息了焦虑感受，比起客观事实来，主观感受（好酷！今天现场来了 1500 个观众！）对大脑及其反馈模式产生的影响更深远。

语言是非常强大的。"我想要"比"我不得不"更可取，同时"我宁愿"也比"我不得不"效果更好。"这玩意挺烦人，但它并不可怕"或"这是个挫折，但它不是灾难"这样的话，都有助于人们进行思考。

我们喜欢把生活看作一种"选观点"的游戏。你可以自主决定如何构建各种事件。想象一下，你 16 岁的女儿正在学校跳舞，之前约好她会在晚上 9 点给你发条短信。现在是 9:15，她的短信还没发来，而且也没回复你的短信。胡思乱想她被困在某条水沟里，这样有用吗？并没有用。那她很可能是忘了短信这茬事，而且跟朋友在一起，也没顾上看你的短信，这样想会有用吗？很显然，后者是一个不那么离谱的选项，所以我们大可以选择这样想。这并不意味着事情的真实情况能发生什么改变。但是，在等待的过程中，哪种观点更能让你安心下来？（如果到了 10 点，你还是没有收到她的信息，那你可能会选择更担心一点。）我们的朋友语言心理学家布伦特·托尔曼（Brent Toleman）认为，在任何特定情况下，你都可以选择最有帮助的观点。当你问自己最可能的解释是什么时，你的答案通常并不是什么不可挽回的灾难。的确有时候会发生非常糟糕的事情，但是在你的生活中每天都假设会发生灾难是没有意义的。

你不妨听听我们的朋友亚伦的故事。他有一次去开一个工作上的重要会议，途中车被追尾了。他下了车，对肇事司机并不怎么友善。随后他注意到对方车上有一块"海军陆战队老爸"的牌照。而那个司机在大声地道歉并解释说，他和妻子正着急赶到医院去，女儿就要做手术了。嗖！亚伦的观点发生了转变。愤怒和沮丧让位于关切和提供帮助。我们可以选择把另一名司机看作一个混蛋，也可以看作一个匆忙赶路的正常人。我们可以选择将错误视为我们自身有所欠缺的证据，也可以把它当作我们生活过程中必要的，甚至在无意中还起到了好作用的一部分。

重构包括仔细审视我们自己的想法，并积极将其重新定向。它也是认知行为疗法的基础。正如我们所讨论过的，这也是一个能把正念融入其中的理念。

向你的孩子解释一下，许多身体上的感觉是由思想引起的。帮助他们将这两者加以联系，并让他们在紧张、悲伤或犯糊涂时，留意自己身上相应的迹象。教他们开始去"倾听"自己的思想，并把理性的想法和不理性的想法区分开来。

就在前几天，奈德的一位学生生动地描述了自己在考试期间发生的事情。"我的脑海一片空白，"他说，"做什么都感觉没意义。随后我开始思考起自己来，想到我永远不会取得好成绩，永远不会考进宾夕法尼亚大学，永远当不成一名建筑师。"

奈德的回答是这样的："你一道题都做不对吗？难道你真的一无是处？你真的不擅长要考的科目吗？你真的考不到好成绩吗？如果你这次没考好，难道你永远都考不好吗？如果你没考好，难道你就一定不能进入一所好大学吗？就算你没进到所谓的'好'大学，难道你就不能成为一名建筑师吗？我所知道的是这样。"奈德继续说道："如你一般充满好奇心的人，即使是在最没优势的大学，也照样能得到很好的教育，无论去哪里上大学，你都能成为一名伟大的建筑师。当然，你还是可以一遍又一遍地参加 ACT 考试。因此，当你感到压力时，一定要进一步思考一下那些下意识产生的想法。你真的能采信这些想法吗？"

让我们感到失控的最常见的心理习惯之一就是灾难性解读——也就是说，把一个小小的鼹鼠丘堪称一座难以逾越的高山。帮助孩子避免灾难性解读的一个简单方法就是教他们在遇到困难时这样问问自己："这是个大问题，还是个小问题？"在认知行为疗法中，孩子被教导要区分开灾难（比如饥荒）和那些暂时令人沮丧或尴尬的事情，区分开"如果发生这种情况我会有生命危险"和"我会感到失望但我不太可能死掉"。如果这只是一个小问题，那第一道防线是利用自我舒缓机制，如前往冷静点、深呼吸或者采用备选计划思维，让自己平静下来。对于大多数问题而言，这些工具就足够了。一旦感觉问题太大，我们则希望孩子要去寻求外界的帮助。

练习 6：动起来，多玩耍

奈德有一个学生，平时爱跑步，但是很容易焦虑。她说自己的父母告诉她，她不应该把用来学习的时间花在锻炼上。这是奈德在很长一段时间里面听到过的最糟糕的建议了。

"情绪"一词的拉丁文词根"emovere"的意思就是"移动"。我们的身体和思想是相互联系的，大脑中指示身体移动的部分与负责清醒思考的部分紧挨着。我们的运动控制功能与我们的心理控制及执行功能之间也存在着密切的重叠，这也是运动有益于人们培养自我调节能力的一个原因。

锻炼对大脑和身体都很有益处。它可以增加多巴胺、血清素和去甲肾上腺素的水平，从而保障人的心智稳定，让人们能更好地集中注意力，保持警觉以及心态平静。运动还会刺激 BDNF 蛋白质（脑源性神经营养因子）的产生，这被认为是大脑的"肥料"，因为它对大脑的生长和将神经细胞连接在一起这两件事都很重要。运动可以为大脑提供更多的葡萄糖和氧气，这能促进神经系统发育，还能促进脑细胞的生长。简而言之，人们经常说运动比思考更有助于产生清晰的思路，其部分原因就在于它可以刺激和加强前额皮质的控制功能。

对于"宁静的警觉"这种状态而言，锻炼也很重要。约翰·瑞迪（John Ratey）在他的书《运动改造大脑》中表示，如果学生在学校课程中大量锻炼，其学习成绩会显著提高。[7]此时芬兰再次成为先进典型：它要求学生每经过 40 分钟的教学时间，就要进行 20 分钟的户外游戏。

出于所有这些原因，奈德告诉他的学生要坚持跑步，还鼓励他的所有学生都培养某种锻炼习惯。（但重要的是他们不该觉得这是强人所难。不同于新兵训练营，通向更低压力的道路不该强迫运动。）有氧运动比无氧运动能赋予大脑更多的益处，在把握正常的强度水平时，有一个很好的经验法则，那就是你在锻炼中应该做到能够说话，但没法唱歌的程度。锻炼是应该费点劲，但不应该让你觉得到了要命的地步。

阿黛尔·戴蒙德是全世界最优秀的神经科学家之一，她特别赞成这样的运动：同时用到核心执行功能、工作记忆、抑制控制和认知灵活性。比如跳舞，在你学舞蹈的时候，你必须运用你的工作记忆来学习新动作。你还要调控抑制自己的动作（要知道你的腿的动作是太快了还是太慢了），你还必须灵活地调整你的动作，以匹配音乐或适应舞伴的舞步变化。瑜伽、武术、骑马、击剑、打鼓和攀岩都属于这种运动类型，在这类运动中，你要同时利用智力和运动技能来提升自己的执行功能水平。

让一群高中生去攀岩是一回事，但让年龄更小点的孩子参与这种大脑健康运动，往往容易吓到他们。这时游戏就有了自己的用武之地。游戏对于健康大脑（以及运转良好的小脑）的发育也至关重要。

小脑位于大脑的底部，正好在脊髓上方。至少在最近这 100 年来，我们已经知道了运动协调与否取决于小脑，如果你伤到了自己的小脑，你甚至连站都站不直。但是，我们在过去几年才刚刚开始研究小脑是如何影响思维的。患有小脑损伤的患者在制订计划、选择词汇、判断物体形状以及创建比例图等方面都存在问题。[8] 我们现在已经知道，小脑在学习的各个方面都起着重要作用。小脑功能的差异同时也与注意缺陷障碍有关，并且也是自闭症的一个影响因素。小脑是最不具可遗传性的大脑结构之一，这意味着经验而不是遗传是其运作良好的关键所在。

玩耍让孩子强化了他们的小脑，并学着掌控他们自己的世界。这不仅适用于我们人类，几乎对每个物种而言，玩耍和小脑发展的比率都会在统计图上呈现出倒 U 形的曲线。这表明大脑需要全身都动起来才能达到成熟，而且玩耍对于大脑的刺激还存在一个敏感期。[9]

为了孩子的小脑好，我们要抵制让孩子做某些"有用功"的冲动，要抵制那种不让他离开你的视线超出一分钟的担心，要拒绝让他加入那种会要求他做这做那的组织。让他做自己想做的，让他玩自己想玩的。

今晚怎么做

- 考虑一下本章的各种练习方法，并询问你的孩子是否认为其中有一个能帮上他、你或全家人。

- 举行家庭会议，分享你写下的目标。询问孩子对你的目标或兄弟姐妹的目标的看法。接受他们提出的建议。
- 鼓励孩子设定他自己的目标，并实现它。这样问："在下个星期 / 月 / 学期 / 夏天结束之前，你想做点什么或完成什么？"帮助他们设立 SMART（具体（specific）、可衡量（measurable）、可实现（attainable）、切实（relevant）、有时限（time-based））目标。一旦你将目标分解为离散的、可操作的具体步骤时，在看到进展时，就能增加你所释放的多巴胺。
- 以孩子的 SMART 目标为基础，增加心智对比技术。存在什么内在的障碍吗？如果你的孩子遭遇挫败，他将如何处理？他会有何感受，他又该怎么重整旗鼓，继续前进？
- 全家人实践一次备选计划思维。问问你的孩子，他们是否想听听你对他们的首选计划与备选计划的看法。如果他们不想听，那就靠边站吧。
- 在积极的自我对话和自我同情方面做好榜样。你可以这样说："昨天我在工作上闯了祸，而我意识到自己太苛责我自己了，我对别人向来不会这么严苛。人有失手，马有失蹄，贬低自己并不能帮我改正错误。"
- 让身体健康成为全家人认同的价值。不要强迫你的孩子参加体育运动，也不要替他选择某项运动，但要跟他解释一下，家里每个人都将体育活动作为他们生活的一部分，这一点很重要，同时还要帮助他们决定他们最终选择的运动项目。

第11章

学习障碍、注意力缺陷多动障碍及自闭症谱系障碍

控制感对所有年龄段的孩子都有利——但是患学习障碍、注意力缺陷多动障碍（ADHD）或自闭症谱系障碍（autism spectrum disorders, ASD）的孩子的父母则会面临一系列额外的挑战。有时候，这些孩子需要跟别人一样多的控制感，但他们所接受的干预实际上会弱化他们的自主意识。

研究表明，安排任务和外部激励因素通常是能帮助自闭症或注意力缺陷多动障碍患儿专注于完成任务，以及在课堂和家中良好表现的最有效方法。因此，许多家长和专业人士拒绝让这些孩子在做他们生活中的决定时具有太多发言权。但我们对这种认为"别人安排"和"自我管理"互斥的概念持异议。我们的观点是，应该为这些孩子提供高水平的外界安排和组织支持，前提是他们不经常对抗这些安排与支持。有学习障碍和其他特殊需求的孩子往往在觉察不到外界帮助时能学得更好，表现也更出色。同时，奖励和其他外部激励因素也会削弱这些孩子的内在动机，所以应

谨慎使用。

　　许多父母认为有发育困难的孩子在生活中没法靠自己做出决定。对一个普通孩子汤姆来说，自己来决定课程项目选什么主题或是不是要参加课外提升班可能没什么问题，但对于有多动问题的哈利来说，他可能就做不到。我们依然不敢苟同这种观点。在几十年的工作经验里，我们见到过这样的患有注意力缺陷多动障碍、阅读障碍或其他学习障碍的儿童，他们一旦获得做出决定所需信息而没有被强迫的感觉，就有非常强的能力去在深思熟虑过后做出选择。他们仍然很了解他们自己是什么样的。同样希望自己的生活顺风顺水，往往会乐意有人能给他们提供帮助，以及有人能让他们调节到学习更好、表现更好的状态。

　　一些研究证实了给予特需孩子自主权有种种好处。有这样一项研究表明，如果患学习障碍的小学生和初中生在家里能有自主感，他们往往就能在课堂上表现得更好，还能更顺利地处理个人所经历的挫折。[1] 第二项研究发现，患高功能自闭症的学生若被老师评估为自主性较强，其在校内就能表现出更强的自主能力，而这相应地又导致了更强的学业能力。[2] 最近针对患注意力缺陷多动障碍的青少年及其家长的一种新治疗方法则非常强调要促进青少年自主（STAND，即 "Supporting Teen's Autonomy Daily" 计划——每日支持孩子自主感），它由佛罗里达国际大学的玛格丽特·西布莉（Margaret Sibley）提出。[3] 目前这方面的研究很少，但好在我们的经验很多。多年来，我们俩，尤其是比尔都看到了，一旦有特殊需要的孩子对自己的生活产生一种控制感，他们就能茁壮成长。只要你想想大脑的运作模式，很快你就能明白原因。大脑随着其使用而得以发育，我们不希望任何孩子在习惯于长期对抗外界控制的情况下完成大脑发育。我们知道，倘若在学校过得不好或存在冲动抑制方面的问题，的确会让人有压力。可我们同时也知道，控制感不仅能对抗压力，还能促进大脑健康成长。如果我们希望没有特殊需求的孩子都能拥有这些优势，那么它们对那些有特殊需求的孩子来说，难道不是更重要吗？

本章内容并不牵涉每个孩子，但也许比你想象的影响面会更大一些。2013~2014 年，有 650 万名美国儿童和青少年接受了特殊教育服务。[4] 多达 20% 的学生至少患有一种学习障碍，有 11% 的儿童被诊断患有注意力缺陷多动障碍，每 68 个儿童中就有一个自闭症患者。[5] 不仅如此，一定程度上因为还有尚未被诊断出来有障碍的学生没有被包含在内，所以以上针对学业困境、注意力困境和社交困境的统计数据几乎可以肯定都存在被低估的情况。再非官方一点地讲，我们俩真的很难想起，某个拥有三个子女的家庭，其中没有任何一个孩子存在学习障碍、注意力缺陷多动障碍或自闭症谱系障碍的问题。

本章无意全面讨论所有的特殊需求，以及如果你的孩子有特殊需要，你应该怎么办。每类问题本身都足够写本书了。相对地，我们希望的是向你展示一些方法，以给予这些孩子控制感，并向你保证，只要你多留心思考，你就一定能做到。

学习障碍

比尔给一个 11 岁的名叫迈克尔的孩子做过测试，但他是一个非常聪明、性情温和的男孩，但他数学不太好，而且很难调节自己的情绪。尽管迈克尔在完成测试的上午部分时跟比尔合作愉快，但午餐过后，比尔的一个同事让他做数学题的时候，他变得非常紧张，甚至开始失控。他一个劲地念叨"不要，不要，不要"，甚至有一次还口中发出嘶嘶的声音，朝着比尔的同事把手做成爪状。再清楚不过了，他已经受够了数学。让迈克尔在候诊室里冷静了几分钟后，比尔询问他的母亲，是否要在当天就试着完成测试，还是让他回头再过来。迈克尔无意中听见了他们说话，于是大声说他必须要在当天结束测试，这样他就可以去玩具反斗城了，因为说好了这是他好好完成测试的奖励。比尔也希望他能做完测试，但他显然没法靠处于恐慌模式中的大脑来完成数学评估。

比尔把迈克尔领到一边，问他为什么一碰数学就焦躁。迈克尔解释说那是因为他觉得既恐慌又沮丧。比尔听了迈克尔的回答，然后告诉他，他的杏仁核已经超载了，还提醒他要注意自己大脑有着潜在的危险。比尔知道迈克尔可能会有觉得尴尬、沮丧或丢人的时候，因为数学对他来说的确很难。为了逃避威胁，迈克尔做了他该做的事情。迈克尔似乎挺认同比尔的话。比尔继续向他解释，只要他们能找到一种方法让他在做数学题时有安全感和掌控感，就算题目很难，他们也能在当天下午完成测试。在整个谈话过程中，迈克尔明确表示他跟比尔和厄尼相处的时候是有安全感的——厄尼是天天来比尔办公室"上班"的一只小狗。大家一致同意让迈克尔回到比尔的办公室参加数学测试，而厄尼坐在他旁边，如果他感到有压力了，就暂停一下，跟厄尼一起玩几分钟。仅用了两三分钟，迈克尔就开始一边做数学题，一边抚摸着厄尼，还开始喃喃自语起来。这个例子很有戏剧性地说明了提高孩子的控制感是如何帮助孩子努力学习的，哪怕他面对的任务真的很困难、很容易让人泄气，也同样成立。

许多有学习障碍的孩子都像迈克尔一样。杰罗姆·舒尔茨（Jerome Schultz）的著作《无处可藏》重点探讨了有学习障碍的学生所面临的压力——在课堂上的老师和同学面前，这些孩子往往无法掩盖自己的不足。他指出，有学习障碍的孩子不仅担心着所有孩子都在担心的问题，比如他们的朋友是否还在生自己的气，所以才不跟他拼桌吃午餐，他们还担心会被戏弄，被别人说又傻又笨，以及因为得到特殊帮助或待遇而被别人戴着有色眼镜来看待。

有学习障碍的孩子确实需要一些专门的待遇。他们还需要阅读专家或数学专家的帮助，而且在理想情况下还要一对一地与他们相处，因为干预

自驱型成长

强度是最能预测有学习障碍的学生情况改善的变量之一。但问题是儿童通常会在被强迫的情况下得到干预。所有年龄段的孩子在被单独拎出教室去获得特殊帮助时都会有被迫感和怨恨感，他们常常认为自己在课外辅导、言语治疗或放学后的专门治疗方面有着"被强迫"的体验。一旦他们觉得被牵着鼻子走，孩子甚至会去抵制那些对他们有益的事情，并以此来重获控制感。

许多有学习障碍的孩子并不会感恩于外界的帮助，反而会感到愤怒、有怨气，而且认为问题都出在父母、老师或家教身上，是他们让他多了一堆要额外完成的事情。对所有孩子来说，这种紧张感都会伤及他们与别人之间那种很重要的相互关系，对有特殊需要的孩子而言更是这样。最后，强加于孩子的帮助往往都没多大帮助。这种情况很容易让父母特别紧张，因为如果不帮助孩子，孩子可能会落后得更严重。父母常常这样觉得："他已经很泄气了，我担心要是我们不再支持他去参与这场残酷战斗，那他就输定了，然后一蹶不振。"所以家长和老师必须像走钢丝一样，既要提供足够的支持来满足学业上的需求，还要激发孩子的自主权，并尽力不要把所谓帮助硬灌给他们。

那你能做什么呢？怎样才能走好这条钢丝？我们建议你可以从以下三个简单的步骤开始：

（1）**抗击那些不必要的作业**。对有学习障碍的孩子的整个家庭来说，家庭作业都可能会带来极大的压力。如果孩子阅读上有困难，那在他累了的时候，就算每天晚上30分钟的诵读或默读，都可能让孩子觉得是一种无情的要求或是太过严苛的惩罚（而且这往往也让他的父母感到压力）。同样地，本来孩子能做10道数学题，却被留了20道题的作业，他也可能会变成热锅上的蚂蚁。这是很多家长所倡导的一种"还债式"努力。我并不是说你不该鼓励在家阅读、书写以及做数学题，恰恰相反：如果你的孩子机灵并且能专注地花时间去练习那些对他来说很难的事情，没问题。但是如果你的孩子本来就有阅读障碍，而且讨厌在晚上读书，那就请读书给他听，或让他听一段之前录好的阅读录音。无论是书面语言还是口头语言，语言理解都调用了相同的大脑系统，这意味着阅读或听有声书都有益于大脑中最终参与阅读理解的部分。

（2）**鼓励孩子自我理解**。帮助你的孩子去了解他在学习上的挑战与优势。如果你觉得自己搞不定，那就请咨询能鉴定学习障碍的专业人士、教你家孩子的老师或家教，跟他们讨论一下孩子的优缺点，同时要帮助你的孩子去理解，这种挑战是"正常的"。告诉他们有 1/3 的孩子都面对着某类问题。这应该有助于缓解他因"我跟别人不一样"而产生的压力。此外，由于学习障碍一定程度上源于遗传，因此请跟你的孩子讲讲其他的面对类似挑战的亲戚，尤其要多谈那种在生活中做得很出色的家庭成员。告诉你的孩子已经有几十个名人承认过，他们小时候也有过阅读障碍或其他的学习障碍，比如在数学、写作或阅读理解方面的困扰。（去谷歌网站上稍微一搜，你就能获得大量案例了。）此外，你还要跟他说明许多有学习障碍的学生往往是厚积薄发，因为他们可能需要花点时间来发展他们相对较弱的技能领域，以及发掘自己的优势。他们终将发掘出自己的优势所在，我们只需要静待花开。

（3）**提供帮助但别强人所难**。跟孩子聊聊这些事的优缺点：资源服务，家教辅导，看言语治疗师或者其他的职业治疗师。让孩子自己做最后的决定，只要别太离谱就行。对他来说，自己选择每周接受一天辅导，要比逼着他每周去两天更能让他全力以赴。后者只是对时间、金钱和善意的一种浪费罢了。这并非意味着你就不能跟孩子谈判，尤其在你认为孩子需要的帮助要比他自以为的更多的时候。如果额外的辅导意味着他的作业量会超过他大多数朋友，那么只要他敢于尝试，你就要给他提供一些激励。你还要跟孩子讲，如果他觉得某种干预没有用，那他也可以选择退出。

如果年龄较小的学龄儿童拒绝接受特殊帮助，比尔建议你这样说："所有对学习有深入了解的专家都说你需要帮助，而为人父母，我的工作就是要确保你能得到正确的帮助。但是，我希望能真正帮上你，但如果没有你的意见，我就没法知道到底帮没帮上忙。因此，如果你讨厌在学校看到特教老师来找你，咱们就多请私人家教，要是你觉得请家教也没用，咱们就再找另一种方法来帮你。"在比尔的经验中，即使是那些一开始总是抗议的孩子最终也会喜欢上他们的家教、特教老师，或者学校里的学习指导师，并欣然接受与这些"懂他们"的人一起努力所带来的好处。因为孩子打心眼里想好好干，那我们就坚信只要他们不感到被逼迫，最终就一定能好好干。

　　每当我和孩子谈论他们的评估结果时，我首先强调的是他们的优势。等我过渡到要谈他们面对的挑战时，我会试着告诉他们一些他们已经了解到的自己的情况，这能最大限度地减少他们对我的"反抗"，也能帮助他们更好地投入治疗。例如，如果一个孩子患有阅读障碍，我会说："我没明白，对你来说，听明白词汇的确不容易，而且你在阅读的时候，也会觉得速度慢，难度大。"如果我发现他们患有注意力缺陷多动障碍，我会说："我所掌握的是，相对于大多数孩子来说，你更难让自己对那些无聊的东西保持注意，而且你一旦要快速完成某项任务，就容易出错误。"在向孩子解释了那些对他们来说很难的任务之后，我经常会问："你想让做这件事变轻松吗？"孩子几乎总是回答"想"。对于学龄儿童，我会接着说："我打算和你的学校合作，看看他们能提供什么帮助，我还会帮你的父母找到能教你这样的孩子的好老师，你到时候会在校外见到他的。"因为这些孩子一般都真的需要帮助，所以他们其实很少在这时表现出对抗。对于年龄较大的儿童和青少年，我通常会这样说："如果你愿意，我可以帮你找一个专门的导师，或者我可以帮你在学校争取一些专门的待遇（比如延长考试所需的时间）。你需要我这样做吗？"最后，我会向所有年龄段的孩子解释，如果他们保持专注与努力，这些干预会帮助他们在大脑中建立新的联系，而随着时间的推移，阅读、写作或数学题就会变得没那么难了。

——比尔

注意力缺陷多动障碍

比尔在临床实践中每年要评估数百名患有注意力缺陷多动障碍（ADHD）的儿童、青少年和成年人。对于一些人来说，这种状态招致了极度强烈的尴尬甚至羞耻感，而还有一些人则能接受这种状态，事实上甚至还对此保有某种幽默感。在过去的一年里，比尔见过这样一个少年，他穿的 T 恤上印有如下的字样：

"我爸妈说我——不听话。"

"有条理的人懒得去找新东西。"

我们认为这是一种很好的趋势。如果孩子对自己面对的挑战能有一种幽默感，他们就可以利用这种自知来管好自己的注意力缺陷多动障碍，并增强自身的控制感。

根据定义，患有注意力缺陷多动障碍的孩子难以控制他们的注意力。对于那些被诊断患有注意力缺陷多动障碍且"以注意力涣散为主"的孩子来说，的确是这样，他们倾向于缺少聚焦能力以及注意力紊乱，而那些属于"组合症状"的人则在无法聚焦和行为没有条理之外，还有冲动和 / 或过度活跃的问题。患有注意力缺陷多动障碍的孩子很难让自己去做被要求去做的事，对他们中的很多人来说，坚持他们想要做的、很重要的事情甚至都不容易。患有注意力缺陷多动障碍的孩子多巴胺基线水平往往很低，他们的大脑使用多巴胺的效率要低于大多数孩子。（如哌甲酯这样的兴奋类药物就是通过改善多巴胺的加工机制起到作用的。）因此，比起更大的长期奖励来说，他们更倾向于选择更小、更及时的奖励。正如我们在第 5 章中所解释的那样，尽管多巴胺过去被认为主要跟快乐有关，但最近的研究也发现了它与动机、驱力和努力水平密切相关。

康涅狄格大学的研究员约翰·萨拉莫（John Salamone）帮助阐明了多巴胺、动机和努力之间的联系。他进行了一项研究，在实验中，老鼠可以在两堆食物中二选一：一堆靠近它们但量很小，另一堆量是前一个的两倍，但放在一个小栅栏后面。多巴胺水平较低的大鼠几乎总是采取简单的方法，选择小的那堆而不是跳过围栏追求更大的奖励。萨拉莫解释说："低水平的多巴胺使人和其他动物不太可能追求事物，所以比起快乐来，它其实与动机和投入产出分析更有关联。对患有抑郁症的患者进行的研究则证实了多巴胺对动机的影响，[6] 多巴胺水平越高，你就越倾向于离开你的床，类似于跳过围栏以尝到更大的甜头。"

对于患有注意力缺陷多动障碍的孩子来说，事实还要更复杂，那些在冲动控制方面不够成熟的人经常做些事后才后悔的事情，因此缺乏对自己能把事务处理好的信心。因为他们总是"想起一出是一出"，所以一旦他们被中途纠正或被反复告知要赶快停下，情况往往就会变得更糟。他们尽可能地去尝试，却往往没法让自己满意。他们的思维和行为也往往缺乏一致性，这也让他们的行为更加不可预测。正如一些大脑扫描研究表明的那样，你越跟他们说"加把劲"，他们越是努力集中注意力，他们的大脑的激活程度反而就越低。记住，是压力影响了注意力。因此，如果你儿子早上穿衣服都费劲的话，你最不该做的，就是一个劲儿地催他。

许多旨在帮助注意力缺陷多动障碍患儿的干预措施，都试图让他们免受来自自己的伤害。这在短期内可能会有所帮助，但未来迟早出问题。许多患有注意力缺陷多动障碍的孩子在整个学业生涯中都受益于组织的帮助。

但是，如果这个系统被强加于他们或完全由妈妈来管理，它就会降低他们的控制感和学业动机，并强化这样的想法：有人对他的学习、工作和行为负责，但这个人不是他自己。算总账的日子迟早会到来，迟早有这样一刻，这个孩子会接受他要对自己的生活负责的想法。

玛格丽特·西布莉指出，由于他们很难靠自己来开始并持续保持注意力和投入度，因此患有注意力缺陷多动障碍的青少年很可能会错失掉发展出自立自主技能的机会。这种情况的发生，是因为他们没机会靠自己来独立完成任务，而且存在着一种成年人要给他们持续提供帮助的行为趋势。西布莉估计，有 40% 的注意力缺陷多动障碍患儿的父母会在孩子十几岁时有无助感和绝望感，从而导致养育参与度严重下降，而另外 40% 的父母则会勒紧管教的缰绳，过度参与孩子的日常生活。[7]要说后面这种情况，比尔见得太多了。他经常会问那些在做作业的时候遇到麻烦，而且有注意力缺陷多动障碍的孩子："要是你没交作业，那谁会最难过？"偶尔会有个小孩说："我。这真太让人泄气了。我考得不错，但我有几科只得了 C，因为我平时老记不住交作业。"然而，对于绝大多数人来说，答案几乎总是："我妈。"如果比尔继续问："在最揪心的人里，谁是第二名呢？"他们通常会回答："我爸，然后是老师，然后是我的家教，然后是我的治疗师，然后是我妹妹……"至于孩子本人，则很少能出现在名单里。

这些成年人支持孩子，本意都非常好，他们只是想确保万无一失罢了。但是，年复一年地试图保护一个孩子，这会让他自己变得脆弱。如果他想天天都能交作业上去，那就允许他通过电子设备来交作业，免得还要花心力记住要把作业带到教室去。我们可以鼓励他去跟老师沟通一下，让老师在每个课程开始或结束时提醒他一下。我们还可以跟孩子一起讨论一下家校之间的沟通系统，这能帮他确保完成任务，把必要的材料及时带回家，以及准时交作业。请记住，说一千道一万，他的功课是他自己的问题，如果在这件事上你比他还要努力，那你其实并没有帮到他。

提供帮助，别强迫孩子接受。（请记住，反抗和蔑视是一些孩子保持控制感并抵抗压力的方式。）确保你的孩子知道在他大脑中究竟发生了什么，以及他该怎样寻求他所需要的帮助。为了让一个孩子产生做作业或在早上准备好去上学的动机，你可以为此提供一些奖励。这可以在短期内成为一种有效的激励因素，也是让孩子的大脑更有效运转的一种方式（通过增加多巴胺），但在大多数情况下，不要认为这是让孩子听你话的最佳手段。提醒他，随着他越长越大，情况也会越来越好，日子也会越来越轻松。

有些孩子在他们十几岁的时候就在很大程度上克服了他们注意力缺陷多动障碍的相关症状，还有一些孩子则学习了很多有效的方法，缓解了这一系列问题。只要你的孩子肯努力，情况就会有所改善。然而，对于患有注意力缺陷多动障碍的孩子所在的家庭来说，很重要的一点，是要了解有这一障碍的青少年的前额皮质的成熟度往往落后于其他同龄孩子。[8] 这就是为什么患注意力缺陷多动障碍的孩子经常大器晚成，因为他们就是需要"等待"自己的前额皮质完全成熟并发挥功能，这样他们自然就能搞定很多以前做不到的事情。我们建议父母要表达他们对患注意力缺陷多动障碍的孩子已经尽力而为的理解，并鼓励他要对自己保持耐心。这是一条让人重获希望和信心的好消息，它也能让人们培养出一种成长性的思维倾向。

患有注意力缺陷多动障碍的儿童通常都被鼓励要服用兴奋类药物，所以有关干预的问题经常也跟吃药有关系，像安非他命、"专注达"或"哌甲酯"这样的药物，都能帮助他们集中注意力。许多孩子，特别是青少年，会告诉他们的父母他们的确吃了药会更专注，但他们还是不喜欢必须吃药的那种感觉。这些父母向比尔征求他的意见，而他通常会建议他们要告诉自己的孩子，没有人能逼着他服用药物，也没有人想让他服用让他感觉不好的药物。只有当药物能以最小的副作用显著改善他的生活质量时，我们才想让他继续服用。父母也可以告诉他们的孩子，不同的药副作用也不同，他们可以试试别的药。还有很多方法（高强度锻炼，通过白天饮用蛋白质奶昔以摄入更多卡路里）能帮他更好地耐受药物的影响。

　　如果你的孩子想要寻求一些其他方法来改善他的注意力缺陷多动障碍的症状，那还有一些别的选择。例如，我们已经在本书中谈到过认知行为疗法的好处和通过协作解决问题的方法，我们再次鼓励你去研究这种技术的开发者罗斯·格林和 J. 斯图亚特·阿布隆（J. Stuart Ablon）的相关著作。另外，要告诉你的孩子，体育锻炼有助于提高多巴胺的天然分泌量。还有一些证据表明，冥想也有助于减少注意力缺陷多动障碍症状，以及降低焦虑和改善大脑功能。2009 年，比尔和他的同事萨里娜·格罗斯瓦尔德（Sarina Grosswald）合作进行了一项关于超验冥想对患注意力缺陷多动障碍的中学生有何影响的试点研究。他们发现这些孩子实际上能够坐下来冥想 15 分钟，经过 3 个月每天两次的冥想后，根据学生的报告，压力和焦虑的症状减少了 43%。该研究还发现了这些学生能够更好地进行行为上的调节和情绪上的控制。第二项控制良好的研究由脑电波评估专家弗莱德·特拉维斯（Fred Travis）主持，他研究了超验冥想对患注意力缺陷多动障碍的中学生的脑电波活动的影响。人们对脑波活动本身有强烈的兴趣，因为在患有注意力缺陷多动障碍的孩子身上，θ 波通常都对 β 波有着非常大的影响。受试者被随机分配到超验冥想组与延后启动组，后者在学习超验冥想之前，会预先留出来 3 个月的时间，以提供对照数据。研究开始 3 个月后，延后启动组的 θ 波与 β 波的比值增加了，这不同于预期的效果，与此同时，学习了超验冥想的受试者的数值水平逐渐开始向正常水平接近。在 6 个月后，也就是两组被试均接受了超验冥想的学习后，两组的 θ 波与 β 波的比值都有所下降。[9]

　　一些研究人员也在研究正念练习是否能改善注意力缺陷多动障碍在儿童身上的症状表现。虽然在这个领域中，对误差控制得当的好研究很少见，但已有充分证据表明正念练习可能的确有所帮助。[10] 比尔的经验是，在兴奋类药物能起到很好的效果（但有时并非如此）时，的确没有什么方法能够接近药物所能发挥的作用，但任何可以降低压力水平的方法，其实都能让患有注意力缺陷多动障碍的孩子的大脑得以更有效率地工作。

比尔最近评估 6 岁的亚当，他有注意力缺陷多动障碍及一些行为上的问题。他的老师跟他母亲讲，虽然亚当是个非常善良的男孩，但他也是老师见过的最难管和最爱搞破坏的孩子之一。在家里，亚当那与人作对的倾向让他很难服从管教，而他对母亲的直接抵抗往往会引发痛苦而徒劳的争斗。在他做神经心理学评估的几天后，比尔与亚当的母亲见了面，一起讨论评估结果，并聊了聊该怎么提升他的自主感。比尔谈到了我们在第 3 章中讨论过的靠协作来解决问题的方法，并告诉亚当的妈妈，如果她只是试图强迫亚当去服从，那她恐怕很难看到孩子再进步了。几天后，这位母亲给比尔发来了下面这封电子邮件：

> 我试图通过协作的方法来处理亚当对我的蔑视，而非强迫他或使用什么专制的手段。这招简直太棒了。比如我说："咱们 5 分钟后睡觉。"亚当就会立刻尖叫道："不，不睡！"他甚至会站起来，准备把我拽倒。通常我会尖叫着回应他："那不行！你必须要去睡！"但这一次，我并没有打他。我只是看着他，然后走过去拥抱他，还吻了他的额头，再告诉他不必那样惊声尖叫。他放松下来，感觉几乎融化在了我的怀里，然后他自己决定把电视关掉，上了楼。虽然他在我睡着之前还跟我讨价还价，要在手机上听会儿音乐，但我们的确避免了一场剧烈冲突，还度过了一个宁静的夜晚。

玛格丽特·西布莉的 STAND 计划也采取了相同的角度，它建议采取那种尊重对方的、非强制性的方法来帮助青少年及其父母阐释自己的个人目标，评估自己的需求和改变的意愿。对 STAND 计划的研究表明，它能让组织相关的技能、功课相关行为、父母和青少年子女的交互和养育压力等方面都有所改善。毫不奇怪的是，还有研究发现，参与 STAND 计划的父母会比参与其他传统疗法的父母更有可能在治疗结束时采用自主－支持型的养育方式。[11]

　　奈德最近遇到了一个患有中度学习障碍和注意力缺陷多动障碍的孩子。他也有一种非常强烈的自我意识，而得益于此，他才能茁壮成长。在聊了他喜欢和不喜欢的各种课程之后，奈德问他放了学喜欢做什么，从他的回答中知道了他是个电子游戏的忠实玩家。

　　"你玩游戏的时间长吗？"奈德问道。

　　"很长。"

　　"这会干扰到你上学吗？还是你能把玩和学都搞定？"

　　"我白天在学校就能做完作业，"他说，"一过 5 点，我吃的药的药效就过去了，那我做什么事都要用掉两倍的时间，所以当我能专心的时候，我会努力先把作业完成。"

　　"真不错啊，"奈德说，"我也很奇怪人们会经常把事情拖着不做，然后花上两倍的时间去完成，他们每天晚上的效率并不高，但还是要把事情都做完。"

　　"我知道，"他说，"作业做完了，我就能玩游戏了。"

　　"你能管住自己玩多久吗？"奈德问道，"还是你一玩就是一个通宵？"

　　"哦，没有，"他说，"我这人不喜欢太累。我也没法保持注意力集中。所以我并不会通宵玩游戏。"

　　这个故事所强调的是，注意力缺陷多动障碍并不会阻止人的自知、自律和自控。作为一个只能短暂保持注意力的孩子，专注于任何不怎么有趣的事情的能力是很有限的，哪怕老老实实地坐着不动都不容易。抚养这样的孩子同样也困难重重。但是一如所有的孩子，患有注意力缺陷多动障碍的孩子仍需要一种自主感以获得快乐的感受和好好发挥出自己的作用，而我们都记得，这种自主感对他们而言更难获得。虽然他们有时的确需要被外界拉一把，但我们在本书中讨论的策略同那些让他们集中于注意力的方法一样，都能够帮到这些孩子。

在某些情况下，利用主动的行为管理策略，比如与孩子共度亲子时光，对孩子投以积极的关注，利用自然与逻辑的后果以及通过协作解决问题，依然不能解决所有问题。如果你家孩子的行为无法得到控制，如果他一再做出错误的决定，而且不能通过对话做出明智的选择，或者他根本无法激发他自己的动机，我们还是支持你至少在近期，还是要继续采用依托于奖励和后果的结构化行为指导方案。（在此我们推荐我们的朋友丹·夏皮洛（Dan Shapiro）博士的书《父母与孩子的旅程：抚养问题儿童的个性化方法》，以深入了解行为层面上的策略该如何使用。）

自闭症谱系障碍

对自闭症患儿来说，他们不仅有着自闭症谱系障碍中典型的社交困难和行为僵化问题，还在与承受压力和自我激励问题做着斗争。

身处这一障碍谱系之中的儿童和青少年似乎有一个共同点：他们都非常容易感受到压力。有许多科学家认为，这是由于他们的杏仁核功能异常，以及杏仁核和前额皮质中处理情绪与社交互动的部分之间的联系存在问题。[12]对这些孩子而言，绝大多数人熟悉的环境与互动都让他们感到有压力与难以捉摸。他们可能要花 6 个月的时间，才能对新的教室或新的治疗师有安全感。对他们来说，学校组织的集会和实地考察根本就不是什么值得高兴的事时，反而成为降低学校生活可预测性的巨大障碍。谱系中的许多孩子都比大多数孩子能更强烈地体验感官世界中的刺激，而这更像是一种对他们的威胁。他们通常觉得控制感很低，那是因为他们很难理解社交环境的逻辑，而且他们在指导自己的行为方面也存在困难。根据自闭症的一种理论，很多孩子都会采用像拍打、摇摆、旋转、踱步或者一遍又一遍地重复同样的话这样的刻板行为，来帮助他们在混乱的世界中保持秩序感。相应地，这种刻板行为就限制了他们的适应性。不出所料地，焦虑症和睡眠障碍在自闭症谱系障碍的患儿中也极为常见。

　　身处谱系之中的孩子可以从降低新颖性和不可预测性的策略中深深受益，这还能进一步增强他们的控制感。（还记得我们提过的导致压力事件的 N.U.T.S. 吧）这些策略包括使用可视化时间表（用图形表示每天上学所安排的活动，并按顺序呈现），让孩子尽量减少体验必需的事物变化，通过给他们讲故事来让他们加深对世界的理解，教他们如何理解他人以及社会关系，并确保他们在学校里面如果感觉压力太大，有一个可以去的安全场所。以上这些方法都得到了广泛使用，并被证明是能帮助孩子保持安全感的成功干预措施。患有自闭症谱系障碍的孩子也可以学着如何控制他自己的思维。有一个优质的新规划使用了备选方案思维，并鼓励孩子在他们开始感到不安时这样问自己："这是件大事，还只是小菜一碟？"[13] 有研究表明，其他的减压练习，比如认知行为疗法、瑜伽、正念训练和先验冥想，在身患自闭症谱系障碍的孩子身上也是大有可为。[14] 因为这些策略都可以缓和压力，所以它们可以让孩子把注意力集中到学业学习上，还能让他们更有效地激活自己大脑里的社交系统。

　　比尔后来才知道，在他之前关于超验冥想对注意力缺陷多动障碍患儿影响的试点研究中，其中有一位受益良多的学生其实也被诊断出患有自闭症。在他开始做超验冥想之前，他跟别人没有目光接触，也在社交中被隔离，而且在学校里也没有任何朋友。经过 3 个月的冥想，他的老师说他开始和其他孩子说说笑笑，甚至还邀请另一个孩子去他家玩电子游戏。他甚至还组织了一次会议，与校长讨论要为喜欢电子游戏的同学开办一个新俱乐部。通过把他的压力反应降下来，他便能够激活自己与其他孩子交往所要用到的那部分大脑了。[15]

　　在比尔的第二项研究中，有一个患自闭症的女孩参与了冥想练习，她的父母期待这能减少她的精神类药物的摄入量，进而最终让她彻底摆脱药物。在她的精神科医生的支持下，他们成功了，她的老师在研究结束时告诉比尔，她从来没有表现得这么好过。这并不意味着只要孩子去冥想，他们就不需要药物了，但它确实表明，患自闭症谱系障碍的孩子可以定期冥想，并能从中获得相当大的益处。

比尔最近还评估了一名患有自闭症的高中生，他和他的父母一起练习了一种名为瑜伽放松术（yoga nidra）的技术（是跟着 CD 练的）。他的父母报告说，每当他们一起练完这套瑜伽，孩子那天就能明显过得更好。当比尔问他们多久练一次时，他却惊讶地发现他们每周只练了一次。他问对方，既然这个方法如此有效，那为什么他们不每天都练呢？而他们只是回答说："我们从没这么想过。"我们坚定地支持建立起定期做减压练习的习惯。

说了这么多，对自闭症谱系障碍而言，应用行为分析疗法（ABA）是记录在案的最好的干预手段，它把预设好的目标和一组特定的行为策略（包括提供奖励和惩罚）施加身处谱系之中的幼儿上，并且很少会强调要提升自主感。这似乎在表面上与我们的论点有所矛盾，但重要的是要记住对患有自闭症谱系障碍的孩子来说，大脑中的动机系统所起到的作用是不同的。它们对那些能激励大多数其他孩子的社会奖励（比如笑意盎然的父母或充满热情的赞美）反应较少。而通过制定精确的目标，并采用特定的奖励来强制执行出目标行为，应用行为分析疗法通常就能非常有效地帮助儿童学会与他人互动，培养语言技能，并学着以社会能接受的方法行事。通过奖励、施压或设限来控制自闭症谱系障碍患儿行为的治疗方法，的确可用于建立儿童为了发展自主性所必备的基本技能。[16]

与此同时，许多相关专家认为行为上的疗法应该与对自主的关注加以结合。这一领域的实际研究很少，但如上所述，至少有一项研究表明，当父母和老师支持自主性时，患有自闭症谱系障碍的孩子就能在社交和学业方面都有所改善。[17]比尔在与自闭症领域的专家交流中达成了这样的广泛共识：如果自闭症谱系障碍的患儿最终能变得上进而独立，那他们必须先培养自主性。他们必须使自己堪称自己行为的发起者，并感受到自己能做出选择该如何引导自己的生活走向。因此，比尔支持要在干预措施上强调支持培养儿童的自主性。[18] 在患自闭症谱系障碍的成年人中，有很高比例的人找不到工作，其部分原因就是在上进心和抗压能力出了问题，这让尽早强调提升自主性和自觉性的培养显得非常重要。

父母还应尽可能地对孩子的激情表现做出反馈，并允许患有自闭症的孩子把他们来自兴趣的能量转化成他们的心流体验。强烈的兴趣（比如神奇宝贝、动漫、恐龙或爱冒险的朵拉）也可以成为患自闭症谱系障碍的孩子与其他孩子产生联系的一种手段。人以类聚，物以群分，这也意味着患自闭症的孩子很有可能会与其他面对挑战的孩子有所交往，尤其是那些与他兴趣一致的孩子。

年轻人欧文·苏斯金德（Owen Suskind）也患有自闭症谱系障碍，他的经历被他那得普利策奖的父亲罗恩·苏斯金德（Ron Suskind）写成了一本出众的书——《躲在迪士尼里的童年》（根据这本书改编的纪录片《生活，动画》还获得了奥斯卡奖的提名）。正如书中所言，从欧文 3 岁一直到他高中毕业，比尔一直跟进他的发展，也与他和他的父母进行了多次谈话，讨论他对沃尔特·迪士尼电影的非凡热情。小时候，欧文一遍又一遍地看电影，在那虚构的世界里，他能感到安全并且有着强烈的控制感。私底下，他开始着手画电影里出现的人物。而随着时间的推移，沉浸在这些电影中的时光培养了他伟大的艺术才华（可以在 lifeanimated.net 这个网站上看到他的作品），还培养出他对整个世界深刻的理解，以及我们在这个世界上对彼此的责任感。在欧文 14 岁的时候，他勇敢地和临终的祖父共度了一段时光，并安慰老人家：根据他从自己心爱的电影中上过的德育课可知，他这一生过得很伟大。其他的家庭成员都会焦虑地避免上楼跟欧文的祖父相处，因为他们会害怕，或者不知道该说点什么以及做点什么，但欧文知道此时该怎么做，同时还充满了自信和勇气。尽管患自闭症的儿童和青少年的某些强烈兴趣曾经令人感到气馁，但像欧文这样的孩子已经帮我们重塑了自己的思维，如今"亲和疗法"的会议已经得以召开，而这种疗法会利用有自闭症谱系障碍的孩子那深深的兴趣和激情，帮助他们去搞定更大的世界。

处理儿童问题的专业人士经常会说："你要是觉得这孩子有自闭症，那他基本就是有自闭症了。"自闭症的谱系非常宽泛，而父母更应该在因人而异的基础上，大胆地选择有针对性的方法。国家儿童医疗中心的凯瑟琳·阿特莫尔（Kathleen Atmore）是一位屡获殊荣的自闭症专家，她本人也是自闭症谱系障碍患儿的母亲。她指出，有一些患自闭症的孩子很想交朋友并成为人群的一部分，而还有一些则会非常乐意独处在自己的世界中。给这些各不相同的孩子提供相同的干预措施没有任何意义。"如果孩子真的想在社交方面做得好，"她说，"我会建议每周做 30 个小时的干预，而重点是要帮助他们培养社交理解能力和提升社交技巧。因为我知道这些孩子会接受干预的动力，而这也可能真的会对他们产生很大的帮助。对于那些社交动机较低的孩子，太强调社交互动的话，不仅会给他们带来极大的压力，干预其实也没有效果，因为他们会抗击所有能让他们更擅长社交的干预手段。因此，我们必须要考虑这些孩子究竟是什么样的，以及对他们来说什么才重要，而非自以为是地认为我们总是最了解他们的人，或者无视他们的想法，一厢情愿地来提供治疗。"

我们在本章中所推荐的方法哪个都不简单。如果你是有特殊需要的孩子的父母，那你的任务真的很艰巨。养育有特殊需要的孩子本身就是一种压力。妈妈爸爸都会担心孩子的未来，以及他们的消极行为会不会对他们兄弟姐妹有影响，而且还会经常感到内疚（"他这样是遗传了我"）。除了这些问题之外，因为要带着孩子穿过整个城市去看专家，还有平日里对预约和日程安排的烦琐管理，以及在许多情况下因约束孩子不当行为带来的挑战。有研究发现，如果一个自闭症患者 20 岁左右，那他母亲的压力荷尔蒙，即皮质醇的水平，平均来看要跟身处战场的士兵差不多。[19]

我们知道，父母的压力会传染给孩子。然而，当你的孩子遭遇挑战时，让你专注于减少自己的压力并快乐起来又会变得更加困难。整个家庭其实都很容易去适应孩子自己的问题——"强尼还没做完作业，那我肯定不能出门赴约吃饭"，而这一切都会伤及你自己的心态，而强尼则会传染到这种伤害。当我们的孩子费劲拼搏的时候，我们作为父母的大多数工作其实还是要集中在我们自己身上。这就是为什么我们想传递的最基本的信息之一，就是父母要专注于不要成为焦虑源。

你可能要为孩子去抗击你自己的恐惧，抗击日常生活中的压力源，甚至可能还要与孩子本身做斗争。做个深呼吸吧。在付诸行动之前，要先确保你自己的大脑没有被焦虑淹没。在奈德合作过的一个家庭中，有一个孩子患自闭症，而另一个孩子则非常容易焦虑。随着得自闭症的那个孩子开始学冥想，他们的妈妈也跟着开始学着去冥想。于是在如此具有挑战性的环境中，她竟能变得非常平静。虽然她的这种冷静可能无法为孩子解决所有问题，但反过来想，如果她压力太大，那情况也肯定好不到哪里去。如果冥想这种方法不适合你，那也没关系。但你在给孩子提供力所能及的支持时，请确保你正在做的那些事的确算得上是支持。

今晚怎么做

- 尽一切可能减小与家庭作业相关的压力。即使你的孩子有严重的学习障碍，你也依然要担任起顾问的角色。比起教师或监工来，这种角色起到的作用更好。
- 在孩子所接受的干预措施的种类与时间方面，尽可能多地为你的孩子提供选择。要能接受他拒绝参加或减少参与量。
- 如果可能的话，找一所可以给孩子提供便利的学校，这样他就不会有压力感或觉得跟不上。

- 鼓励你的孩子去尝试不同的工作方式和学习方法，并找出哪些最适合他自己去采用。有特殊需要的学生通常很难了解到自己的优点和缺点，并且不愿意使用"别人"不用的策略。因此，把这条看作一个长期目标，并继续努力吧。要提醒你的孩子"你最了解你自己"，并鼓励他多加注意怎样是有帮助的，以及怎样是无用功。

- 必要时可以使用奖励，但要尽可能在尊重孩子自主性的前提下说出理由。"我知道，在你处理自己数学作业的表单时，你其实很难让自己对它足够专注。这是因为它还没有有趣到让大脑的前部泌出足够的多巴胺来让你集中注意力。我会给你一个小奖品，因为这会更好地帮你的大脑转起来。"有些孩子非常讨厌家庭作业，并因此拒绝你的奖励。如果碰到这种情况，你可以与学校谈谈有没有什么方案能替代孩子的家庭作业，例如看视频课程或听有声书。

- 如果你的孩子已经是个中学生，那要帮他争取更多的资源倾斜与额外的学习时间，以便他可以在学校就完成大部分家庭作业。

- 为你的孩子提供服务他人的机会，例如让他帮助比他年幼的小朋友或照顾小动物。对于面对挑战的孩子来说，这是一种能培养健康的控制感的好方法。

- 把大脑的工作机制教给你的孩子，并告诉他们学习如何做某事就意味着会有越来越多的脑细胞聚集在一起，形成一个整体。这就是我们要一遍又一遍地做练习的原因，因为这样我们才能让神经元战队吸收更多的新成员，并投入在阅读、数学、写作、体育和许多其他事情上。

- 跟孩子好好谈谈那些对他来说很难处理的情况，换作是你会怎么做。例如："我昨晚琢磨怎么才能把所有的事情都安排好，我想到如果我能写下所有我需要完成的任务，再按照优先级排序，并从最重要的事情开始着手做，可能行得通。我准备下次就这么办。"

- 因为患有注意力缺陷多动障碍和自闭症谱系障碍的孩子同时患睡眠障碍的风险很高，所以要特别注意他们入睡快不快，起床难不难，以及他们在白天会不会看起来很疲惫。如果你的孩子好像有睡眠上的问题，请咨询你的儿科医生，如有必要，也请咨询睡眠问题专家。心理学家 V. 马克·杜兰德（V. Mark Durand）同时也是一个自闭症患儿的父亲，他写了一本叫作《睡个好觉！》（*Sleep Better*！）的好书，这是一本改善有特殊需要的儿童睡眠情况的指南书，我们也建议你另行参阅。

第12章

SAT、ACT 和另外四个字母

标准化测验在青少年和他们父母的生活中，有着举足轻重的地位。在日历上，它总与孩子的另一些活动安排相伴出现，比如考驾照、成年舞会和毕业典礼。许多人认为 SAT 是高中里最关键的大事，考试时，这几个小时的发挥能决定孩子的命运，考了多少分就直接决定了孩子能上哈佛大学，还是只能上个普通的州立大学。

如果父母能跟孩子一起读完本书，那我们会倍感欣慰，但我们还是发觉，在之前的 11 章里，我们其实一直都在只跟父母对话。本章就不一样了。当然，我们还是鼓励家长要读一下，但我们也真诚地希望高中生更要自己来读读看。毕竟不管怎么说，他们才是最后坐进考场里的人嘛。因此，在这一章里，我们与高中生直接对话。

一般而言，考试这玩意，简直烂透了

一谈起标准化测验，能说的东西数不胜数。在诸多批评中，有这样一条：考题只允许有一个标准答案。思想、创造力和发散性思维的多样性，这些都不会在标准化考试里赢得回报。除此之外，它还没有设立申诉的流程机制：你不能质疑考卷上的题目。在今天这个世界里，大家都需要靠批判性思维这一技能来解决没有固定答案的困难问题，而你却还要接受那种坚持什么问题都有标准答案的考试。考试从不会酌情给你一部分分数，也从不会考虑任何背景因素。奈德的学生经常问他："这题都是什么人出的？凭什么让他们出题？"简短的回答是不凭什么。最早的标准化测验之一是比奈－西蒙智力量表，它是由法国教育家阿尔弗雷德·比奈（Alfred Binet）开发出来的。他设计的这个测试一开始不是为了评估智力水平，而是为了去识别那些需要外界提供更多帮助的孩子。这个测试之后被用于把人们分成三六九等，而这也让比奈本人很是担心。

进化生物学家斯蒂芬·杰·古尔德（Stephen Jay Gould）在其著作《人类的误测》一书中指出，给某个事物简单地直接指定一个数字，并不意味着我们就已经对它进行了测量。或者，正如这句古老的格言所言："可测的东西未必都重要，重要的东西未必都可测。"是我们对指标的痴迷催生了这种考试工业体系——这是一个价值达数十亿美元，且规模越来越大的市场。[1]

考试本身是无罪的，人们为了考试所做的事情，以及孩子及父母对考试的看法，这些才是问题。标准化考试的确有一定的价值。SAT 和 ACT考试经常能够拽出一些孩子身上未被发现的阅读障碍问题。一旦某个在学术方面很严谨的学校里，有一个平时成绩全是 A 的学生，却在 SAT、ACT 考试里成绩平平，这就是一个警示信号了。平时成绩一般般，考得也一般般，这没什么大不了的。但平时名列前茅，考试却名落孙山？那就值得深究一下了。对于这种平时成绩和考试分数之间的巨大差异，奈德已经嗅出了焦虑障碍、注意力问题或学习障碍等一系列问题，他也为此指导过大概 100 个孩子做神经心理学评估，或者安排与心理学家或精神科医生会面。虽然他没有靠自己就能诊断出问题的工具，但标准化考试的直接结果已经帮他发掘了一个值得研究的问题。

他最近接待了一个非常聪明的学生，但该学生正被学校里的事情弄得焦头烂额，不仅如此，他还有个更大的困扰源头——标准化考试。奈德发现这个男孩阅读能力很强，但是阅读速度太慢，不过奈德并不能确定问题具体在哪里。神经心理学的评估证实了奈德的观察：这个孩子的言语推理能力强过 98% 的人。那他的阅读速度呢？只超过了 5% 的人。这么看来，难怪他会感到沮丧了。但恰恰因为他很聪明，所以在他上学的 12 年里，学校里没有一个老师曾怀疑过他有阅读处理速度过慢的问题。

还有另一个学生就读于某所私立女子名校，她的平均成绩为 B+，PSAT 成绩却仅有 400 分，这并不太常见。奈德问她："在学校的这次考试中，你是不是没发挥好？是不是没发挥到你认为自己应该能达到的程度？是不是当时时间不够用啊？"

这个女孩的妈妈满脸疑惑地看着奈德。"要是真有什么问题的话，"她问，"难道她那么多老师，就没有一个会提前告诉我们吗？"

对这一问题的直接回答是：没有。如果孩子特别聪明、勤奋，哪怕是非常好的学校，也往往发现不了她身上的学习障碍。这些孩子会自己制定出相应的补偿策略，这也让他们能够顺利在学校混下去。事实证明，这个女孩有一个与注意力有关的问题，经专业评估，确定是注意力缺陷多动障碍。但由于她本人并没有表现出破坏性，所以她的问题也没有引起任何老师的注意。对孩子（尤其是女孩子）来说，因为很想低调地躲过预警雷达的侦察，他们会非常努力，而这其实很常见。他们的表现并不差，所以雷达不报警，人们也不知情。标准化考试有时的确引出了这类问题最初的蛛丝马迹。

比奈当年所恐惧的事最终还是成了现实——人们用他的测验的分数来作为智力的指标，从此以后，测验开始变得问题重重。的确，如果很多知识你不知道的话（至于这些知识的优缺点，我们姑且留给其他人去讨论），你就不能在 SAT 或 ACT 中考取好成绩，但一个人是可以既聪明，又博学，且仍然考不好试的。这样一来，有的人选择相信这些考试能证实他们有多聪明，还有的人认为考试并不能反映出他们究竟是多么聪明的人，而这两类人其实都没错。虽然说一千道一万，但是这些考试的分数高，对于申请好大学是肯定有帮助的。但只要你一想到某个测验能评断你的智力，就觉得有压力，那就肯定有充足的证据表明该测验并没有这种资格。

要记住，SAT 和 AP 考试不会像你所想象的那样影响你的未来。虽然这并不容易，但我们仍努力去让广大孩子和他们的父母不要再认为"分多高就能决定命多好"。你算算：有 75% 的人得分要比 25% 的人低。这并不是少数人，而其中又有许多人活得非常成功。

所以标准化考试大多都很没劲，但如果你想上大学，那这又是一个必须迈过去的槛儿。已经有近千所大学认可不同的考试途径（有关本内容的更多信息，请参阅 fairtest.org），但是需要你考 SAT 或 ACT 才能上的大学会更多，所以你不妨参加一下相关考试。只要你着手这么做了，你其实也能学到一些东西。也许不同于你所想，我们其实对你如何学解代数方程式并不太感兴趣（当然，这种知识还是很重要）。我们认为考试的真正前景所在，是你可以通过它去学习如何管理压力的技巧。正如政治哲学家埃德蒙·伯克（Edmund Burke）所观察到的那样，"没有一种激烈的情绪能像恐惧一样，夺走心智中行为与思考的所有能力"。换句话说，在面对挑战时，你如果没有了理智，就算掌握再多的知识，也白搭。

N.U.T.S.

我们在本书中已经介绍过了这一内容，但如果你只是恰巧读到了这里，那我们先暂且帮你补上这一课。这是我们俩最喜欢的神经科学家之一索尼娅·卢比安提出的，会让生活充满压力感的几件事物的首字母缩写：

- 新奇（novelty）
- 不可预知（unpredictability）
- 对自我的威胁（threat to the ego）
- 控制感（或者缺乏控制感）(sense of control)

以上这些其实都跟 SAT 或 ACT 考试沾边，不过这个边还是不沾为妙。接下来，让我们来通过 N.U.T.S. 的视角，看看考试到底是怎么回事。

新奇

奈德曾接待过一位当过军官的来访者，他叫迈克，当时 26 岁，毕业于西点军校，当兵时还受过伤，他来找奈德帮他更好地准备 GMAT 考试。自打迈克上次在高中里学数学，已经过去了很多年，现如今，看到要考的数学内容，他感到压力非常大。对于几何学这东西，自九年级后他连想都没想过，所以现在一筹莫展。奈德鼓励迈克，告诉他只需要重新了解几何学的基本原理，然后一遍又一遍地推理演算，等他碰见 GMAT 要考的几何题时，就能知道怎么解了。"哦，"迈克说，"就跟伞兵学校里的训练方法差不多嘛。"这个比方奈德从来没听到过，表示愿闻其详。"嗯，理论上呢，"这位大兵说，"你可以在早上刚知道该怎么从飞机上跳下去的情况下，当天下午就真枪实弹地跳一次。但这并非美国武装部队里面的训练方式。你要花好几天去做万全的准备，包括怎么用你的装备，如何使用滑槽，如何跳下平台，怎样做好落地翻滚的动作。有两个星期，你要一遍又一遍地重复同样的动作，直到根深蒂固。在第二周快结束的时候，你要穿好装备，等着上飞机，然后自然而然地就迈出机舱跳下去，因为你对整个流程都已经非常熟悉了。"

就跟伞兵一样，考试那天你不要安排任何新奇的东西。你要清楚地知道自己要去哪里，路该怎么走，甚至座位的感觉是什么样的。你要清楚地知道你在考试中可能会看到的内容，以及该怎么搞定它。你要练习细节，直到根深蒂固，这样一来，真正地参加考试就是小菜一碟了。

你可能会认为标准化考试很差劲，但这玩意一直都很差劲嘛。没错，考题本身会有变动，但是大学理事会和 ACT 总部里很多的人一天到晚都在忙，就是为了确保考试的难度保持不变。不过这并不意味着考生有同感。经常有学生告诉奈德，考试越来越难了。但是奈德也已经多次参加 SAT 和 ACT 考试，他向他们保证情况并非如此。他提醒学生，多参加模拟考，就能让新奇感消失。如果考试中的某些东西让你感觉没见过，那是因为在你掌握的流程中发生了些许变化，而你可以完全控制住这种变化。例如，你可能会在审题时太过着急，所以考题显得好像更难了。但只要慢下来，你就会发现它们还是那样。

你所讨厌的那些小考小测其实都在发挥着重要的作用。因为它们能改进你所掌握的流程，并让你专注于流程本身，这样一来，考试那天你所见到的任何内容也都不是什么新鲜玩意了。正如格言所说："拿用的标准去练，才能拿练的成果去用。"

娜奥米是我所辅导的最早一批孩子中的一员，她用了一种我一开始没觉察到的方式来抵抗考试。她的妈妈心烦意乱地找到了我，想知道为什么在备考上花掉了所有时间和金钱后，她女儿的分数却依然没提高。我当时想说："这可问倒我了。当时她离开办公室时可是表现很好的。我这里和考场中间有什么区别呢？"但万幸我当时没这么说，而且我后来亲自和娜奥米见了一面。

娜奥米一开始都没法真正说明白究竟发生了什么，她只是说考题比平时练的要更难。我问了问在考场有没有什么人打扰到她，比如监考老师之间的小声对话或者别的小孩在一旁抖脚。她主动告诉我她跟妈妈在考试前有过一场争执。实际上，争执就发生在开车去考场的路上。她妈妈跟她讲，她学得还是不够努力，所以才考不好。"然后我哭得泪流满面，真的很伤心，"娜奥米说，"但等我到了考场，我已经觉得自己冷静下来了。"

"哦，好啊，"我说，"考试时保持冷静的确很重要，所以我很高兴你能做到这一点。"

"嗯，不过也对也不对吧，"娜奥米说，"还有件事。"原来，当时娜奥米和她相处七个月的男友刚刚分手一周，而他跟她在同一个考场。

"唉，好吧……"我说，"这真挺让人紧张的，还有吗？"

"嗯，还有。是这样，我跟我男朋友分手后，其实又找了个新男友，不过很快也分手了，这事我还挺难受的。而就是这个跟我在一起没几天的男生，我真是服了，当时也跟我在同一个考场。"

简而言之，娜奥米的这一天里，有很多事情以前从没发生过，而且还很让人紧张。据说泰格·伍兹外出还要带上自己的家具，这样就方便他随时再造一个自己的房间，也就能通过控制细节来减轻他的压力。[2] 现在的娜奥米没法太多控制自己的经历体验，但像她所度过的这样一天也实在是可遇不可求。后来，我建议她要投入地去参加考试（并且要事先做好相关练习），而前提是她不要把自己的情感生活搞得那么热闹。

——奈德

不可预知

我们经常被问到新奇性和不可预知性之间有何区别。简单地讲，新奇的东西往往不可预知，但并非所有不可预知的东西都有新奇性。比如，你有一个平时很友善的朋友，但他感到紧张或有压力时，就会变得非常刻薄，相处一段时间后，你也就不会觉得他说的那些讽刺挖苦的话有什么新鲜的了。但这些话依然不可预知。这样一来，每当你路过他身边，你可能都会觉得如履薄冰。

你可能会觉得，考试这东西本身就不可预知。毕竟，你也不能预知会考什么题目。但这并非完全正确。只要做了足够的备考工作，你就能意识到，就算具体的考题会有所变化，但考题的类型依然非常相似。通过对流程保持专注，你就能最大限度地减低不可预知性。

另一种应对不可预知所带来的压力的方法是备选计划思维。如果你打算举办一场派对或婚礼，你也不知道在这个重要日子会有什么天气，那该怎么办呢？那位乐于助人的婚礼策划人就会这样建议：如遇下雨，你可以花5000美元租个大帐篷，这样宾客就不至于变成落汤鸡。这就叫作备选计划思维。（不过也算得上是敲诈勒索了，因为除了你的婚礼，哪个活动租帐篷也花不了这么多钱。）

心理测量学家（对于编制ACT和SAT这样的考试测验的人来说，这是一个够极客的词了）的工作依赖于学生能对某些具体内容以某种可预测的方式来加以回应。他们不仅根据学生的学习内容，而且还根据他们所接受的教学方式来设计问题。这样有助于测试编制人员能在正确响应与错误响应之间保持恰当的平衡。在压力情境下，学生有时会缩窄他们的感知范围，这就意味着他们会默认"平时老师怎么教，考场上就怎么答"。这种认识根深蒂固，而且并非偶然的是，真要这么做往往还会吃力不讨好。奈德的同事亚伦这样建议道："不要总问自己这道题该怎样解，这样可能会让你直接陷入无法克服的困境。相反，要问问自己：这道题能怎么解？这样就能拓宽你的视野，打开你的思维，让你能用上工具箱里的任何一样工具。你可以凭直觉把答案看出来吗？你能往里面插两个数试试吗？你能蒙个答案，然后反过来检查一下看看都对吗？这些方法里没一个是你的数学老师能喜欢的。但反正她又不在这儿，那就去用当下最适合你的方法吧。"如果你会用一阶导数去解微积分的题目，那但用无妨。但如果有个题，掰着指头数才是最轻松的方法，那也完全行得通。尺有所短，寸有所长。对于任何问题而言，解决方法（不管是方案C、方案D还是方案E）都是多多益善的，只要选对那个最适合你的就行。只要相信不止一种方法来解题，就可以简简单单地缓解压力，并能帮你更清晰地去思考。

除了备选方案之外，我们还建议你做一些专门的备灾规划。这很类似于心智对比的方法，这是奈德在一次惊险考验中吸取的教训。他一直很擅长标准化考试，有一次他以专业指导教师的身份参加SAT考试，却惊讶地发现当监考老师吹哨收卷的时候，他居然还有五道题没做完。这种事以前从没发生过，他知道自己能把节奏把握得非常好，而且通常都可以提前完成试卷。他环顾四周，看了看来参加考试的其他学生，发现他们都是呆若木鸡不知所措的样子。奈德本人其实也愣了一秒，但他立刻询问了监考老师——

"打扰一下，"他说，"不好意思啊，请问您确定时间到了吗？"

"是的。"

"好的，"奈德说，"我之前也参加过这种考试，但这次感觉时间过得特别快。您介意再检查一下时间吗？"

监考老师叹了口气，说："好吧，本次考试上午9:05开始，这部分内容需要考25分钟，现在是……"他瞥了一眼手表。"哦。"他清了清嗓子，说："同学们，大家还有10分钟时间来完成考试。请继续。"

奈德给所有的学生都讲过这个故事，这样他们就可以练习如何同时保持尊重与冷静，并且如果对考试所碰到的情况觉得不对劲，还要积极主动地去处理。只要你知道怎样才能临危不乱，你的控制感就能相应地得到强化。

对自我的威胁

SAT、ACT、GRE、GMAT、LSAT 和其他标准化考试显然在本质上并不危险，它们可能会让你做噩梦，但它们并不太可能把你送进急诊室。他们所展现出的威胁，都针对你的自我。有很多非常棒的学生，他们第一次参加标准化考试的成绩比自己预期的要低，结果一朝被蛇咬，十年怕井绳。也许，他们并不像自己一直所想象的那么"聪明"。

值得一提的是：测试分数并不能准确反映智力水平。知道"凝练"这个词的意思，或者会解二次方程都不能证明你有多聪明，它们只能证明你拥有某些特定的知识。不知道这些知识也并不能说明你笨。ACT 和 SAT 是对所掌握的知识和技能的测试——有些你在学校学过，还有些则没学过。但是分数不能成为标记你余生的标签，如果你发现自己 40 岁的时候还在吹嘘你当年的 SAT 成绩，那么肯定是哪里出了大问题。

奈德有一个叫作安妮的学生，她模拟考试的成绩不好。奈德怀疑她有与焦虑相关的问题，并会见了安妮和她的妈妈。他问了一些常见的问题，涉及考试、安妮的日常生活以及安妮所认为自己面对的一些困扰。问题问了一半左右，安妮的两眼已经泪汪汪了。奈德停了下来，并尽可能温柔地问她："你现在在想什么啊？"

安妮停顿了一下，然后说："我好笨。"

"是这样，"奈德说，"我不知道你会不会做微积分或高等物理的题目，反正我肯定不会，但我可以非常肯定地说，你不笨。我见过很多孩子，而且我能看出来，你其实很有能力。你刚刚体验到的其实是压力。无论你的大脑有多优秀，一旦它真的遇到压力，就没法做到它本来能做到的事。压力之中的大脑根本就无法正常运转。所以，除了谈谈备考的事情外，咱俩还要谈谈我们可以做些什么来帮你应对压力，这样你才能做好你本就能做好的事情。"

还有一种叫作刻板印象威胁的效应，也是一种特别容易产生对自我的威胁的有害形式，乔什·阿伦森（Josh Aronson）对这一现象研究颇精。如果有人害怕外界因为他们所属的群体而对他产生负面的刻板印象，他们就遭遇了刻板印象威胁的影响。为了解释这到底是怎么一回事，乔什讲过一个他与自己的房地产经纪人共进午餐的故事。[3] 有一次，该房地产经纪人问乔什："你们犹太人是怎么看待金钱的？"这让乔什一时语塞（对此，我们非常理解）。随后他问对方究竟有何用意，她说："嗯，其实我一个犹太人都不认识，但我最近工作上接触到了几个，发现他们都挺炫富的。"

因为乔什本人就是从事这方面研究的，他在当时有心这样去回应对方："来，我告诉你究竟是怎么回事。你之前听说过这种关于犹太人的刻板印象，但这种话有着很强的反犹太主义倾向，如今你正把这种刻板印象用在你遇到的任何可能是犹太人的个体身上。你现在正秉持着一种刻板印象，而且还在继续传播它。"在一段时间的尴尬过后，他们继续吃完了午饭。

这时该结账买单了。乔什立刻想到，犹太人的刻板印象就是我们花钱大手大脚，所以我才不要拿起账单来进一步强化这种刻板印象。她是我的房地产经纪人，应该她来买单才对。随后他又想到：等一下，对于犹太人而言还有另一种刻板印象——犹太人都很吝啬。这样一来，如果我不结账，我就会让她强化这一刻板印象。就因为这一张账单，他的脑海中思绪万千。

带着对这种效应的认识，想象一下有个非裔美国男孩，坐在一大帮白人孩子中间，跟他们一起参加标准化考试。他走进考场的时候，随身带着的刻板印象比 B2 铅笔都多。他还很可能背负着装满了别人对他的种种假设的重担。就算他知道那些刻板印象其实毫无根据也没用，只要他知道其他人对他抱有那些想法，就足以构成威胁了。在这种压力之下，他的想法很容易就会从成功的一面转向失败的一面：每个看到我没考好的人都会知道我是个黑人，而这会加深他们对黑人考不好试的成见。

我们鼓励每一个在考试中遇到对自我的威胁的人，要在考试前花点时间就几个关乎更大图景的问题写点东西。这样能改变你的想法，进而提高你的控制感，比如回答这些问题："我个人的核心价值观是什么？我真正关心的是什么？无论我考得如何，我都是个怎样的人？"曲棍球员、姐姐、活动家、朋友，回答什么都行。这个练习有助于提供给你不同的视角，让你知道自己绝不仅仅只是个考试分数。在一项研究中，孩子被要求在作文中肯定他们的自我意识，而非洲裔美国学生的成绩因此显著提高，与其他种族学生的成就差距缩小了 40%。[4]

还有一个选择就是进入战士模式。我们所认识的一个大学网球手会在上场之前听内容非常激进的黑帮说唱。博士耳机拍过一个非常棒的商业广告，NFL（美国国家橄榄球联盟）的四分卫拉塞尔·威尔逊（Russell Wilson）听着迈克摩尔（Macklemore）演唱的《市中心》(*Downtown*)，并设想着迈克摩尔对他说了一段鼓舞人心的话："看看这个手拿冰沙的坏家伙吧，看看这个亲力亲为的坏家伙吧，这儿的地盘都归拉塞尔·威尔逊。这儿的空气 [闻了闻] 也都归拉塞尔·威尔逊。"

有很多研究都支持这么做。军队研究过美军士兵在压力下的心态与他们探测简易爆炸装置的能力之间的关系——就是这种简易爆炸装置造成了在伊拉克和阿富汗的重大伤亡。简而言之，"研究人员发现，那些特别善于在模拟中发现炸弹的士兵往往认为自己是捕食者，而不是猎物。"这不足为奇，该研究还证实，"即使是地球上最敏感、最机敏的大脑，一旦被压力压垮了，也发现不了任何蛛丝马迹"。"捕食者"的心态被证明是这些士兵成功的关键，通过减少他们的焦虑，它让这些士兵从满心恐惧的同辈中脱颖而出。[5]

这个关于简易爆炸装置的研究与备考有什么关系呢？实际上关系非常

大。多年来，奈德一直在试图帮学生了解，他们在标准化考试中的表现是
如何受到他们的情绪，尤其是他们的焦虑感影响的。他见过很多孩子学得
不错，而且平时的小考小测也都没问题，但随着真正的大考越来越近，他
们就开始紧张起来。出于恐惧，他们改变了自己的应试手段，最终招致了
毁灭性的结果。

在考试前感到紧张完全正常，但你还是可以通过选择你对考试的态度
以回避这种压力的。你要想着征服考试，而不是在考试中夹缝求生。运动
员有各种各样的仪式来帮助他们在比赛那天"进入状态"。雷同的音乐、仪
式和对成功的可视化处理也都能帮你更好地备考。请记住，进考场的时候
是带着"唉哟，我的未来胜败可在此一举咯"的态度，还是带着"我要让
这些废物尝尝我的厉害"的态度，可全靠你自己选。

杰弗里上高中时橄榄球打得非常好，他也很欣喜能有一所高校打
算招募他，但有人告诉他，如果他想去，就得先把分数提上去。可惜
他的成绩一直在原地踏步。在他父亲就此事致电给我之前，他已经接
受过两位私人教师的指导了。他爸跟我说，杰弗里其实是个好学生。
他在学校数学能得 A，但一考试就只能得个 500 分上下的成绩。更重
要的是，过去这一年他过得挺辛苦，原来，他还在这个学年中期转了
次学。我想深究一下为什么会发生这种情况，而他的父亲却不情愿地
说，那是因为他在以前的学校里遭遇了霸凌。球队的队友以前老是欺
负他，而据说教练却对此视而不见。杰弗里可能觉得每次考不好其实
都证实了其他男生说得没错——他们说他是个窝囊废。他当下需要的，
不是更多的模拟考试，而是找到一种方法，能回击他所感受到的对自
我的威胁。

我见过杰弗里两次。在他考试之前，我们用于沟通的时间实在有
限。我给他解释了恐惧感是如何遏制了他大脑中负责战略的领航员系

统，并告诉他我俩需要他的"捕食者大脑"，而不是他那"猎物大脑"。除此之外，专注于流程也会对他有所帮助。杰弗里是一个外接手，所以我告诉他，这就相当于打球时要专注跑位，不要理会人群，同时要敢于跟防守队员硬碰硬，而非怕他们撞到你。我还鼓励他在去考场的路上听听音乐，这能让他虎虎生风地走起来。他还需要用猎人的心智状态去参加考试。"花点时间来想象这次考试，并在脑海中排练一下，"我说，"把它想象成你在打比赛。不要想象自己没骨气地去参加考试，而要把自己想象成面对对方顽强的防守，完成一次精准的跑位。想想以前学校里的那些废物以及出这张可怕的卷子的人都要哭鼻子。你要激活自己的前额皮质（有什么好策略能带球冲线？），而非你的杏仁核（跑啊，你这个傻瓜，跑啊！）。"除此之外，我们一道考试题都没探讨过。

　　杰弗里的得分提了将近 180 分。他成了主导比赛的关键人物。之前阻碍他的是他自己的恐惧感，一旦我们能制定出有效的策略来克服这种恐惧感，他就能真正做好他一直以来本就能做好的事情。

——奈德

控制感

　　当你已经快要迟到，却遭遇了寸步难行的大堵车，你会紧张到什么地步呢？你的手会开始出汗，你的心脏会跳得更快，你还可能看着跟你同处车中的其他人，觉得他特别不顺眼。在这种情况下，你会压力很大的一个重要原因就是你被限制住了——对于解决当下的问题，你无能为力。这时的你丧失了控制感。如果有人要求你解出某个困难的等式，或回答一道阅读理解题，你同样可能不会表现优异。因为在这样的时刻，你大脑中旨在逃避掠食者的一部分正在发挥作用，它只会促使你撒腿就跑，而非让你冷静下来，考虑有没有其他选项。

自驱型成长

　　如果你觉得自己能控制住局面，那你可能会更加平静、放松，也更能好好思考。你还可能因此做出更明智的决定。我们在本章中所探讨的一切——新奇性、不可预知性和对自我的威胁都会削减你的控制感。

　　但考试是有套路的，你可以了解这些套路，并相应地来调整自己的方法。比如你平时做事是个有条不紊的慢性子，所以考试的时候要稍微加快点步伐才能做完题，那你就可以在这方面加加油——这就是一个非常明确的目标，而且这也是一件好事。简而言之，如果你能专注于过程而非结果，那无论是参加考试还是出舱跳伞，你都能获得更强的控制感。

　　但我们还有个问题没解决掉：如果你的妈妈或爸爸总插手你的事，你该怎么办？如果他们就是那个造成压力的"交通堵塞"，该怎么办？奈德总会和孩子谈到这类事，而他是这样跟他们说的：

　　首先，要知道你的父母是爱你的。有时候，爱意和恐惧会混杂在一起，而对有的父母来说，大脑里与恐惧有关的部分一旦发挥作用，他们就会变得过度插手孩子的事情。因为他们无法控制生活中发生的事情，所以他们也可能会感到压力。如果他们有这样的感觉，对他们来说，提出批评或大喊大叫，要比冷静倾听或顺其自然更容易释放压力。这并不意味着你作为他们行为的接收端能有什么好的体验，但至少它解释了这种情况为什么会发生。

　　其次，听听他们到底说了什么。请你尽己所能地剥去他们话语里的恐惧感，仔细看看你能否在他们的言语背后收集到真正的好建议。能够收集尽可能多的信息，并考虑某个特定问题的所有观点，是一个成熟的标志。

　　我们希望你能多多倾听，但如果父母所说的话真的太不靠谱了，那还可以试一下奈德从他那睿智的朋友克利瑟琳那儿学来的一招——"绝地武士控心术"。如果你的妈妈或爸爸来找你，还这样说："嘿，尼基，我真的认为你应该 [这里插入你父母提出的任何不靠谱的建议]。"你可能通常会回答："别烦我了，妈妈。"接下来会怎样呢？父母差不多会无一例外地认为你不听话，或者你压根就不明白这事有多重要。因此，他们很少会放手不问，走开不管。通常他们会一遍遍地不断重复，一再强调，而这只会让你更加沮丧。接下来你就知道，一场争执在所难免，因为你越来越不想听，而他们却越说越多。

那么如果你改变了你们相互作用的整个模式呢？一旦你妈妈或爸爸说他们认为你应该做某件事，你就回答说："谢谢你能告诉我，妈妈。"或者，"这个说到了点子上。"只要你的父母觉得自己起到了点作用，他们就更有可能自己暗暗感到宽慰，并跟你说："不客气，亲爱的。"然后走开，去把那些成年人告诫孩子不要做的事情统统做一遍。关键是，正面对抗是行不通的。因此，请试着让他们觉得自己真发挥了作用。如果你很难做到这一点（因为你不认同或不相信），那你可以表面上说："这个说到了点子上。"然后你在脑海里想："疯子才买账呢。"或者你表面上说"谢谢你能告诉我"，但内心想"但我可从不认为你说得对"。

最后，尽力在与父母沟通自己的需求时保持尊重。有时候，写一封信会很有用。你可能会尝试说一些类似这样的话："我知道你是为了我好，而且很努力地想帮我考出好成绩。但你终归不能替我去考试。我感谢你能帮我，但我需要你多考虑一下，我本人到底认为什么才是适合我自己的。"

如果你能做到这一点，它不仅能在考试上帮到你，还可以帮你在未来几年里重建与父母的和谐关系。

几年前，我曾有一个学生很努力地想冲破阅读与数学科目的 600 分大关。数学尤其使她伤脑筋。前半张卷子里的简单题目她总是错太多，然后又花太多时间死磕最难的那些题。给她设立的攻击计划是让她在考试时慢慢来，力保做对 70% 的题，剩下的 30% 根本就不重要。如果她看到她那 30% 的题里面有她会做的，那她可以挑几道做一下。她理解自己应该怎么做，但她就是无法好好执行这个攻击计划，考试一开始就犯下的错误也进一步压低了做对 70% 的目标。真正的症结是，尽管她理解了考试策略，但还是很难做到不去做所有的题，因为这让她感觉很危险。让她自主选择要做哪些题以及要跳过哪些题，这给她带来责任感，同时也给她带来了负罪感。所以我一把抓过练习册，划掉了每个数学测验里的最后四个问题。

"但要是我会做这几道题，可怎么办呢？"她问。

"那也不要做，"我说。"不要在乎这几道题，也不许你做这几道题。我划了红叉的那几道题，你看都不许看。"

她后来又参加了模拟考试。"考得怎么样？"我问她。

"简直太容易啦。"她说。最难的那些题她一道都没做。那数学考了多少分呢？ 610。太好了！最惊喜的还在后边，阅读考了 640 分。看到了吧，她不但通过减少需要做的数学题来节省了时间和注意力，不再犯下低级错误，她甚至在阅读考试中也获得了更多的精力。

——奈德

在考试前一周，要把你自己想象成一名马拉松运动员。跑步的人在比赛开始前这一周不会训练太多——相反，他们还会练的少一点。他们要竭尽全力照顾好自己，比如睡眠和适度锻炼。你可以复习一下，让自己在考试内容上保持最佳状态，但不要再逼着自己进步了。毕竟，考试是要让你回忆起自己已经知道的知识。你还可以做一些心智对比：想一想如果出现了什么问题，你该如何处理；再选择一个歌单，能让你立刻投入捕食者模式。除此之外，你还要把负面与紧张的影响（即使来自你的父母）丢在一旁。考试前一天晚上，看点情景喜剧或喜剧电影，因为笑是缓解压力和开拓思路的好方法。在笑过和放松过后睡觉，比起在学习之后睡觉，更容易让你获得良好的睡眠。接下来就上考场吧，你搞得定！

父母们，放松点

"我爸妈在意的是我的成绩和分数，而不是我。"奈德总能听到他的学生这么说。虽然他知道这话并不是真的成立，但显然一个巴掌拍不响。所以父母们，接下来这部分内容是给你们准备的。

经常有父母问奈德，他们该不该让他们的孩子去接受某种专门考试。而他的建议始终如一：不要替孩子做决定。给孩子提供他们所需要的信息，然后让他们自己决定就好了。告诉他们你信任他们，也给过他们忠告，然后就顺其自然吧。采取这种方法有很多理由，这对你们的关系有很大好处，能教孩子学会自己解决问题，还鼓励自主性。如果你总是督促，实际上反而会降低他们的分数。孩子追求的是自我实现，他们感受到的压力越大，他们可用的工作记忆也就越少，他们的动力水平相应地也就越低。正如奈德的儿子马修曾振振有词地说过："你或妈妈越是让我做这做那，我就越是啥也不想做。"

在某种极端情况下，你的孩子会拿考试当作一种成本极高的对抗手段。奈德的同事接待过这样一个学生，她誓死不参加模拟考试。但无论如何，她的父母还是给她报了名。他们开车送她到考场，也确保她真的进了考场，而且因为孩子有焦虑障碍，他们还确保她能得到相应的特殊待遇，包括额外增加考试时长。这场长达五个小时的考试的结果如何呢？一张涂满了的答题卡，上面画的全是各种可爱图案，却没几个正确答案。

我们知道这很难。你一切都是为了孩子好，有时你觉得只要他再专心点，或者如果你能让他离目标哪怕再近一点点，他就能成功。看到他在任何事情上的挣扎或失败都能伤到你：你是想保护他，让他尽可能简单地顺利前进。记住，我俩也是当父母的人，我们能明白这种感受。但是你和你的孩子绑在一起的时间已经够长了，而为人父母的一部分，其实就是要有时主动站到赛场边线上去，这样孩子才会时不时来找你抱他一下，听你跟他说两句打气的话，然后再重归属于自己的赛场。边线才是你要站的最重要的地方。所以挺直腰板吧，别忘了为孩子欢呼，并在这一天结束时，跟他们说，你最关心的是他们，才不是什么无聊的考试成绩。

今晚怎么做

- 如果你的孩子对参加考试感到焦虑，那你可以在他们进行考前练习时坐在房间里陪着。这时你可以看会儿书，而非查看你的电子邮件。

- 在考试前数周（而不是一周）就讨论一下备选计划的情景，以帮助你的孩子免于焦虑。你可以这样说："你想不想跟我聊几分钟？咱们谈谈什么样的想法能帮你减轻压力？如果你没有得到自己想要的，那也不是什么不可挽回的灾难。这本就不是这个世界运作的方式。如果你在 ACT 考试中想考到 30 分或 33 分，可结果你得了 28 分，那你该怎么办呢？如果你没有达到想上的大学的分数线，该怎么办？咱们谈谈备选计划吧，并让你的大脑知道，就算你没有实现目标，那也不是什么世界末日。"

- 在你的孩子参加考试之前，针对她认为对自己而言最重要的价值观，让她想一想，或写下一段话。在理想情况下，你别提出要看这段话，还要告诉她："这些话只属于你。"

- 在考前一周开车带孩子去一趟考场，以便他们能看看考场到底是什么样子的。如果孩子可以提前将考试场景可视化，他们会在那个重要日子到来时，更好地控制当时的情况。

- 请访问网站 www.fairtest.org，了解超过 850 所可选考试途径的学院和大学。要知道有很多名牌大学并不需要标准化的入学考试，这就能为你的儿子或女儿提供上大学的各种备选计划以供选择。

- 做好让你家孩子多次参加 ACT 或 SAT 考试的规划。如果孩子知道他们还有退路，他们就能做得更好。
- 要知道，有一点压力实际上可以帮孩子表现得更好。但是为了把压力保持在最佳水平，首先要让睡眠成为全家人最优先考虑的事情，接下来再跟孩子谈谈每周用于学习 ACT 或 SAT 的时间分配，以及要相应减少哪些课外活动。

第 13 章

准备好去上大学了吗

　　许多人将上大学视为道路的终点，而且永远停不下来去想象这件事成真的那一天，究竟会是怎样的一番体验。这让我们想起了人们即将为人父母的时候（尤其是所期待的孩子是第一个的情况），会格外担心怀孕和分娩的各个方面。随后宝宝降生，而担心却并没有停止——事实上，父母们会发现，真正的挑战其实才刚刚开始。

　　大学里的环境与大多数孩子在高中时所经历的环境截然不同，许多青少年在离开家之前，其实还没有发展出应对这种环境中所需的一些基本技能。他们可能忙得昏天黑地，但那都是为了能在标准化考试中取得好成绩，精力也都投入到了他们的家庭作业和课外活动里，除此之外还要按时完成学校的申请工作，而他们的父母为了不让以上这一切事情脱轨，一直都在垂帘听政。对于许多孩子来说，一旦他们的父母不在身边唠叨他们、提醒他们，以及给他们设定种种限制，他们的生活就会陷入混乱。

　　比尔曾在苏珊二年级时评估过她学习障碍的情况。苏珊被诊断出患注意力缺陷多动障碍，但多亏了服用哌甲酯，她在小学、初中和高中阶段的表现都还不错。后来她上了一所私立名校，并在大三的时候又来拜访比尔，再次做了评估。她抱怨说自己经常为了备考而不得不熬夜学习，偶尔还要连熬两个通宵。她要如此长时间学习的原因，是自己越来越难集中注意力，而且学习和记忆的事情也遭遇了更多困难。"我觉得，"她说，"这些年来我一直为了治疗我的注意力缺陷多动障碍而服用哌甲酯，而它正在侵蚀着我的大脑。"她还补充了这样一点：她妈妈觉得她的问题其实出在喝酒上。

"那你平时喝多少？"比尔问。

"每周要喝四次，每次喝四五杯吧。"她说。比尔说这都足以让她被界定为酗酒了，而苏珊却这样回答："我最好的一个朋友每周有六天都要喝，每次喝 12 杯呢。"

这个故事值得剖析的地方有很多，但其中最重要的一点，是苏珊现在必须要把自己的负面行为（睡眠剥夺与过量饮酒）跟专注与学习所碰到的困难联系起来。其实大学生活以类似这样的方式影响了许多聪明的孩子。

这是因为大学校园通常本身就对大脑有负面影响。接下来让我们罗列一些为大多数大学生所承受的日常压力因素。

平均就寝时间在凌晨 2 点到 3 点之间。比尔曾评估过一个高中生，最终在褪黑激素的帮助下控制住了他的睡眠问题。在高三结束时，他基本都能做到在午夜前睡觉。随后他上了大学，因为室友天天都要熬到凌晨 4 点才睡，他的生活规律被彻底打破。正如另一位大学新生最近在咨询比尔的时候告诉他的，凌晨 3:30 才睡觉，那是"非常正常"的，毕竟在大学里，"一切都发生在午夜到凌晨 3 点之间"。大量的研究表明，大学生是一个经历着严重睡眠剥夺的群体。一般而言，大学生每晚只睡六到六个半小时，还有些研究得出的结论甚至比这个数还要小。[1]

当然，人们睡觉时存在一些实打实的障碍，比如室友开着灯或者周围噪声太大，这些都会让上床睡觉变得很困难。但大学生的睡眠周期通常也严重失调，罗伯特·斯坦戈尔德将这种情况叫"贪睡症"（周末与假期里夜夜笙歌，上学的时候反而补觉）。[2] 考虑到很多压力本身就与学校相关，大学生的睡眠周期缺乏规律性，加上酗酒和滥用新技术导致的睡眠障碍问题，这些导致大学生所蒙受的睡眠障碍，其实并不比老年人少。没有获得足够睡眠的学生会为此付出沉重的代价，比如学习成绩变差，发生各种情绪问题的风险也会进一步提升。[3]

但对于许多高中生和大学生来说，还有一种诡异的心理因素在发挥着作用：睡得少仿佛成为一个荣誉勋章，睡得越少，就越值得吹嘘。

奈德曾以背靠背的形式约谈了四个女生，她们来自同一所私立的精英女子高中，才刚刚完成高一的学期论文。第一个女孩表现得挺能拼，她说："我的论文一直写到了深夜两点才搞定。"她说。等她离开后，第二个女生走了进来，奈德说："哇，苏西还真挺累的。这学期的论文很难吧？""没错，"第二个女孩说，"我昨晚就睡了两个小时。"到了第三个女孩，有过之而无不及，人家昨晚上整夜都没睡。那最后一个呢？她简直跟达菲鸭谈到兔八哥的时候一样。"通宵？通了几宵？哈！我可是两天没合眼了!!!"请记住，这些女孩才仅仅是高中生。待进了大学，父母鞭长莫及，这个问题只会进一步严重。

当然，筋疲力尽的人还要玩命竞争，这本身就很荒谬，但我们还是要了解一下其背后有何原因。如果一个寝室里的两个室友都要准备化学课的期中考试，他们一个晚上 10 点上床睡觉，而另一个人则把晚上 10 点到凌晨 2 点之间的时间用来学习，这就可能让那个早早睡觉的人觉得自己没有好好备考（实际上好好睡觉是他最好的备考方法）。而熬夜到凌晨 2 点的那位则可能会这样想：如果考试结果不如意，那这些额外增加的学习时间也会让他免于承担责任。嘿，至少他做了他能做的一切，对吧？于是恶性循环就这样发生了。

长达数小时的非结构化时间。大学生不用成天坐在教室里，也没有硬性要求每周学习 40 个小时。有一项调查研究发现，他们每周只在学习上花费 15 个小时，而最近还有一项研究发现，学生每周花在与教育相关的活动上的时间有 19 个小时，而在社交和休闲上会用掉 29 个小时。[4] 剩余的可支配时间还有很多，而对于很多孩子来说，这是他们第一次有了自己决定该怎么安排时间的机会。这个机会本来很棒，但对很多人而言，却可能很危险。他们会发现自己离开了以前时间高度结构化的日子，当时他们每节课 45 分钟，而且还按顺序安排好了，如今却拥有完全的自由：课程是可选的，什么时候吃饭也没规定，午夜过后还有很多东西可以吃，有很多深夜派对可以参加，与此同时，却很少甚至没有相应的监督。

过度饮酒的文化已经是一种常态。哈佛大学最近有一项研究发现，有 44% 的四年制大学生在喝酒上达到了过度饮酒的水平（男生连喝五天及以上，女生连喝四天及以上）。[5] 每个班里，几乎有一半的学生都这样。年龄在 18～22 岁的全日制大学生比没有上大学的同龄人更有可能喝酒，喝的酒也更多，这表明大学生活实际上很可能在鼓励大量饮酒。[6] 比尔最近给一个在某私立名校刚上完大一的学生做了一次咨询。他告诉比尔，大学里的那些"爱社交的孩子"都会在周二晚上、周四晚上、周五晚上、周六白天和周六晚上敞开了喝酒。他还说，这些人每天都会抽大麻。过度饮酒不仅会提高学生跟不上学习进度并参与许多危险活动（如蓄意破坏，招惹警察，无计划、无保护的性行为以及醉驾）的可能性，还有证据表明它还会一定程度上影响海马体中新神经元的发育，进而影响人的学习和记忆功能。[7]

在过去这几十年里，青少年饮酒的习惯发生了巨大变化。以前他们喝酒是为了找乐子，现在他们是为了借酒浇愁。[8] 这并不奇怪，因为压力在年轻人摄入化学品这件事上扮演着重要的角色。处于青春期的猴子如果有压力，其酒精摄入量会增加一倍，[9] 而最近的一项调查报告显示，当青春期的孩子处于高压状态时，吸烟、饮酒和吸毒的人数都增加了 100%。[10] 正如我们在第 1 章中所提到的，现在的年轻人比以往任何时代的年轻人都要更焦虑，一旦生活失控了，要么去应对，要么就放弃。酗酒就是许多人选择的应对方式，它提供了一种强烈的逃避感。一旦孩子喝醉了，他们就会感觉自己更强大，跟外界有了更强烈的联系。它的确立竿见影，但从长远来看，它是灾难性的。

食品问题。许多大学生从来没自己买过菜或做过饭，所以就不知道该怎么好好吃饭。非但如此，一旦你感到疲倦（很多人都特别疲惫），大脑里调节饮食的化学物质就会出故障。前额皮质的抑制功能，也就是那个告诉你别吃了的声音，会愈发衰弱。那些在食堂吃饭的孩子很可能会受"进校就胖 15 磅"现象的影响，而且全面的饮食紊乱障碍也通常在大学才开始出现。[11] 事实上，有 25% 的大学生试图对抗与暴食症相关的行为，以控制体重。[12] 饮食失调通常表现为一旦缺乏健康解决问题的机会，就铤而走险地选择固执而不健康的手段，以产生控制的幻觉。

兴奋剂滥用。那些没有被诊断为注意力缺陷多动障碍，但自认为患了这种障碍的学生经常不受约束地使用安非他命和其他兴奋剂类药物。越拼的学生越爱用这些药物，因为他们往往错误地认为这些药能提高学业成绩。兴奋剂的使用者也比其他学生更有可能大量饮酒以及摄入非法药物。此外，许多学生为了提升自己在派对上的体验，会在已经摄入其他化学品的情况下，额外服用兴奋剂。[13]

把以上这些加到一起来看，大学宿舍恐怕是交战区之外压力最大和规范程度最差的生活环境了。我们外出演讲时从不回避这种联系，最近我们在一个讲座上收到了一张来自某个听众的纸条："我是一个曾在阿富汗服役的兽医。你讲得对。我在大学里看到的几乎就和战场上一样糟糕。在阿富汗，至少我们还有个指挥官要求我们熄灯呢。"难怪大学校园中的心理健康问题越来越多，而自杀已经成为大学生死亡的第二大原因。[14]

理查德·卡迪森博士（Richard Kadison）早在 2004 年就对大学校园内的"心理健康危机"发出过警告，[15] 他的担忧部分基于 1988～2001 年堪萨斯州立大学学生心理健康趋势研究的结果。这项研究发现，在这 13 年里，校内与焦虑和压力相关的问题增多了 58%，抑郁症发病率几乎翻了一番，人格障碍、发展障碍、精神类药物摄入和自杀行为的发生概率也是如此。[16] 另有更多的新近研究也进一步证实了这一趋势。当下的大学新生被调查出近 25 年来最高的压力水平和最低的心理健康水平。[17] 在 2010 年进行的一项调查中，有 44% 前往校内心理咨询中心求助的学生被发现有非常严重的心理问题，而 10 年前，只有 16% 的来访者才会表现出严重的问题。虽然抑郁症和焦虑症仍然是被转介到校内咨询中心的最常见问题，但也有越来越多的学生会汇报说自己有与压力相关的饮食失调问题、药物滥用问题和自伤自残问题。[18]

鉴于许多大学生都被一种对大脑有害的生活方式引领着，他们在大学校园里虚度了四五年时光也就一点不奇怪了。理查德·阿伦姆（Richard Arum）和乔斯帕·洛科萨（Josipa Roksa）最近合作出版的一本书，名为《教育的迷失》（*Academically Adrift*），其中谈到，在参加了大学学业评估的来自 24 所大学的 2300 名本科生中，有超过 45% 的人在大二结束时还没有显著提高自己的批判性思维水平、写作技巧水平或复杂推理能力。4 年过后，尽管前额皮质在这段时间里已经成熟了很多，但仍有 36% 的学生未能在以上方面取得什么显著的改善。虽然阿伦姆与洛科萨将这种学生在智能发展上的缺失归咎于现在的大学太过重视科研而非教学，以及学生喜欢上简单的课程而且学习的充分程度不够，但学生的大脑已经倾向于如此低效地运转了，而这一事实也跟上述情况同样具有高度的相关性。当前的情况有很大的隐患，我们俩认为，这与孩子在上大学时缺乏自控，以及他们的大脑尚未被锻炼得足够成熟有很大关系。[19]

你的孩子究竟有没有准备好搞定纷繁复杂的大学生活呢？要提出这样的问题，你需要足够的勇气，而我们俩希望能有更多父母敢于提出这个问题。在本章中，我们将帮助你以培养孩子控制感的方式来让你的孩子为上大学做好准备，如果他们目前还没准备好，我们也会为你提供具体该怎么办的建议。但首先，你可能需要先改变自己对大学的看法。

大学不能靠混

对于很多孩子来说，大学生活就是一场昂贵的派对。他们通常会因为能出门去上学而兴奋，可一旦我们谈到他们还是要花很长时间来学习的时候，他们却会露出茫然的神情。

托德是个聪明的孩子，他的 SAT 成绩很高，还考进了美国东北部的一所名校，但他在高中的所有成就都依托于他父母所做出的安排。他们催他晚上去睡觉，在早上又把他拖下床，限制他看电视和玩电子游戏，还管着他做家庭作业。等他上了大学，没人再给他做安排的时候，一切都崩溃了。托德在第一学期之后，就因为学业原因遭到留校察看，而我们并不对此感到诧异。那年夏天，同样因为学业问题，他被要求暂时离校，并休学一个学期。他还经历了另外两次大学生活的"起步失误"，不过最终还是凭借来自父母的大量情感资源与经济资源完成了学业。

我们每年都会看到有很多像托德一样的大学新生，人已经去上学了，但实际还没学会自觉睡觉与起床，也管不好自己的学业功课和兼职工作，更约束不了自己玩手机、打游戏或参加其他的电子娱乐活动。他们中的许多人都基本是靠着父母或辅导员的推动一路上了大学，对这些帮他们的人来说，让孩子表现优异要比让孩子明白自己要能为自己做主更重要。

我们需要彻底改变我们对大学的看法。目前，在许多中产阶级和中上阶层家庭中，上大学被认为就是靠混，而不是靠拼。比尔经常听到父母说这样的话："我知道他还没有准备好去上大学，但我肯定还得让他去。"——好像这就是上帝所赐予的权利一般。父母应该把送孩子读大学当成买理财产品，因为这也是一项巨大的投资。年轻人的确可能会荒废自己的青春，但这跟没做好准备上大学浪费掉教育资源可完全不同。你是否会在未来 4 年里，每年都给一家没有良好决策记录的公司投资 5 万美元？肯定不会啊。因此，你也就不要在孩子没有准备好投身的事情上投入资金了。在美国，进入四年学制大学的学生中有近 50% 的人最终没能毕业。[20] 一旦没毕业，孩子内心和家长的钱包都会很受伤。想用两三年完成四年制大学学习的学生通常只能选择学生贷款，而我们已经见过太多父母因为把钱花在了孩子的教育上，导致都没有为退休后的生活存下什么钱。这是一次很严肃的财务决策，它对家庭中的每个人都有实打实的影响。小心驶得万年船。

他们准备好了，还是尚欠火候（如何判断孩子是否做好了准备）

　　青少年在高中毕业后没能准备好上大学的原因有很多。他们可能缺乏必备的学术技能，可能缺乏良好的自我意识或自我调节的技能，或者正在跟焦虑或抑郁抗争。他们可能还没准备好在细节上管理独立的生活。他们可能因为高中四年的全速前进而筋疲力尽。他们可能很容易陷入社交隔离。或者仅仅是他们的大脑还没有发育完全。要记住，就像不同的孩子有着不同的身体发育速度一样，他们的大脑也类似。

　　在确定孩子是否为上大学做好准备时，你可以问自己一些这样的问题。

你家的孩子能否对自己的生活负起责来？

　　你家是谁最先开始研究要上哪个大学的？如果某个学生无法独立或在某些必需的外界帮助下完成自己的大学申请和大学论文，那他可能就还没有准备好去上大学。有些孩子被过度庇护了，以至于他们大都 17 岁了，还没有什么要照顾好自己的意识，甚至都不知道要怎样照顾自己。如果他从来都没想过自己洗衣做饭的事该怎么处理，你难道真的可以让自家的孩子去一个不受管制的环境中独立生活吗？奈德曾经辅导过一个孩子，连笤帚是什么都不知道。"哦,"奈德说,"就像个漏勺一样。"但那孩子茫然地看着奈德。"你知道,"奈德用鼓励的口吻继续说,"比如你做了点意大利面,做完之后你就把面放在这个笊篱里,水就能沥走了。笊篱就是个金属做的底部有洞洞的东西。"

"我不会做饭。我家里也没人做饭。"这孩子说。

"哇,那你家肯定老下馆子。"奈德默念道。

"呃,奈德,"这男孩回应道,"我家有个专门的管家。"显然,家里有管家并不会让一个人失去上大学的资格。

但是,这个孩子已经被培养成认为什么事对他而言都应该是已经准备好的。所以他就读于佐治亚大学时的情况并不怎么顺利。奈德后来在感恩节假期中又遇到了他,他感慨学校里的每个人都"简直太蠢了,真是一群白痴"。而他本人却在第一学期结束时因考试不及格被勒令退学。他对于包括"物品所有权"在内的很多东西都没有任何概念,一旦他碰见了什么不顺心的事,就会把他自己的失败归因于别人犯下的错误。

你的孩子足够了解她自己吗?

她知道什么对她来说很难以及什么东西会影响她吗?她是否知道,一旦自己没睡够 8 个小时,就容易有情绪波动?她是否知道,如果她感到压力很大,跑步到底能不能让压力缓和一点?她是否知道自己什么时候学习状态最好,以及什么时候需要休息?她是否知道自己在大学里可能需要哪些方面的帮助?现在你可以说,人们可以随便找个成年人问问以上这些问题,就能知道他到底想要什么,但具有基本的自我了解水平,照顾自己的意愿,并能在必要时为他人的福祉调整自己的行为,这些都能帮助你的孩子在大学环境中茁壮成长。

你的孩子是否能够做好自我规划,以保障生活平稳有序?

他可以让自己按时上下床,并获得充足的休息吗?如果他室友天天熬夜到凌晨 4 点,那他能否坚持自己的日常生活规律呢?他可以管住自己对电子产品的使用或者玩游戏吗？如果他接触到了毒品和酒，那他知道什么时候该适可而止吗？如果以上问题中有任何一个问题的答案是否定的，那你可能就要考虑暂缓上大学的安排，直到他能在自控方面做得更好。

你的孩子在求学方面有足够的自我动机吗？

在做功课的时候，她能抗拒某些分心事的干扰吗？她在需要支持时会及时提出来吗？她能否赶上各种作业和约谈的进度安排？她能在某个项目上连着工作几个小时吗？

几年前，奈德每周要跟乔尔见两面，当时乔尔上高中三年级。乔尔的父亲说他从不在一对一指导之外碰一点功课，所以奈德要尽量利用他跟乔尔同处的时间。

有一所常春藤盟校，乔尔全家人都是那里毕业的，唯有这个学校能入他的法眼。乔尔非常擅长数学，但语文很让他费力。每周他都会问奈德："你觉得我能考到 700 分吗？"奈德说："嗯，我觉得你能。你能考到这个分。而你只需要每天花上几分钟时间学语文，然后就能一步一步地达到这个水平。"

"好，"乔尔说，"来给我找点事做吧。"到了下一次会面，他什么作业都没做（正如他父亲所料），来了就问："你觉得我能考到 700 分吗？"就这样周而复始，每次都是这样。归功于他的父母能坚持每周两次带着他来跟奈德见一面，他好歹还是获得了一定的进步。但等他上大学后——他确实进入了那所常春藤盟校，他过上了靠自己的日子，却连第一学期都没撑下去。这难道有什么奇怪的？总有这样的父母，背着他们的孩子跑完马拉松的前 42 公英里，然后在他们看到终点线的时候，将孩子放下来，让他们自己跑。等孩子越过终点线，每个人都拥抱他们，祝贺他们，但他们并没有真正地跑完这场马拉松。他们对这次成功并没什么贡献，他们自己内心很清楚这一点。

没有辛勤的工作，却拿到了名不副实的奖杯，这并不能让你获得对生活的掌控感。相反，掌控感来自"几分耕耘就有几分收获"。很多人会为他们的伤疤感到自豪，一如很少有跑者会吹嘘他们的马拉松完赛时间有多短，反而会更多地告诉你纵然有水泡、痉挛的折磨，纵然他们在赛程的最后几乎都跑不动了……他们还是冲过了终点。我们的投入与收获的回报让我们变得愈发强大。

你的孩子可以自己搞定他的日常生活吗？

他能否靠自己跟别人预约见面并做到准时赴约？他能不能自己付自己的交通罚款？他会不会自己洗衣服？他自己能不能按时按量服药？他能不能在社交上做到进退有度？他能不能保管好重要的随身物品，比如钱包和钥匙？许多大学新生每次离开宿舍时都要给爸妈打个电话。但爸妈远在千里之外，他们又能帮上什么忙？他能自己解决好自己的问题吗？或最起码先别把钥匙丢了？

你的孩子是否采用健康的方法来控制或缓解他的压力？

每个人都有压力。每个人也都会找到一种方法来缓解压力。如果你的孩子没有找到健康的方法来缓解压力，那他肯定就会找个不健康的方法。我们估计，如果学生能有更多的睡眠时间、运动时间和冥想时间，大学校园内的酗酒和抽大麻的情况就会更少。

你的孩子精力枯竭了吗？

奈德见到过很多筋疲力尽的孩子，他们觉得自己就像一直身处于跑步机上，永远停不下来。他的学生伊莲告诉他："当我想到我在高中时所做的一切都是为了获得好成绩，我就觉得自己浪费了四年的生命。我什么有意思的事都没做过。"我们其实很担心像伊莲这样的孩子。有许多人会感到焦虑或沮丧，这也会把他们投入一种不安全的环境，进而让他们变得愈发脆弱。其中有些人会患上饮食失调，有些人会靠酗酒来放松自我，还有些人会有自伤自残的行为。这些情况父母没法亲眼看到，所以你那精力枯竭的孩子有没有一种健康的应对机制呢？他知道压力管理的技巧吗？他知道偶尔也该给自己一点休息时间吗？

你家的孩子是否具备完成大学水平作业的学术技能？

大学生需要有以一定的速度对大学水平文本进行阅读、理解和记忆的基本能力，这样他们才能完成阅读作业、论文作业、完成习题集以及其他的作业内容。此外，他们还需要有能力去规划、组织和合理安排多项学业任务，并为考试做好充分准备。大学里的巨量功课，以及急剧上升的学业期望已经淹没了很多孩子。

如果你的孩子需要学业上的支持，他会提出要求并合理利用这种支持吗？

许多患有学习障碍、注意力缺陷多动障碍和自闭症谱系障碍的高中生不愿意接受学校安排的特殊待遇，比如延长考试时间或使用有声教材。这种倾向也依然存在于大学校园里。因为被提及需要专门帮助，或者要跟专门的导师合作来提高论文水平，会让很多学生对此感到懊恼或尴尬，于是他们就放弃了辅导，并且降低了对课程的投入。

你的孩子是否具备管理复杂人际环境的社交能力？

对于处于社交弱势群体的学生来说，要同时管理大学里新的学业挑战、大学宿舍里的人际关系和自立生活的相关需求，很可能会让他们不堪重负。许多在社交场合感到别扭或缺少社交技能的孩子都会在与人交往时踌躇不前。也许他们的确更擅长独立地学习，但他们是否具备发展友谊的能力呢？是否具备跟舍友谈判以解决矛盾的能力呢？如果碰到了兄弟会内的狂欢派对，或者某天喝多了，或者要出门去约会了，他们能否处理好这些社交环境下的压力呢？

一旦父母诚实地回答上面这些问题，就会有许多人发觉他们的孩子其实还没准备好上大学……至少当下还没准备好。那么现在该怎么办呢？

如果你的孩子还没准备好，该怎么办

现在上大学的孩子比以往任何一个时代都要多。从某些方面来说，这的确很棒——做好准备的孩子总能获得相应的机会。但是在越来越多的社区里，高中毕业就直接上大学已经成为常态，于是有种观念随之产生：如果你没能直接从高中考上大学，那你就是个窝囊废。

这一点道理都没有。我们都知道孩子在不同的年龄段会有不同的成长爆发点，比如我们知道，某个根本入选不了校篮球队的普通新生，没准在高三的时候能成为队内的明星得分后卫。如果孩子自己并没有准备好，不管你的意愿有多强烈，也帮不上忙。这事只能靠他自己。

然而，有许多父母迫切地希望自家的孩子能继续前进。他们毕竟已经厌倦了当首席监督官的角色。有钱的家长并不那么在乎花钱让孩子去上大学到底是不是错误的决定——他们真得缓缓了。大学既是社会认可的一条发展道路，也是让父母稍作休息的一种方式。父母往往并不了解，其实还有其他选项。

像德国、丹麦、澳大利亚和英国这样的地方，非常鼓励设置"间隔年"（有时是两年），专门用于旅行、打工或者在军中服役。在以色列，学生要在军队与国家机构里先干两年，才能开始上大学，因此大量的生活经验和前额皮质的额外两年发育就发挥出了优势。为什么美国不可以这样呢？我俩并不是唯一提出这个问题的人。像临时计划中心这样的机构正在努力使"间隔年"变得更加主流，而且玛利亚·奥巴马也决定留出一年作为空档期，这也会强化人们对这一主题的兴趣。

临时计划中心的副主席贾森·萨洛汗（Jason Sarouhan）表示，有五类学生可以从"间隔年"中受益：

小工蜂，他们考试成绩好，日常成绩也很高。在我们看来，这就是指像伊莲这样的学生，这些孩子已经在跑步机上连着跑了四年，精力已经枯竭了。

追求意义者，他们通常考试的时候成绩比较高，GPA 成绩比较低。这些孩子非常聪明，但他们只有在看到令人信服的理由，才愿意投身去做。他们想要的是自己行动背后的真正意义。

实用主义者，他们往往想要带着更加清晰的目标去上大学。《乡下人的悲歌》一书的作者 J. D. 万斯（J. D. Vance）就是一个很好的例子。他经历过充满动荡的童年，在他不得不通过贷款才能上大学的时候，他发现自己其实并没有准备好。于是他选择了先入伍参军。

奋斗者，他们因同别人在学习上的差异，导致其高中经历被蒙上了阴影。对于大多数患有注意力缺陷多动障碍的孩子来说，让他们的大脑多花些时间来进一步发展，进而帮他们在大学毕业时获得成功，是具有一定意义的。

浮球型孩子，指的是没有充分参与过日常生活，并可能在有的地方尚不成熟的孩子。这个孩子就是在马拉松比赛里被爸妈背着跑了42公里的孩子。他其实还没有准备好冲过终点线，他还没靠着自己完成比赛呢。[21]

大多数没有为上大学做好准备的孩子都属于以上五个类别中的某一个，而他们中的大多数孩子都会从"间隔年"中受益。

"我一直非常清楚自己在高中毕业后会发生怎样的生活变化，"凯瑟琳·恩格曼（Katherine Engman）在一篇关于她的"间隔年"的博客中这样写道，"我认为这是我生命的第二章，在这一章里，我的未来我做主。"在这一年里，凯瑟琳帮助过猴子重归野外，也去哥斯达黎加爬过山，这两件事都有着奇妙的体验。但令我们感到震惊的是，选择"间隔年"这一决定本身，对凯瑟琳来说具有巨大的价值。"每天我都在想，这是我自己做过的最明智的决定……我对自己的决策能力和适应不同环境的能力变得非常有信心……这是我第一次控制了自己的生活，并选择了去做能让自己快乐的事。"[22]

花时间去脱离"自动驾驶"的状态，并有意识地做出决策，这能够让人获益良多。许多选择了"间隔年"的学生会花时间专注于他们的兴趣所在（进行野生动物研究、参加浸入式外语学习课程或从事某种社区服务活动），在对兴趣有了更深了解的同时，他们也更容易将这种兴趣转化为职业。还有一些学生则能获得真正的社会经验或从军精力，这能更好地帮他们成为真正意义上的成年人。

不要认为"间隔年"仅仅适用于能负担得起让孩子外出旅行的富人家庭。许多"间隔年"计划实际上是以工作的形式来进行研究,虽然这一年可能不会让你省下太多钱来当退休金,但也不会让你因此而背上债务。事实上,那些采用"间隔年"计划的人往往还能通过聚焦他们的关注点来节省开销,因为他们在上大学后,通常都能提前完成学业。[23]

这事听你的,但钱是我出的

现在假设你的孩子铁了心要去上大学了,那你就要有所疑虑了。如果他能拿到全额奖学金,或靠自己支付学费,那当然是他自己说了算。但是如果你在他上大学期间提供了一些财政上的支持,那你当然可以合理地认为自己是与之利益相关的一方。你可以这样说:"如果你愿意,你可以去上大学。但如果你想让我对你接受教育做投资,我需要先看到你能达到某些标准,然后再爽快地掏钱。"这种立场有理有据,但没有为上大学做好准备的孩子往往缺乏了解这一点的自我意识。这些孩子中的许多人坚持认为他们会在大一开学后过得一帆风顺,但实际上他们并没有在真正做出明智的决定。你可以简单地要求他们向你证明他们已做好了准备,并通过这种方法来帮助他们搞明白事态发展。

还有的家长害怕孩子不去立即上大学是出于另一种担心:如果他们在高中毕业后没去上大学,那他们就不会去上大学了。这在以前的确是个值得关注的情况。20世纪50年代和60年代初期,许多17岁的孩子辍学后直接进工厂工作,他们所赚到的钱足够养活一个四口之家。他们中的许多人其实从来就不需要上大学。但在今天来看,这已经不太可能了。

作为父母,从来不缺值得担心的事情,其中最让我们揪心的,是担心自家孩子有什么糟心的感受。这就是为什么总有父母告诉我们,"如果我家孩子上不成大学,他肯定会觉得自己很糟糕"。越是周围的亲戚朋友认为孩子上大学是必经之路的家庭，就越容易提出这样的忧虑。

为人父母，你没法让孩子的所有失落和压力都凭空消失掉，但你还是可以尽早开始构思规划，寻找备选的替代路线，这将是本书下一章的主题。

今晚怎么做

- 尽早准备。如果你的孩子在 6 月高中毕业时没有为上大学做好准备，那么等到了秋天开学的时候，她就很可能依然没有做好准备。鼓励孩子做好准备的过程必须再提前一些。在孩子 9 年级的时候，就要开始跟她提上大学是要靠自己努力争取的。向你的孩子大概描述一下，为了保障他们筹备完好，他们在未来四年里需要培养出哪些技能。告诉他，你希望在他上大学之前，至少能看到他基本照顾好自己的生活起居起码六个月。

- 如果你家的孩子想去上大学，并且显得有能力培养出大学水平的学术技能，但其他方面还没有准备好，那么请强调她所面对的问题是"什么时候去"而非"去不去"。

- 鼓励你的孩子获取一些打工的经验。成功的工作经验对大学生涯的成功而言，是一个很好的预测指标。

- 如果你的孩子很快就要去上大学了，那就谈谈大学里是个什么样子，以及为了让大学生活成为一种美好体验，他都需要做些什么。跟孩子讨论一下，他认为怎样才是最好的方式，能让家长提供支持而不过度干扰，能让家长跟他们保持联系，又不至于显得无处不在。

- 为你自己的过渡工作做好准备。跟孩子保持联系，但还是要专注于你自己的生活。要提醒你的孩子，家永远是他的避风港。还要与你的配偶谈谈，你们俩的角色已经发生了怎样的变化。

第 14 章

替代路线

重负下的青少年宣言

你是否知道，在一切事情上都格外卖力，这让人多么紧张？并且你总知道还有别人做得比你更好，而你永远不是最出色的那一个。另外，你有着超级聪明并且超级成功的父母，他们上过哈佛，他们是事业有成的律师，于是你不禁问自己：我该如何取得成功，怎样才能买得起房子，又如何才能组建一个家庭？你这样想："我的父母都很聪明，我被送进了一所不错的学校，可为什么我还是做不到他们能做到的事情呢？"不仅如此。"我还想知道我到底能不能考进名校？哪怕是一所略微不及他们母校的大学，哪怕是一所他们勉强能接受的大学？"

写下这篇文章的少年是奈德的一个学生，他认为自己通向成功生活的道路岌岌可危，道路两旁俱是万丈深渊。平时成绩优异？考试分数突出？那真棒，你走在一条阳关大道上。几何学上碰到了点阻碍？哎呀不好，半路杀出个程咬金。

这种全或无的思维习惯可能产生得很早，并且就算在大学毕业后，也能够持续存在。有一次在办公地吃简餐的时候，奈德跟他的一位同事的男友聊了会儿天。他们聊到大学的主题，奈德问这个 20 岁出头的小伙子，他是不是已经上大学了。

"没有，"他很直接地回答。"我这个人不是很聪明。深造不适合我。"

奈德愣了一下，随后理解了这个年轻人已经内化的所有相关信息，比如：

○ 没上大学的人不聪明。
○ 深造只适用于某些人。
○ 我没有其他人那么好。

"好吧，"奈德说，"人们可以通过很多方式在生活中取得成功或为世界做出贡献。你现在做什么工作？"

"哦，我就是一个小小的急诊医疗队员。"这哥们回答。

"小小的"急诊医疗队员，他的工作可是拯救生命啊。

这次谈话引出了一个我们很喜欢问孩子的问题：你认为在过去的几百年里，哪个工作岗位的从业者拯救了最多的生命？虽然可以好好讨论一下这个问题，但我俩认为最可能的答案就是医疗卫生工作者，而急诊医疗队员则是接近首位的职业。我们不妨这样想：当身处危机，你最希望下面哪个人及时出现提供帮助？

A. 投资银行家　B. 律师　C. 神经心理学家　D. SAT 指导师　E. 急诊医疗队员。

没错，我们觉得就该这么想才对。

让年轻人保持健康控制感的主要挑战之一，就是他们对成人世界狭隘而扭曲的看法，以及对成功和享受生活所需的条件的错误认识，我们在本书的前面部分已经讨论过了。这些观点助长了恐惧感和竞争性。它们会影响成绩优异的孩子，对于他们而言，对成功之路的刻板看法会招致不必要的压力感、焦虑感和心理健康问题；它们也会影响成绩不佳的孩子，他们中的许多人在年轻时就认为自己永远都不会成功，所以压根就不想做任何尝试。这些年轻人中的许多人都有过一种很让人丧气的自我对话，他们跟自己说："我必须要 X、Y 和 Z，但我又做不到。"或者"我必须要 X、Y 和 Z，但我讨厌这么做。"

这些孩子对成功所需的内容有着深刻的歪曲。这种偏见有时来自他们的父母，但也可能来自学校或其他同龄人。无论是潜移默化还是被动植入，他们都产生了这样的想法：如果他们不是拔尖的好学生，他们就会成为窝囊废，然后在 50 岁的时候，还要在麦当劳打工。

真实情况其实是这样的：我们成功是因为在某样我们既好接受又愿意投身于其中的事物上足够努力。我们需要这样告诉我们的孩子，成功的学生所需的技能，其实在很多方面与那些能够带你获得成功事业和美好生活的技能有着很大不同。

要想当一个每门课都拿 A 的学生，从定义上看就需要有非常高的对各种规范的服从度，而这其实并不是通向伟大成功的途径。能拿到 4.0 的 GPA 成绩，也能说明这个人差不多擅长所有科目，但这种擅长未必能转化到现实世界中去。我们需要跟孩子强调一下，其实大多数成功人士都不是科科高分的优等生。事实证明，哪怕是在高中毕业式上作为毕业生代表发表感言的人，在将近 30 岁的时候，其实也并不比其他读过大学的同龄人更成功。[1]能力并不能简单地为成绩所衡量。

不过别曲解我们的意思：做一个好学生并在名校拿到学位显然有其好处，但的确还存在其他的人生道路。一旦我们把所有注意力都集中在一条路上，就会让很多孩子感到遭遇了冷落。

真正的现实

每当要结束他的《牧场之家好伙伴》（*Prairie Home Companion*）系列节目时，电台主持人加里森·凯勒（Garrison Keillor）都会说："好的，接下来是一条来自乌比冈湖的简讯，那里的女人都很强壮，男人都很帅气，所有的孩子也都不一般。"他这种温柔的幽默恰到好处地说明了问题。我们都想自家的孩子优于平均水平，却忽略了每个家长其实都这样认为的简单事实，不可能每家的家长都是对的。由于我们俩的职业就是评估孩子，所以我们知道，孩子中总会有 1/3 的人，在数学技能和语言技能上的水平要低于另外 66% 的人。然而，这 1/3 的孩子里有很多人正在为上大学做着相关的准备工作，却全然没有意识到他们将在应对既要概化又要量化的任务时，会遇到多么巨大的困难。对许多人来说，"必须拿到大学学位"这一想法其实是一种有害的信息。这些学生中的许多人，无论多么努力，都根本无法完成四年的大学标准任务。我们应该交流一下现实是什么样子的，而不是生活在错觉之中，你看：

- 大多数美国人没有大学文凭。虽然每年的统计数据有所差异，但研究结果表明，几十年来，成年人口中只有 25%～32% 的人拥有四年制大学的学位。
- 许多完成大学本科或研究生学业的人在追求学业成就的过程中走过弯路。
- 许多当年是优等生，后来又成功创业过的成年人的日子其实过得并不如意。
- 你上不上大学，以及你去哪上大学都不能为你的生活设下不可更改的路径。比尔·盖茨、史蒂夫·乔布斯和马克·扎克伯格这三个人可能是最知名的大学辍学生了吧。还有些人只上过"还可以"的大学，但还是能出人头地，比如谷歌联合创始人谢尔·盖布林，他当年上的是马里兰大学。在最近二十几位获得诺贝尔医学奖的美国科学家中，不仅有本科就读哈佛大学和布朗大学的人，更有德堡大学、圣十字学院和盖茨堡学院培养出的才俊。[2]最近退休的普林斯顿大学的校长走马上任去了丹尼森大学，那只是俄亥俄州的一所小型文科学校。

○ 追随你的激情所在，这要比勉强自己投身不做不行的工作更能让你活力充沛。

○ 目前在美国有超过 3500 种职业供所有人选择，而其中的许多岗位并不需要大学学位。

多样性的美德

因为有了民众才能的多样化，社会才得以茁壮成长。生物多样性也是健康的生态系统的标志。我们需要梦想家、艺术家和富于创造力的人才。我们也需要企业家和开拓者。我们还需要身体强壮的人，以及各类能工巧匠。阿尔伯特·爱因斯坦曾说过："如果你拿爬树的能力去评价一条鱼，那么它这一生都会认为自己一无是处。"正如发展心理学家霍华德·加德纳所指出，智力有许多不同的形式，包括音乐智能、空间智能、语言智能、逻辑－数学智能、身体－动觉智能、人际智能、内省智能和自然探索智能。[3] 换句话说，你可以既是一个差学生又是一个才华横溢的舞蹈家（反过来也成立）。没准你各种能力普遍都表现平平，但唯独在觉察分析他人情绪方面非常出色——关键是要找到你的强项所在。

我们发觉有这样一个问题——在高中里面尤为普遍：一个孩子只有在方方面面都优秀，从语文课到科学课再到外语课样样都好，人们才会认为这个孩子将来能有出息。而环顾四周，想找到一个差不多在各方面都比较强的人简直太难了。这就使得"做最棒的学生"这种目标直接意味着要不断地拿自己跟他人做比较。这有时的确能起到"知耻而后勇"的效果，但在大多情况下，这么做反而会让人的动力进一步流失。变成熟的表现之一，就是知道了何时放手，以及学会取舍。

　　比尔经常跟他正在评估的大龄儿童和青春期少年这样讲："我希望我能找到你玩不转的东西，因为真正成功的人总是有他擅长的领域，同时也肯定有短板，但他能明智选择投身到擅长的领域，并以此为生。"（对于年龄小一点的孩子，他会说："我希望我能找到一些你没那么擅长的事物。"）换句话讲，你的成功之路不可能靠着不断扶持最弱的技能，直到把它打造得足够出色来达成。许多学生接受不了这种说法。奈德有一个叫大卫的学生，奈德给他的建议中有一条是告诉他，少年时代的任务不仅有探索自己喜欢的东西，还有探索他在哪些方面比其他大多数人更擅长，还要在这些方面多加投入。大卫表示不敢苟同。

　　"这不太对吧？"大卫问，"就拣容易的事做，这不是自欺欺人吗？"

　　奈德这样回答他："你看，你身高一米七，体重有 80 千克，所以你才能在橄榄球队里当跑锋。可让你跑马拉松你肯定跑不下来，因为你就没这个底子。"

　　奈德并不是暗示大卫要放弃他生来不擅长的所有事物。在学校和生活中，毕竟还有很多重要的东西是必须掌握的，即使是在很难学的科目中，也有着必须学会的知识。但是识别和培养你的天赋所在，这肯定很有价值。

　　一旦孩子跟父母讲"我没艾瑞克那么聪明"，或者"数学课上别人学得都比我好"，许多家长会试着这样安慰孩子："不是那样的。你跟他们一样聪明。"比尔则采取了不同的方法。他告诉孩子，你只需要在全世界你感兴趣的领域中够聪明，就可以了，而你本就如此。他还告诉他们：在他所从业的领域里，他其实很感激那些比他还要聪明的人。因为是他们构建了相关理论，编制了测评的工具，是他们使他有机会靠帮助别人为生。

击破乌合之众

　　比尔曾评估过一个 8 岁的男孩，他妈妈跟比尔讲，她儿子必须上哈佛大学、耶鲁大学、普林斯顿大学或布朗大学，否则她就不给孩子出学费。比尔以为她在开玩笑，笑出了声，但这位母亲却斩钉截铁地说她说的是真的。比尔尽力把话说得委婉："你有没有意识到这么想有点不对劲？因为其实绝大多数成功人士其实也没上过哈佛大学、耶鲁大学、普林斯顿大学或者布朗大学？"这位母亲显然被激怒了，说："反正我就这么想。这事儿就得这么办。"

许多人所持有的信念跟实际情况之间全无关联。许多人，尤其是不缺钱的成年人，都有我们所提及的这种毫无根据的信念体系，这被称为"共同妄想"。学校本该比父母更能领会这一奇怪的现象，毕竟学校每年都有几百个孩子进进出出，可他们却常常支持这种错误的想法。我们问过公立高中的校长和私立学校的高管："你们为什么不能把上大学的真相告诉孩子呢？为什么不告诉他们上什么大学对他以后的生活影响非常小，而且也不能预测成功与否呢？"他们一直这样说："要是我们这么说了，我们会接到大量生气的电话，收到一大堆愤怒的邮件，因为父母认为一旦孩子知道了真相，他们就不会在学校好好学习了，进而在生活中也被划入失败者的行列。"

我们已经发现，只要简单地把世界的真相（包括作为好学生有怎样的好处）告诉孩子，就能增加他们的灵活度和动机水平。这能激励那些缺乏动力的孩子转移认知重心，以前是"要成功就得上刀山下火海"，现在是"为了给整个世界做出重要的贡献，我可以从许多种让自己成长的方法中选上那么几个。"当我俩与朋友、同事聊到学校里的替代路线的时候，每个人都有故事可讲。比如给他们家修车的技工师傅有麻省理工学院的工程学博士学位，但他很满意自己的职业生涯。或许这位师傅没上过大学，但他活儿干得非常漂亮，于是成了一个非常成功的商人，雇了12个机械师给他打工，所以才32岁就退休了。或者还有一个这样的故事：他们的某个朋友有两个博士学位，但当年上高中的时候，还退过学。

真实的轶事往往比统计数据更加有力，为了对抗相当一部分人的错误认知，我们将在本章剩下的部分来讲几个我们最喜欢的故事：这些人是怎么通过反传统的形式追求到幸福与成功的人生的。比尔本人就采取了一条不同于别人的路线，最终走进了神经心理学这个领域，所以我们先从他的故事开始。

比尔

我当年以 2.8 分的成绩从高中毕业。比起学习来，我对摇滚乐（管风琴、贝斯、吉他）更有兴趣，高三学年一开始，我英语就考了个不及格。可在我 19 岁的时候，在智识方面的兴趣发生了转变。我在华盛顿大学获得了大学学士学位，随后在加利福尼亚州大学伯克利分校攻读英语专业的硕士学位。我原本打算在 26 岁时拿到博士学位，随后成为斯蒂克斯鲁德教授。天不遂人愿。我深受焦虑障碍之苦，也缺乏自信，还可能存在滥用咖啡因的问题，天底下所有的事情里，我最擅长的就是什么都不干。我上了半年学，连一篇作业都没交过。（每次见到在学校里成绩很差的孩子，我都跟他讲："你还能差得过我？"）不出所料，研究生读不下去了。我无比难过，也很担心，觉得我的未来彻底完蛋了。后来我回到了西雅图，琢磨接下来该怎么办。（当时我的父亲刚刚去世，我的母亲很支持我，也很鼓励我找条别的路子。）我找了一份打字员的工作，但很快就被炒掉了。

可能是因为我的焦虑让其他跟我一起工作的打字员感到紧张吧（其实我打字不慢）。随后我找了一份要参与手工劳作的营生，在仓库里手填订单。回想起来，那可算不上我生命中的美好时光。

我在工作之外还有很多闲暇时间，我发现自己非常喜欢和我那 4 岁的侄女一起玩。我记得第一次带她坐公交车，在车上听她问的问题，听她怎么回答我的问题，特别有趣。我回想起我生命中的过往经历，每当我们家跟其他带小孩的家庭外出度假的时候，虽然当时的我不喜欢承认这一点，但我的确喜欢和小朋友在一起。这让我有了要做接触孩子的工作的想法。

我开始修习教育学课程，最终获得了学位，成了一名老师。我继续深造，获得了特殊教育学硕士学位，并走上了教师岗位。我做全职教师的头一年，每周一都犯头疼。如今回想起来，我认为是因为当时的我虽有一些当老师的优势（我人很好），但我这个人的行为管理能力很差，所以在应对一群有特殊需要的小朋友时，会有很大的压力。这让我意识到，如果我要继续做与孩子有关的工作，那就必须换个环境。32岁时，我完成了学校心理学课程的研修，获得了博士学位，之后继续攻读临床神经心理学博士后。这43年来，我再没回过头，自从做全职老师那一年后，我也再没头疼过。

我在离开伯克利的6个月内就意识到，离开那里可能是发生在我身上的最好的一件事了。当你感觉所有的事情都不对劲的时候，通常事物就会重组成为能发挥作用的形式，而这往往是我们没法事先预料的。

罗宾

罗宾在马里兰州的一个中产阶级家庭长大。从初中开始，她就是班上的佼佼者，同时还是学生干部。读八年级的时候，她成功地得到跳级的批准，直接升读九年级，随后她在一个学期里就学完了九年级的课。第二年夏天，她开始游离于标准发展路径之外了。她怀了孕，又和孩子的父亲私奔，住在群租房和又脏又乱的酒店里。她最后只拿到一纸普通高中同等学历证书，又跟她那十几岁的丈夫离了婚，随后很快再婚了。她的第二任丈夫是个控制欲很强、很冷酷的医生。

虽然她是一个小男孩的母亲，以及另外两个孩子的继母，但她还是找到了一种方式，在新罕布什尔州的基恩州立学院上了大学，并在 27 岁时以 4.0 的 GPA 成绩毕业。

她一直对精神修行感兴趣，因此她递交了哈佛大学神学院的入学申请。让她惊讶的是，她竟然被哈佛大学录取了。她上了一个学期的课，随后便意识到，如果她想要有足够坚实的经济基础来离开她的丈夫，她就必须更努力地养家糊口谋生活。于是，她攻读了工商管理学硕士学位，并在企业里找了一份培训与发展专员的工作。等罗宾在经济上站住了脚，她离开了自己的丈夫，不久之后，她遇到了现任丈夫彼得，如今她已度过了幸福的 24 年婚后生活。

在职业发展上，罗宾也有了新的转变。她不喜欢企业里面的环境，于是转而学习了瑜伽和舞蹈，并出版了一本关于女性心灵成长的著作，专门向处于危险环境的女孩教授瑜伽和冥想技术。在短短几年内，她又开始接待患有急性的创伤后应激障碍及创伤性脑损伤的现役军人。她为瓦特李德国家陆军医院里的士兵讲授瑜伽和冥想技术，并与他人共同创办了一个叫作"自在勇士"的组织，专门训练瑜伽老师，教他们在考量了创伤事件与军队文化的情况下，面向士兵传授瑜伽和冥想技术。这一组织已在全球范围内培训了 700 多名教师，并且目前每年能为大约 1 万名现役军人提供服务。

布莱恩

布莱恩是一个来自华盛顿特区郊外的聪明小孩，对他来说，上学就是上刑。他在十几岁时跟父母冲突不断，父母管他管得很严，但布莱恩总是想方设法躲着他们走。他对妹妹很冷漠，还熬夜听音乐，主要就是要吵得父母不能睡觉，逼得父母不得不来找他的麻烦。

布莱恩 16 岁的时候，在学校里表现很差，还很仇视学校，也没有花任何时间去学习或发展什么学业能力。他的父母又不想让他辍学，索性把他送进了新英格兰地区的一所寄宿学校。那里的工作人员并不比他的父母更擅长管孩子，布莱恩和他的女朋友一起成功私奔，逃到了佛罗里达。在佛罗里达，他和女朋友的工作都仅仅能达到最低收入标准。最终，自由的吸引力越来越小。单调乏味的苦差事还是让他妥协了。布莱恩想去佛罗里达州的一所社区学院上学，他的父母也同意承担他的学费。在那里拿了一些学分之后，布莱恩申请了华盛顿州奥林匹亚市的常青学院，后来在那里获得了教育学的学士学位。布莱恩后来还拿到了教育硕士学位，目前他已经是哥伦比亚特区公立学校的一名高阶教师了。

在学校里好好学习一路深造这种标准路径并不适用于布莱恩。但他还是找到了属于自己的方法，让他能够获得快乐又令人满足的职业生涯与个人生活。奇怪的是，他自己曾经死活都不好好学习，如今他走了一圈，做的工作就是帮助孩子能在学校好好学习。

彼得

彼得是身处芝加哥公立学校系统中的一名普通学生。在先后待过五所不同的高校后，他最终毕业于中西部地区的一所小型文理学院（现在已经是一个线上学院了），并获得了英文学士学位。因为他没有找到与自己专业相关的工作，而他又总是喜欢烹饪，所以他开始当一名打短工的厨师，并追求起经营自己餐厅的梦想。多年来，彼得在餐饮行业干过很多工作，包括服务员、领班、厨师和主厨。他甚至还开过热狗摊。后来，彼得开始在一家连锁餐厅工作，并担任基层经理，于是就有了采购物资的经验。这项工作非常适合彼得，他这人很擅长算数、处理人际关系以及达成"双赢"

的谈判成果。很快，就有一家开了三个分店的初创连锁餐厅找上门来挖他。

彼得的采购工作给他的老板留下了深刻的印象，于是他把公司的一部分股票出让给了彼得。公司最终上市时，已经在全球拥有了超过300家分店。彼得在专业领域和财务领域都做得非常好，同时他还有一个美好的家庭。

有多少十几岁的孩子曾梦想过长大了要给一家大型连锁餐厅当采购负责人？但对于彼得来说，这就是最美好的生活和事业。

本

本曾在学校里学得很费劲，而且到今天都还记得，当年的科学课和数学课对他来说格外困难。他很难激励起自己去做功课，而且他的 GPA 分数低于 1.0，差点没能高中毕业。不过，他几乎擅长各种艺术类课程，上七年级时的书法课则给他留下了格外深刻的印象。他的父母（一名临床心理学家和一名肿瘤科护士）都支持他采取不同于主流的方式，去探索以艺术为中心的中学生活。本的哥哥在一项两年期的项目中学习了电影摄影，并以此作为自己的职业生涯起点，在洛杉矶混得风生水起。（他目前已经是好莱坞最成功的电影摄影师之一了。）而本虽然参加了另一个为期三年的艺术课程，却没有完整地学下来。纵然如此，他也掌握了足够的技能来开展一系列的平面设计工作，期间他发现了一个特别吸引他的行当——品牌推广。本在 29 岁的时候，就开办了自己的公司"品牌军队"。颇有讽刺意味的是，虽然本从未获得高等教育的学位，但他有许多像乔治梅森大学和乔治城大学这样的客户。

本和他哥哥都追随了自己的激情所在，也都非常成功，他们现在赚的钱远远超过他们的父母。正如他们的父亲所说："我从这件事里学到的是，如果你看到孩子是朵火花，那就要把汽油倒上去。"

拉克兰

从上幼儿园的那一刻起，拉克兰就喜欢修修补补。比起修习，他更乐意修复教室里破碎的物品。

在中学阶段，他就用自己的智慧给老师留下了深刻的印象，可他却缺乏做完作业的能力。他同时还表现出了叛逆的个性。上 8 年级的时候，他用短路的方法破解了学校的铃声系统，只要他想下课了，按下按钮就行。他还绕过了学校的安保系统，以便他和朋友可以随时进出学校。

16 岁的时候，拉克兰在壳牌工作站上班。他一开始只负责换轮胎和加油，但没过多久，他就当上了负责拆解汽车与重新组装的机械师。他离开了家，还逃掉了高中里的绝大多数课程，等到 11 年级结束的时候，他的 GPA 分数才刚刚 0.9。但他还是成功地获得了高中文凭，开始干起音响工程师的工作。21 岁时，他签下了去肯尼迪中心上班的合同，他为那里的歌剧院和音乐厅设计了整套音响系统。

最终他转行搞起了电视工程。虽然他之前没有什么相关经验，但他还是努力工作，学东西学得飞快。凭着他的兴趣、才能和奋斗，他终于遇到了有知遇之恩的贵人。于是他开始为全美电视网络做工程管理工作，一干就是 20 多年。10 年后，他得到提拔，当上了工程主管。显然，拉克兰拥有着非凡的才能，但他也知道做什么活大家才愿意为之付费，并能集中精力磨炼自己的技能，以达到力所能及的最佳水平。

美乐蒂

从很小的时候起，美乐蒂就不喜欢上学。幼儿园和一年级的时候她就只是偶尔去趟学校，等到五年级时，她向父母宣布她再也不想进学校了。虽然她那时只有 10 岁，但美乐蒂的父母对女儿很有信心，并且告诉她，如果她想留在家里自学，他们也觉得没问题。

"你可以成为你想成为的任何人，"他们告诉她。"如果想当教授，那很好。如果想当吉他手，那也很好。只要确保你正在努力做着自己喜欢的事情，那就好。"这条消息解放了美乐蒂，她从父母对自己的信心中获益匪浅。

她回到学校读了六年级，还继续读了几年，读到 10 年级的时候，她又打算离开学校了。她的父母让她自己做出了决定，于是她最终决定在家里完成学业。

美乐蒂是一个习惯于独立思考而好奇的孩子，这使得在家学习对她非常有用。但她也有远大目标，想着以后能继续上大学。她认识到，如果她的目标是上大学，那她最好能回到学校读完 11 年级和 12 年级。她最终上了斯坦福大学，并在短短三年内毕业，之后工作了 10 年，然后又去了法学院继续深造。多年以来，她一直都是西雅图律师事务所的合伙人。

美乐蒂觉得父母给她的自由非常宝贵，他们相信并非只有一座独木桥才能通往美好生活。"他们让我知道，'没有什么强人所难的抉择。你可以决定不上五年级，如果你决定要中途离开，那你也可以离开。这没什么关系。你并没有把自己置于一条无法逆转的道路。当下你做出的决定，并不会影响你的一生。你总还有机会去纠正的。'"

有趣的是，虽然美乐蒂很赞赏她父母的做法，但她没有在自己的孩子身上延续这种做法。"我儿子上高中的时候说，'我觉得自己想上大学，我想先休学一年。'我们并没允许。因为我们很担心——他要干什么啊？这可能会让他脱离正规，也许他将不得不重新申请大学，也许他就上不成大学了。我们当时并没有倾听他说'我不想这样做，我还没准备好'。如今我还是感到有点后悔。"

"但是……"关于替代路线的问题

父母经常会反对这样一种观念，即达成成功、充实的生活，总有不同的替代途径。其部分原因是父母很难将他们的自我与孩子正在做的事情完全分开。有些人，一旦他的自我被剥夺，就会产生各种各样的顾虑。以下这些话是我们最常听到的，我们如何回应也附在其后：

"走标准路径的人能赚到更多的钱。"

确实，那些聪明、守纪律，并因此上完四年大学的人的确可能会更成功。但无论他们是否上了大学，他们依然很聪明，也依然守纪律。谁敢说就是学校里的教育让他们聪明、守纪律的？

演员、电视节目主持人和"煽动专家"麦克·罗威（Mike Rowe）就创立了一个基金会，致力于挑战那种只有上完四年大学拿了学位才能获得成功的想法。在该基金会的网站——"遥不可及"上，他用三个极富杀伤力的句子来论证了自己的观点：

- 学生贷款额高达 1 万亿美元。
- 失业率屡创新高。
- 有 300 万个好工作，可似乎没人稀罕。[4]

"随着现在的中产阶级越发萎缩，上大学难道不会更重要吗？你要是连大学都没上过，雇主看都不看你一眼。"

我要说这么几点。首先，考虑到机器人技术和其他各种形式的新技术的影响，没人能预测 5～10 年后的工作场所到底会是什么样子。我们都知道新员工需要有技能，但我们不知道这些技能需要以什么样的教育为前提。

还记得做平面设计的本吗？他说他不愁没工作，因为他知道其他人需要达成什么样的交易。他知道做什么东西才有用，这可比有学位更靠谱。

也就是说，拥有学士学位（和更高级的学位）当然有很多好处。如果可以的话，我们希望孩子都能上大学，都能顺利毕业。但是，我们最不想做的，是错误鼓励了许多没法上大学或完成学业的孩子。我们不希望他们认为没文凭就意味着自己不能拥有美好的生活。

关于金钱、职业和幸福

论证金钱和成功之间的差异并不在我们的专业领域之中。然而，我们确实认为这有助于让孩子知道，虽然收入水平和自我报告出的幸福感水平高度相关，但是这种相关性在非常低的收入水平上，要比在高收入水平上强得多——与此同时，只要超过一个很低的财务舒适度，收入增加和幸福感提升之间就没有相关性了。[5]我们并不打算挡着孩子赚钱，我们只是希望孩子能根据对他们来说真正重要的事情，深思熟虑地做出有关自己生活的决定。

我们在本章中讲了几个替代路径的故事，这些故事只是九牛一毛。了解其他人的生命旅程可以极大地增强你自己的能力，我们希望这些故事只是你收藏的起点。为此，我们还建议你阅读以下书籍——这里每一本书都谈到了幸福生活中所能碰到的各种转折。

《摩托车修理店的未来工作哲学：让工匠精神回归》的作者是马修·克劳福德。这是一本来自摩托车维修店老板的反思录，这位老板同时还是一位政治哲学博士，会在书中探讨靠双手亲力亲为地工作与做生意有着怎样的价值。

《耕种·食物·爱情》，作者克里斯汀·金博尔。克里斯汀是一位上过哈佛大学的纽约记者，但她已经把之前的世界抛在了脑后，与丈夫一起经营了一家农场。她承认："我被迫去面对自己曾经的偏见。我当时带着混沌的想法来到农场，认为蠢蛋才做这么具体的工作，聪明人做的都是抽象的工作。"

《让天赋自由》，作者肯·罗宾逊。肯是一位富于远见的教育顾问，他认为与生俱来的天赋若能和个人的激情加以融合，就会迸发出影响生活和工作的魔力。

最后，你可以帮孩子保持控制感，指导他（你要做一个孜孜不倦的顾问）投身一种令人满意的生活的最好方法，就是教他自问如下两个问题：我真正喜欢做的是什么？我能比大多数人都做得更好吗？

就这么简单。

今晚怎么做

- 与你的孩子一起列一份清单，上面有你们能想到的所有的不同工作。不仅仅是那些你或孩子感兴趣的工作，而是所有真正有人从事的工作。这些人可能喜欢自己工作的哪些方面呢？他们所擅长的又是什么呢？

- 与你的孩子分享本章中提到的替代路线的故事。再给他讲讲你所知道的类似的故事，并问问他是否也知道同样的故事。

- 对你在自己的人生道路上所遇到的惊喜或失望保持开放的态度，对于你的父辈与祖辈对你的影响也要保持开放的态度，对于你自己身上发生的转变，同样要保持开放的态度。奈德的曾祖父曾在股市上赚了不少钱，后来家道中落，从镇上最大的房子搬进了一所小公寓，不过后来又二度发家，搬回了老宅子。即使是成功人士，也有起起落落，这件事帮助奈德有了这样的领悟，与此同时，奈德也理解到这种从困难中复原的弹性也是自己的一种家族传统。

- 问问你的孩子："你喜欢做什么？你认为自己比其他人更擅长什么？你想听听我的看法吗？"

- 问问你的孩子："你觉得自己想为周围的世界做出什么贡献？你能采取哪些步骤来实现这个目标呢？"

- 鼓励你的孩子去找一个人生导师，这个人有他们所钦佩的生活方式，也可以帮助和指导他们。孩子往往更愿接受父母之外的大人的指导。

展　　望

比尔曾经接待过一个孩子，他的母亲是一位职业段子手。一天，她坐在比尔的办公室里，跟他讲："很多时候吧，与其说是我们培养孩子走上台前，不如说是要让父母自己隐入幕后。"

真是一语道破天机，我们想建议你做的，真的就是这件不简单的事。的确，在实践中有太多的困难。我们要信任孩子能自己做出决定，还要信任孩子的大脑发育，以及忽略掉那些让我们过度保护孩子免于伤害的压力，甚至要求自己别太多干涉孩子的生活，这都需要足够的勇气。除此之外，直面谈及未来时所产生的恐惧感，也需要勇气。我们还要秉持谦卑，承认自己并不总是知道到底怎样才能让孩子的获益最大化。我们还需要改变思维方式，去专注于我们自身，包括自己的情感和态度，这也是养育中的一个极为关键的要素。

尽管以上这一切都非常难，但就目前来看，试图控制那些我们根本无法做到的事，还要难上加难。如果你能按照我们在本书中的建议去行动，你就能摆脱束缚，更高效地为人父母。

我们所谈及的一切——从脑科学到如何采用备选计划的方法逻辑都是为了帮助你成为一种楷模，并让孩子带着对这种楷模的认识步入成年，作为一个成年人与你相处，以及进一步感知他们自己。正如人们常说的那样："人们会忘记你说的话，人们会忘记你做的事，但人们永远不会忘记，你带给他们的感受。"想想吧！你期待让孩子在你身上得到怎样的感受呢？爱、信任、支持、包容。不管是什么，让它来引导你前行吧。

致　谢

　　这本书是在众多富于才华的人的帮助下完成的，他们非常慷慨地付出了时间，并且也在我们的思想上花了很多的心思。

　　首先，我们永远感谢我们出色的经纪人霍华德·允（Howard Yoon）和他杰出的同事达拉·凯（Dara Kaye）给我们的鼓励和支持。霍华德和达拉深刻地打磨了我们的思想，还好几次在我们陷入困境的时候帮了我们一把。他们还给我两介绍了书记员珍娜·弗瑞（Jenna Free）。我们很难想象有比与珍娜合作更愉快的工作流程了。哪怕把一个思考者的想法带到纸面上，都已经非常考验人了，如今要伺候两个，肯定有着超过两倍的挑战。我们一直都惊讶并感激于珍娜，她把我们手上的那些想法与故事，用如此快活与灵动的笔触结合在了一起。

　　我们也非常感谢霍华德将我们的出版方案发给了乔伊·德梅尼尔（Joyde Menil），这位出色的编辑负责我们这本书在维京出版社的事宜。在我们的第一次会议中，乔伊问了几个问题，而这些问题让我们以全新的方式阐述了自己的想法，与我们见其他几位编辑时截然不同。她本着精益求精的精神对待书稿甚至里面的每个句子，我们对此心存敬畏，而恰恰是她对手稿的编辑，才使这本书能够好上加好。乔伊的助手黑利·斯旺森（Haley Swanson）也做了非常宝贵的工作，帮助我们解决了整理一本书所涉及的所有那些辅助性的，但同样重要的任务。我们也非常感谢简·卡沃利娜（Jane Cavolina）的独立审稿工作，为了让一本书得以出版，这也是一个关键而低调的角色。还有卓有才华的安妮·哈里斯（Anne Harris），她参与了修改文本，并根据我们的笔记，编写了更方便阅读的参考文献。

我们还要感谢埃米丽·华纳·艾斯克尔森（Emily Warner Eskelsen），我们在创作本书的最初阶段就与她合作了，如果没有她的深刻思考和艰苦努力，这本书就不会正式开始撰写，而凯利·麦克斯维尔·巴特莱特（Kellie Maxwell Bartlett）也为第8章的一些想法的构建提供了帮助。感谢约翰·菲尔（John Fair），他是刚刚毕业于锡耶纳学院的一位才华横溢的学生，等这本书上市时，他就将成为萨凡纳艺术与设计学院的新生。是约翰绘制了第1章中的大脑图像。

我们也非常感谢允许我们为本书而采访他们的科学家和其他专业人士。我们收获了来自爱德华·德西（Edward Deci）、约书亚·阿伦森（Joshua Aronson）、布鲁斯·马洛（Bruce Marlowe）、黛芬·巴佛利尔（Daphne Bavelier）、艾米·阿斯腾（Amy Arnsten）和阿黛尔·戴蒙德（Adele Diamond）的宝贵见解，并从莫妮卡·阿德勒·维纳（Monica Adler Werner）对自闭症儿童的动机的想法中获益匪浅。特别感谢我们亲爱的朋友和著名科学家希拉·奥尔森·沃克（Sheila Ohlsson Walker），她仔细阅读了本书的早期手稿，这让我们能够正确地理解压力的科学。我们也非常感谢家长鼓励计划中的伙伴，特别是帕蒂·卡西利尔（Patti Cancellier）和凯西·赫奇（Kathy Hedge），这两位关于促进自主的想法和对处理风险行为的建议都非常宝贵。

比尔要感谢他的妻子斯塔尔，感谢她全天候的支持，以及感谢他的孩子乔拉和艾略特，这是两个出色的、自律的孩子，他们现在也都是非常优秀的成年人。他还要感谢他亲爱的朋友、精神科医生、科学家和作家诺曼·罗森塔尔（Norman Rosenthal）博士，感谢他在这个项目上对我们坚定不移的鼓励。我们还要感谢大卫·林奇基金会（DLF）的执行董事鲍勃·罗斯（Bob Roth）和DLF领袖表现中心的马里奥·奥古提（Mario

Orgotti)，他们多年来一直不断地支持着我们。

奈德希望感谢PrepMatters的同事，从他们身上，他学到了很多如何帮助学生的知识；感谢他的父母以他们自己的独特方式教导他；感谢他的双胞胎兄弟史蒂夫，因为他坚持不懈地支持着他；感谢他心爱的孩子凯蒂和马修，他们教了他很多，并且在他教他们时，也愿意听；而且最重要的是感谢他的妻子凡妮莎，感谢她付出的一切。他还要感谢克里塞伦·佩特罗普洛斯（Chrissellene Petropoulos）和布伦特·托曼（Brent Toleman），这是他的"代理父母"，多年来，一直给他提供明智的建议和支持，还要感谢总是帮助他的凯瑟琳·奥康纳（Kathleen O'Connor）博士。

最后，我们向所有与我们一起合作多年的孩子和父母表示衷心的感谢。我们感谢所有相信我们服务你的孩子的人，是他们教给了我们俩如此多的知识。很多人都非常友好地与我们俩分享他们的故事，涉及其本人的间隔年和备选方案。

通往成功的道路有很多，我们深深感谢那些愿意分享自己奋斗和突破的经历，并鼓励他人走出属于自己的道路的人。

注　释

前言

1. 关于控制感的力量的主要研究在著名的压力研究者 Robert Sapolsky 所写的 *Why Zebras Don't Get Ulcers* by the eminent stress researcher (3rd ed.; New York: Holt Paperbacks, 2004) 中。另见下面这篇很有影响力的评论文章，作者 Jonathon Haidt and Judith Rodin, "Control and Efficacy as Interdisciplinary Bridges," *Review of General Psychology* 3, no. 4 (December 1999): 317 - 37.

2. 心理学家 Jean Twenge 研究了大学生控制来源的变化，发现 2002 年的普通大学生的外部控制倾向比 20 世纪 60 年代早期的大学生强 80%。Twenge 认为，这种转变背后的原因是文化越来越重视外在目标和自我中心性的目标，如金钱，地位，身体吸引力和弱化的社区，人与人之间的从属关系，以及在生活中寻找意义。外部控制点与学习成绩差、无助感、压力管理无效化、自我控制能力下降以及易患抑郁症都有相关。参见 Jean M. Twenge et al., "It's Beyond My Control: A Cross-Temporal Meta-Analysis of Increasing Externality in Locus of Control, 1960 - 2002," *Personality and Social Psychology Review* 8, no. 3 (August 2004): 308-19. 对于 Twenge 关于当代年轻成年人心理健康问题日益严重的调查结果，请参阅 Jean M. Twenge et al., "Birth Cohort Increases in Psychopathology Among Young Americans, 1938-2007: A Cross-Temporal Meta-Analysis of the MMPI," *Clinical Psychology Review* 30, no. 2 (March 2010): 145-54. 以及 Jean M. Twenge, "Generational Differences in Mental Health: Are Children and Adolescents Suffering More, or Less?" *American Journal of Orthopsychiatry* 81, no. 4 (October 2011): 469-72.

3. Christopher Mele, "Pushing That Crosswalk Button May Make You Feel Better, but..." *New York Times*, October 27, 2016, May 11, 2017, 访问 www.nytimes. com/2016/10/28/us/placebo-buttons-elevators-crosswalks.html?src=twr&_r=1.

4. Judith Rodin 和 Ellen Langer. "Long-Term Effects of a Control-Relevant Intervention with the Institutionalized Aged," *Journal of Personality and Social Psychology* 35, no. 12 (December 1977): 897-902.

第 1 章　天底下最让人紧张的事

1. 年轻人心理健康问题发生率增高的证据来自许多方面，其中就包括 Jean Twenge 先前提到的研究。此外，普林斯顿大学伍德罗威尔逊公共和国际事务学院和布鲁金斯学会出版的期刊中总结的研究发现，50 年来第一次，在影响美国儿童的五大残障问题中，精神健康问题超过了身体健康问题。Janet Currie and Robert Kahn, "Children with Disabilities: Introducing the Issue," *Future of Children* 22, no. 1 (Spring 2012): 3-11; Anita Slomski, "Chronic Mental Health Issues in Children Now Loom Larger Than Physical Problems," *Journal of the American Medical Association* 308, no. 3 (July 18, 2012): 223-25.

　　除此之外，可参 Christopher Munsey, "The Kids Aren't All Right," *APA Monitor on Psychology*, January 2010, 22。《时代周刊》最近的一篇文章也发表了类似的主题，报道称自 2012 年以来，高中生的焦虑和抑郁情绪发生率一直呈上升趋势，特别是在青春期女性中；Susanna Schrobsdorff, "Teen Depression and Anxiety: Why the Kids Are Not Alright," *Time*, October 26, 2016, May 12, 2017, 访问 time.com/4547322/american-teens-anxious-depressed-overwhelmed/.

　　NIMH 的最新数据显示，大约 30% 的女孩和 20% 的男孩患有焦虑症。但这些统计数据可能低估了实际情况，因为绝大多数焦虑和抑郁的年轻人都没有去寻求帮助。Kathleen Ries Merikangas et al., "Lifetime Prevalence of Mental Disorders in US Adolescents: Results from the National Comorbidity Study-Adolescent Supplement (NCS-A)," *Journal of the American Academy of Child and Adolescent Psychiatry* 49, no. 10 (October 2010): 980-89.

　　此外，根据蒙大拿州最近的一项调查显示，该州近三分之一的青少年报告称，在过去两周内，他们几乎每天都感到悲伤和绝望。文章强调了社交媒体在学生处于压力情境时的作用，而他们的父母却基本上没有意识到这一点。

"2015 Montana Youth Risk Behavior Survey," Montana Office of Public Instruction. 2015, May 12, 2017, 访问 opi.mt.gov/pdf/YRBS/15/15MT_YRBS_FullReport.pdf.

另外，最近一项关于青少年抑郁症的研究得出如下结论，从 2005 年到 2014 年，青少年抑郁症的自我报告症状的患病率显著增加，在 12 至 20 岁的年轻人中尤甚。总体而言，增长了 37%。

Ramin Mojtabai et al., "National Trends in the Prevalence and Treatment of Depression in Adolescents and Young Adults," *Pediatrics* (November 14, 2016), accessed May 12, 2017, pediatrics.aappublications.org/content/early/2016/11/10/peds.2016-1878.info. Nonsuicidal self-injury has also increased, particularly in adolescent girls. See Jennifer J. Muehlencamp et al., "Rates of Non-Suicidal Self-Injury in High School Students Across Five Years," *Archives of Suicide Research* 13, no. 4 (October 17, 2009): 317-29.

2. Madeline Levine, *The Price of Privilege* (New York: Harper, 2006). Levine 假设，富裕孩子的高风险部分是由于他们在表现上承受了更大的压力，但父母的支持却更少。

3. 结论来自于纽约时报对于 Stuart Slavin 的一篇尚未发表的研究的讨论，参考 Vicki Abeles, "Is the Drive for Success Making Our Children Sick?," *New York Times*, January 2, 2016, May 16, 2017, 访问 www.nytimes.com/2016/01/03/opinion/sunday/is-the-drive-for-success-making-our-children-sick.html.

4. World Health Organization, "WHO Fact Sheet on Depression," February 2017, www.who.int/mediacentre/factsheets/fs369/en/.

5. Centre for Studies on Human Stress (CSHS), "Understand your stress: Recipe for stress," accessed August 11, 2017, www.humanstress.ca/stress/understand-your-stress/sources-of-stress.html.

6. Steven F. Maier, "Behavioral Control Blunts Reactions to Contemporaneous and Future Adverse Events: Medial Prefrontal Cortex Plasticity and a Corticostriatal Network," *Neurobiology of Stress* 1 (January 1, 2015): 12-22.

7. David C. Glass and Jerome E. Singer, *Urban Stress: Experiments on Noise and Social Stressors* (New York: Academic Press, 1972).

8. Jonathon Haidt and Judith Rodin, "Control and Efficacy as Interdisciplinary Bridges," *Review of General Psychology* 3, no. 4 (December 1999): 317-37.另请参考 Joseph Powers et al., "The Far-Reaching Effects of Believing People Can Change: Implicit Theories of Personality Shape Stress, Health, and Achievement During Adolescence," *Journal of Personality and Social Psychology* (2014), doi: 10.1037/A0036335.

9. Maier, "Behavioral Control Blunts Reactions."

10. National Scientific Council on the Developing Child, "Excessive Stress Disrupts the Architecture of the Developing Brain: Working Paper 3," Harvard University Center on the Developing Child, Reports & Working Papers, 2005, May 16, 2017, 访问 developingchild.harvard.edu/resources/wp3/.

11. Michael J. Meaney et al., "The Effects of Postnatal Handling on the Development of the Glucocorticoid Receptor Systems and Stress Recovery in the Rat," *Progress in Neuro-Psychopharmacology and Biological Psychiatry* 9, no. 5-6 (1985): 731-34.

12. Maier, "Behavioral Control Blunts Reactions."

13. National Scientific Council on the Developing Child. "Excessive Stress Disrupts the Architecture of the Developing Brain."

14. Paul M. Plotsky and Michael J. Meaney, "Early, Postnatal Experience Alters Hypothalamic Corticotropin-Releasing Factor (CRF) mRNA, Median Eminence CRF Content and Stress-Induced Release in Adult Rats," *Molecular Brain Research* 18, no. 3 (June 1993): 195-200.

15. Yale School of Medicine, "Keeping the Brain in Balance," *Medicine@Yale* 6, no. 1 (Jan. and Feb. 2010), May 16, 2017, 访问 www.medicineatyale.org/janfeb2010/people/peoplearticles/55147/.

16. Amy F. T. Arnsten, "Stress Signalling Pathways That Impair Prefrontal Cortex Structure and Function," *National Review of Neuroscience* 10, no. 6 (June 2009): 410-22. Amy Arnsten et al., "This Is Your Brain in Meltdown," *Scientific*

American, April 2012, 48–53.

17. *Dopamine Jackpot! Sapolsky on the Science of Pleasure*, produced by the California Academy of Sciences, performed by Robert Sapolsky (February 15, 2011; FORA.tv), May 16, 2017, 访问 library.fora.tv/2011/02/15/Robert_Sapolsky_ Are_Humans_Just_Another

18. Marcus E. Raichle, " The Brain's Dark Energy," *Scientific American*, March 2010, 44–49.

19. Mary Helen Immordino-Yang et al., " Rest Is Not Idleness: Implications of the Brain's Default Mode for Human Development and Education," *Perspectives on Psychological Science* 7, no 4 (2012), doi: 10.1177/1745691612447308. http:// journals.sagepub.com/doi/abs/10.1177/1745691612447308.

20. Robert Sapolsky, *Why Zebras Don't Get Ulcers*, 3rd ed. (New York: Holt Paperbacks, 2004). Linda Mah et al., " Can Anxiety Damage the Brain?," *Current Opinion in Psychiatry* 29, no. 1 (December 2015): 56–63.

21. Bruce McEwen, *The End of Stress As We Know It* (New York: Dana Press, 2002).

22. Sapolsky, *Why Zebras Don't Get Ulcers*. H. M. Van Praag, " Can Stress Cause Depression?" *World Journal of Biological Psychiatry* 28, no. 5 (August 2004): 891–907.

23. 关于早期压力对大脑发育的影响，有一篇很值得一读的讨论，参考 National Scientific Council on the Developing Child. " Excessive Stress Disrupts the Architecture of the Developing Brain."

关于青少年尤其容易遭遇压力的问题，参考如下研究，B. J. Casey et al., " The Storm and Stress of Adolescence: Insights from Human Imaging and Mouse Genetics," *Psychobiology* 52, no. 3 (April 2010): 225–35. Todd A. Hare et al., " Biological Substrates of Emotional Reactivity and Regulation in Adolescents During an Emotional Go-Nogo Task," *Biological Psychiatry* 63, no. 10 (May 15, 2008): 927–34.

除此之外，还有一本书提供了一个更受欢迎的、关于青少年对压力易感性的讨论，参考 Frances E. Jensen, *The Teenage Brain: A Neuroscientist's Survival*

Guide to Raising Adolescents and Young Adults (New York: Harper Paperbacks, 2016). Melanie P. Leussis et al., "Depressive-Like Behavior in Adolescents After Maternal Separation: Sex Differences, Controllability, and GABA," *Developmental Neuroscience* 34, no. 2-3 (2012): 210-17. See, too, Sheryl S. Smith, "The Influence of Stress at Puberty on Mood and Learning: Role of the α4β δ GABA$_A$ receptor," *Neuroscience* 249 (September 26, 2013): 192-213.

24. Jensen, *The Teenage Brain*.

25. Hui Shen et al., "Reversal of Neurosteroid Effects at α4β2δ GABA$_A$ Receptors Triggers Anxiety at Puberty," *Nature Neuroscience* 10, no. 4 (April 2007): 469-77.

26. Bruce Pennington, *The Development of Psychopathology: Nature and Nurture* (New York: Guilford Press, 2002).

27. 关于抑郁在大脑中"留疤"的内容，参考 Peter M. Lewinsohn et al., "Natural Course of Adolescent Major Depressive Disorder in a Community Sample: Predictors of Recurrence in Young Adults," *American Journal of Psychiatry* 157, no. 10 (October 2000): 1584-91. 以及 Kelly Allot et al., "Characterizing Neurocognitive Impairment in Young People with Major Depression: State, Trait, or Scar?," *Brain and Behavior* 6, no. 10 (October 2016), doi:10.1002/brb3.527.

第 2 章 "我那么爱你，才不愿跟你吵家庭作业的事"：顾问型父母

1. Eckhart Tolle, *A New Earth: Awakening to Your Life's Purpose* (New York: Plume, 2006): 101.

2. Diana Baumrind 是加利福尼亚大学伯克利分校的一位发展心理学家，她从 20 世纪 60 年代开始，就对教养方式进行了广泛的研究。她确立了三种主要的教养方式：权威型、专制型和放纵型。在这三个类型中，权威型的教养方式已经在一项又一项的研究中得到验证，能够产生最好的结果。权威型教养方式以孩子为中心，父母会试图去了解孩子的想法和情绪，并教导他们调节自己的感受。父母往往也会比较宽容，让孩子们去探索，并做出自己的决定。权威型父母也会

为他们的孩子制定明确的标准，并执行一以贯之的恰当限制。大量研究表明，权威型父母的孩子更有可能获得成功，更受他人喜爱，也更加慷慨，更有能力自力更生。许多为父母撰写的书籍都解释了权威型教养方式的力量，包括 Laurence Steinberg 关于青春期的著作 *Age of Opportunity* (New York: Mariner Books, 2015) 以及 Madeline Levine 富于影响力的重要书籍 *The Price of Privilege* (New York: HarperCollins, 2006).

3. 回顾第 1 章讨论过的 Steven Maier 的研究。研究中，控制过压力的老鼠一旦又经历压力，也会尝试施加控制，同时强烈激活其前额皮质，即使它们并不能实际施加控制。

4. 这一理论由 Gordon Training International 的雇员 Noel Burch 在 20 世纪 70 年代研发，www.gordontraining.com/free-workplace-articles/learning-a-new-skill-is-easier-said-than-done/#.

5. Rudolf Dreikurs, *Children: The Challenge* (1964; New York: Plume/Penguin, 1990).

第 3 章 "这事听你的"：能自己做主的孩子

1. 问题协作解决法，是一种采用亲子互动的形式，应对叛逆或暴怒儿童的方法。Ross Greene 博士和 J. Stewart Albon 博士开发出了这种技术，他们清楚地意识到，试图迫使处于抗争中的儿童服从（让他们知道谁说了算）是无效的，而且此时任何威胁或奖励对儿童来说都没有意义。一旦孩子变得紧张起来，就再也不能直接思考了。尽管这种技术是为处理问题很大的儿童而开发的，但它依然是解决冲突、帮助所有儿童做出正确决定的一种良好模式。你可以在 livesinthebalance.org 上了解到更多关于 Ross Greene 工作成果的内容。此外，Greene 博士最近出版的书 *Raising Human Beings: Creating a Collaborative Partnership with Your Child* (New York: Scribner, 2016) 中也广泛讨论了问题协作解决法。通过 thinkkids.org，你还能够更多地了解，J. Stuart Ablon 的工作成果。

2. Lori Gottlieb, "How to Land Your Kid in Therapy," *Atlantic* (July/August 2011).

3. Lois A. Weithorn et al., "The Competency of Children and Adolescents to Make Informed Treatment Decisions," *Child Development* 53 (1982): 1589–91.

4. "成人度" 在 Robert Epstein 的著作 *Teen 2.0: Saving Our Children and Families from the Torment of Adolescence* (Fresno, CA: Quill Driver Books, 2010) 中有具体讨论。Epstein 认为，青少年具有高水平的创造力、才智和能力，他们只是被当代社会幼稚化了。他指出，在 20 世纪 50 年代之前，青少年在大部分时间里都与成年人一起度过，他们也想成为成年人。他们跟大人听同样的音乐，也看到了他们父母所看过的同样的电影，因为当时还没有像如今数十亿美元规模的青少年专属文化产物。他认可青少年的能力，并认为他们能够结婚、拥有财产，并扮演其他成年人可以扮演的角色。

5. P. L. Spear, "The Biology of Adolescence" (paper presented at IOM Committee on the Science of Adolescence Workshop, Washington, DC, 2009). Laurence Steinberg, "Should the Science of Adolescent Brain Development Inform Public Health Policy?," *American Psychologist* 64, no. 8 (2009): 739-50.

6. Antonio Damasio 最初发现了情绪在决策中所发挥的重要作用，并在他的著作 *Descartes'Error: Emotion, Reason and the Human Brain* (New York: Avon Books, 1994) 做了阐述。Damasio 的想法最近也在一篇对 Jason Pontin 的采访中出现，参考 "The Importance of Feelings," *MIT Technology Review* (June 17, 2014)。此外，我还在 Damasio 和 Mary Helen Immordino-Yang 合作撰写的一章内容中，看到了关于情绪对孩子学习和思考的重要作用的精彩讨论，参考 "We Feel, Therefore We Learn: The Relevance of Affective and Social Neuroscience to Education," *Emotions, Learning, and the Brain: Exploring the Educational Implications of Affective Neuroscience* (New York: W. W. Norton & Company, 2016).

7. Daniel J. Siegel, *Brainstorm: The Power and Purpose of the Teenage Brain* (New York: TarcherPerigee, 2014). Laurence Steinberg, *The Age of Opportunity* (New York: Houghton Mifflin Harcourt, 2014).

第 4 章 非焦虑临在：如何帮助你的孩子找到自己的控制感

1. Neil Strauss, "Why We're Living in the Age of Fear," *Rolling Stone*, October 6,2016, 44.

2. Robert Epstein, "What Makes a Good Parent?," *Scientific American Mind*, Special Collectors Edition. Raise Great Kids: How to Help Them Thrive in School and Life. Vol. 25, No. 2, summer 2016. Epstein 报告了对养育子女的实践方法进行科学分析的结果。第一个最有效的策略是通过把身体上的亲情和独处的时光结合起来，表达给孩子们的爱、亲情、支持和接纳，而第二个策略是减轻父母的压力，并依此试图降低孩子的压力水平。父母压力管理的排名甚至高于与配偶保持良好关系 (#3) 以及支持自主和独立 (#4)。它的排名高于为儿童提供教育机会，使用有效的行为管理策略，并努力确保儿童的安全。

3. W. Thomas Boyce and Bruce J. Ellis, Biological Sensitivity to Context: I. An Evolutionary-Developmental Theory of the Origins and Functions of Stress Reactivity, *Development and Psychopathology* 17, no. 2 (Spring 2005), 271-301. Boyce 和 Ellis 的工作成果在 Wray Herbert 所写的文章中也有讨论，参考 "On the Trail of the Orchid Child," *Scientific American Mind*, November 1, 2011.

4. 许多研究支持压力具有传染性的观点。例如，Eva Oberle 的一项研究发现，教师自我报告的精力枯竭和情绪疲劳程度与其学生的皮质醇水平升高之间存在着联系；Eva Oberle and Kimberly Schonert-Reichl, "Stress Contagion in the Classroom? The Link Between Classroom Teacher Burnout and Morning Cortisol in Elementary School Students," *Social Science & Medicine* 159 (June 2016): 30-37, doi:10.1016/j.socscimed.2016.04.031。另外，一项针对母婴之间的研究发现，当母亲参与紧张的任务时，婴儿的生理反应与母亲的生理反应如出一辙；Sara F. Waters et al., "Stress Contagion: Physiological Covariation Between Mothers and Infants," *Psychological Science* 25, no. 5 (April 2014): 934-42, doi:10.1177/0956797613518352.

5. Daniel P. Keating, *Born Anxious: The Lifelong Impact of Early Life Adversity—and How to Break the Cycle* (New York: St. Martin's Press, 2017).

6. Marilyn J. Essex, "Epigenetic Vestiges of Early Developmental Diversity: Childhood Stress Exposure and DNA Methylation in Adolescence," *Child Development* (2011), doi:10,1111/j.1467-8264.2011.01641.x. 还有来自于英属哥伦比亚大学发表的一篇精彩综述，参考 "Parents' Stress Leaves Lasting Marks on Children's Genes," UBC-CFRI Research, August 30, 2011.

7. Erin A. Maloney, "Intergenerational Effects of Parents' Math Anxiety on Children's Math Achievement and Anxiety," *Psychological Science* 26, no. 9 (2015). 还可参考 Jan Hoffman, "Square Root of Kids' Math Anxiety: Their Parents' Help," *New York Times*, May 24, 2015.

8. Malcolm Gladwell, "The Naked Face," *New Yorker*, posted on Gladwell.com on August 5, 2002.

9. Robert Sapolsky, "How to Relieve Stress," *Greater Good*, University of California, Berkeley, March 22, 2012, greatergood.berkeley.edu/article/item/how_to_relieve_stress.

10. Golda S. Ginsberg et al., "Preventing Onset of Anxiety Disorders in Offspring of Anxious Parents: A Randomized Controlled Trial of a Family-Based Intervention," *American Journal of Psychiatry* 172, no. 12 (December 1, 2015): 1207–14.

11. Jeffrey E. Pela et al., "Child Anxiety Prevention Study: Impact on Functional Outcomes" *Child Psychiatry and Human Development* 48, no. 3 (July 8, 272 2016): 1–11, doi:10.1007/s,10578-016-0667-y.

12. Edwin H. Friedman, *A Failure of Nerve: Leadership in the Age of the Quick Fix* (New York: Seabury Books, 2007).

13. 关于其科学性，请参考 Michael J. Meaney, "Maternal Care, Gene Expression, and the Transmission of Individual Differences in Stress Reactivity Across Generations," *Annual Review of Neuroscience* 24, no. 1161–92 (March 2001), doi:10.1146/annurev.neuro.24.1.1161. 还有一篇来自于 Meaney 及其同事的文献，讨论了培养在基因上易受焦虑影响的老鼠，对高养育水平的母鼠的益处：I. C. Weaver et al., "Epigenetic Programming by Maternal Behavior," *Nature Neuroscience* 7 (published online June 27, 2004): 847–54, doi:10.1038/nn1276. Meaney 的研究也在另一篇文章中有讨论，请参考 Carl Zimmer 的文章 "The Brain: The Switches That Can Turn Mental Illness On and Off," *Discover*, June 16, 2010.

14. Ellen Galinsky, *Ask the Children: What America's Children Really Think About Working Parents* (New York: William Morrow, 1999). Galinsky 调查了一

组具有代表性的美国儿童样本，涵盖了三年级至十二年级，他们的父母从事着孩子们期待家长所从事的工作。尽管这些家长们预计，自己的孩子会希望有更多的时间和父母在一起，但孩子们最大的愿望，其实是让父母更快乐、压力更小。

15. Lenore Skenazy, Free-Range Kids.com, "Crime Statistics," www. freerangekids.com/crime-statistics/.

16. Hanna Rosin, "The Overprotected Kid," *Atlantic*, April 2014.

17. Gary Emery and James Campbell, *Rapid Relief from Emotional Distress* (New York: Ballantine Books, 1987).

18. Byron Katie, *Loving What Is: Four Questions That Can Change Your Life* (New York: Crown Archetype, 2002).

第 5 章　内驱力：如何培养孩子的积极性

1. Alfie Kohn, *Punished by Rewards: The Trouble with Gold Stars, Incentive Plans, A's, Praise, and Other Bribes* (New York: Houghton Mifflin Harcourt, 1999). 还可参考 Edward L Deci et al., "Extrinsic Rewards and Intrinsic Motivation in Education: Reconsidered Once Again," *Review of Educational Research* 71, no. 1 (Spring 2001): 1-27. 有趣的是，2010 年进行的一项研究追踪了受试者获得经济激励时的大脑激活跃情况。科学家们发现，前纹状体和前额皮质的活动与动力减弱有: Kou Murayama et al., "Neural Basis of the Undermining Effect of Monetary Reward on Intrinsic Motivation," *Proceedings of the National Academy of Sciences of the United States of America* 107, no. 49 (2010): 20911-16, doi:10.1073/pnas.1013305107.

2. Joseph Powers et al., "The Far-Reaching Effects of Believing People Can Change: Implicit Theories of Personality Shape Stress, Health, and Achievement During Adolescence," *Journal of Personality and Social Psychology* (2014), doi:10.1037/a0036335. Carol S. Dweck, *Mindset: The New Psychology of Success* (New York: Random House, 2006).

3. Carol Dweck, "The Secret to Raising Smart Kids," *Scientific American*,

January 1, 2015. https://www.scientificamerican.com/article/the-secret-to-raising-smart-kids1/.

4. Christopher Niemiec and Richard M. Ryan, "Autonomy, Competence, and Relatedness in the Classroom: Applying Self-Determination Theory to Educational Practice," *Theory and Research in Education* 7, no. 2 (2009): 133-44, doi:10.1177/1477878509104318. We interviewed Edward Deci by telephone for this book.

5. 加州大学伯克利分校的神经学家 Marian Diamond 在一定程度上发现了大脑根据经验而变化的事实证据。Diamond 在她与 Janet Hopson 的著作中描述了经验对大脑的影响——以及对养育孩子的影响，参考 *Magic Trees of the Mind* (New York: Dutton, 1998). The brain's changing response to experience is also discussed in a number of popular books, including Norman Doidge, MD's *The Brain That Changes Itself* (New York: Viking, 2007).

6. Steven Kotler, "Flow States and Creativity," PsychologyToday.com, February 25, 2014.

7. Reed W. Larson and Natalie Rusk, "Intrinsic Motivation and Positive Development," *Advances in Child Development and Behavior* 41, *Positive Youth Development* (2011). Richard M. Learner et al. (eds), *Advances in Child Development and Behavior*, Vol. 1, Burlington: Academic Press (2011): 89-130.

8. Diamond and Hopson, *Magic Trees of the Mind*.

9. Reed W. Larson and Natalie Rusk, "Intrinsic Motivation and Positive Development."

10. 尽管男性和女性在几乎任何指标上的表现在性别内部的差异都大于在性别之间的差异，但也有一些值得一提的共识。参考 Leonard Sax 的著作，*Why Gender Matters* (New York: Doubleday, 2005)。另外，Simon Baron-Cohen，全世界自闭症领域的著名专家，他认为，理论上女性大脑的主要特征是共情的能力，而典型的男性大脑特征则是创造逻辑系统的能力，参考他的著作 *The Essential Difference: The Truth About the Male and Female Brain* (New York: Basic Books, 2003)。著名神经学家 Adele Diamond 还告诉 Bill，男孩在温和压力下的表现平均而言是最好的，而女孩在没有任何压力的情况下表现最好。这来自于

2010 年 10 月的私下交流。

11. Nora Volkow 和她的同事们的研究发现，患 ADHD 的成人的多巴胺处理存在缺陷。Volkow 将 ADHD 称为一种动机缺陷障碍，与多巴胺奖励途径中的功能障碍有关。最近还有发现，哌甲酯等兴奋剂药物通过增加多巴胺的供应和摄取，在很大程度上提高了儿童的注意力和自制力。Nora D. Volkow et al., "Evaluating Dopamine Reward Pathway in ADHD: Clinical Implications," *Journal of the American Medical Association* 302, no. 10 (September 9, 2009): 1084–91, doi:10.1001/jama.2009.1308. Nora D. Volkow et al., "Motivation Deficit in ADHD Is Associated with Dysfunction of the Dopamine Reward Pathway," *Molecular Psychiatry* 6, no. 11 (November 2011): 1147–54.

12. 许多心理学家和励志专家都写过不同的"激励风格"，这些风格在儿童、青少年和成人身上都有所表现。例如，可参考 Richard Lavoie 的 *The Motivation Breakthrough* (New York: Touchstone, 2007)。为了更好地了解年龄较大的青少年和年轻的成年人，还可以考虑参考 TrimeTrix，其认为人们的动机往往主要由六个不同的因素构成：知识、效用、环境、他人、权力和方法。

13. Dustin Wax, "Writing and Remembering: Why We Remember What We Write," Lifehack.com, www.lifehack.org/articles/featured/writing-and-remembering-why-we-remember-what-we-write.html.

14. 关于成员指导能起到的好处，可参考 Page Kalkowski, "Peer and Cross-Age Tutoring," Northwest Regional Educational Labortory School Improvement Research Series (March 1995), educationnorthwest.org/sites/default/files/peer-and-cross-age-tutoring.pdf.关于多巴胺大量分泌，可以参考 Ian Clark and Guillaume Dumas, "Toward a Neural Basis for Peer-Interaction: What Makes Peer-Learning Tick?," *Frontiers in Psychology* 10 (February 2015), doi:org/10.3389/fpsyg.2015.00028.

15. Andrew P. Allen and Andrew P. Smith, "Chewing Gum: Cognitive Performance, Mood, Well-Being, and Associated Physiology," Biomed Research International (May 17, 2015), doi:10.1155/2015/654806.

16. Ken Robinson with Lou Aronica, *The Element: How Finding Your Passion Changes Everything* (New York: Penguin, 2009), 2–6.

17. Julie Lythcott-Haims, *How to Raise an Adult: Break Free of the Overparenting Trap and Prepare Your Kid for Success* (New York: Henry Holt, 2015).

18. Stacy Berg Dale and Alan B. Krueger, "Estimating the Return to College Selectivity over the Career Using Administrative Earnings Data," National Bureau of Economic Research Working Paper No. w17159 (June 2011), https://ssrn.com/abstract=1871566.

19. Julie Ray and Stephanie Kafka, "Life in College Matters for Life After College," Gallup.com, May 6, 2014, www.gallup.com/poll/168848/life-college-matters-life-college.aspx.

20. Anna Brown, "Public and Private College Grads Rank About Equally in Life Satisfaction," Pew Research Center Fact Tank, May 19, 2014, www.pewresearch.org/fact-tank/2014/05/19/public-and-private-college-grads-rank-about-equally-in-life-satisfaction/.

21. Herbert Marsh 所提出的大鱼小池理论，已被三十多个国家的研究重复验证过。参考 the article Herbert W. Marsh et al., "The Big-Fish-Little-Pond Effect Stands Up to Critical Scrutiny: Implications for Theory, Methodology, and Future Research," *Educational Psychology Review* 20, no. 3 (September 2008), 319-50.

22. Malcolm Gladwell, *David and Goliath* (New York: Little, Brown, 2013), 68.

第 6 章　彻底停工期

1. Timothy D. Wilson et al., "Just Think: The Challenges of the Disengaged Mind," *Science* 345, no. 6192 (July 4, 2014): 75-77 doi:10.1126/science.1250830.

2. Marcus E. Raichle et al., "A default mode of brain function," *Proceedings of the National Academy of Sciences* 98, no. 2 (2001): 676-682, doi:10.1073/pnas.98.2.676. Also see Mary Helen Immordino-Yang et al., "Rest Is Not Idleness: Implications of the Brain's Default Mode for Human Development

and Education，" *Perspectives on Pyschological Science* 7，no. 4 (2012)，
doi：10.1177/1745691612447308，http://journals.sagepub.com/doi/
abs/10.1177/1745691612447308.

3. Marcus E. Raichle，" The Brain's Dark Energy，" *Scientific American*，March 2010，
44-49. Virginia Hughes，" The Brain's Dark Energy，" TheLastWordonNothing.
com，October 6，2010，www.lastwordonnothing.com/2010/10/06/brain-default-
mode/.

4. 有趣的是，最近有研究发现，尽管在睡眠期间，大脑前部与大脑后部之间的 DMN
系统存在脱节，可在睡眠过程中依然能观察到 DMN 中存在大量活动。Silvina G.
Horovitz et al.，" Decoupling of the Brain's Default Mode Network During
Deep Sleep，" *Proceedings of the National Academy of Sciences* 106，no. 7 (2009)：
11376-381，doi：10.1073/pnas.0901435106.

5. Jerome L. Singer，*Daydreaming: An Introduction to the Experimental Study of Innerex-
perience* (New York：Random House，1966). Rebecca McMillan，Scott Barry
Kaufman，和 Jerome Singer 所写的 " Ode to Positive and Constructive Daydreaming"
谈及了一个关于让思维徘徊的好处的详细研究；*Frontiers in Psychology* 4
(September 2013)：626，doi：10.3389/fpsyg.2013.00626.

6. Daniel J. Levitin，*The Organized Mind: Thinking Straight in the Age of Information
Overload* (New York：Dutton (2014). 还可参考：Daniel J. Levitin，" Hit the Reset
Button in Your Brain，" *New York Times*，August 10，2014.

7. Carlo Rovelli，Seven *Brief Lessons on Physics* (New York：Riverhead Books，
2016)，3-4.

8. Immordino-Yang et al.，"Rest Is Not Idleness."

9. Sherry Turkle，" Reclaiming Conversation" (talk given at Google，Cambridge，
MA，October 30，2105)，video，produced by Talks at Google，www.youtube.
com/watch?v=awFQtX7tPoI&t=1966s.

10. Adam J. Cox，" The Case for Boredom，" *New Atlantis* 27 (Spring 2010)：
122-25.

11. Olivia Goldhill，" Psychologists Recommend Children Be Bored in the Summer，"
Quartz Media (June 11，2016)，qz.com/704723/to-be-more-self-reliant-

children-need-boring-summers/.

12. Sarah Zoogman et al., " Mindfulness Interventions with Youth: A Meta-Analysis, " *Springer Science and Business Media* (Spring 2014), doi:10.1007/s12671-013-0260-4。这项元分析回顾了 20 项儿童和青少年正念练习研究的结果。作者的结论是，正念干预可以起到帮助，但一般只有小到中等的影响。最大的治疗效果，是心理症状的减少（超过其他领域的改善）。在临床样本（如患有焦虑症的儿童）中发现了比非临床样本更强的治疗效果。也可参考 Katherine Weare, " Evidence for the Impact of Mindfulness on Children and Young People, " The Mindfulness in Schools Project, University of Exeter Mood Disorders Centre (April 2012), mindfulnessinschools.org/wp-content/uploads/2013/02/MiSP-Research-Summary-2012.pdf.

13. Alberto Chiesa and Alessandro Serretti, "A Systematic Review of Neurobiological and Clinical Features of Mindfulness Meditations, ". *Psychological Medicine* 40, no 8 (November 2009), 1239-52, doi:10.1017/s0033291709991747. Matthieu Ricard, "Mind of the Meditator, " *Scientific American* (November 2014), 38-45.

14. Michael Dillbeck and David Orme-Johnson, " Physiological Differences Between Transcendental Meditation and Rest, " *American Psychologist* 42, no. 9 (September 1987): 879-81, doi:10.1037/0003-066x.42.9.879.

15. Michael Dillbeck and Edward Bronson, " Short-Term Longitudinal Efects on EEG Power and Coherence, " *International Journal of Neuroscience* 14, no. 3-4 (1981): 147-51. There have been over 340 peer-reviewed articles describing the effects of TM. Many of the most important of these are discussed in the best general introduction to TM, a book written by the psychiatrist and scientist Norman Rosenthal, MD, who discovered seasonal affective disorder. 有 340 多篇同行评审的文章探讨了禅定的影响。其中有许多非常重要讨论都在对禅定的一本介绍性书籍中提到过，这本书由精神科医生和科学家 Norman Rosenthal 撰写，他还发现了季节性情感障碍这种疾病。Rosenthal 的著作，*Transcendence*，从临床医生和科学家的角度对禅定的研究和实际效益进行了很好的讨论。他关于禅定的第二本书，*Super Mind*，讨论了冥想如何随着时间的推移改变心智。Norman E. Rosenthal, *Transcendence: Healing*

and Transformation Through Transcendental Meditation (New York：Jeremy P. Tarcher/Penguin, 2012). Rosenthal, *Super Mind: How to Boost Performance and Live a Richer and Happier Life Through Transcendental Meditation* (New York：Tarcher/Perigee, 2016).

16. 对于已记录的，禅定对儿童和青少年的益处的全面讨论可参考本书中由 Bill 撰写的一章。William Stixrud and Sarina Grosswald, "The TM Program and the Treatment of Childhood Disorders," in *Prescribing Health: Transcendental Meditation in Contemporary Medical Care*, ed. David O'Connell and Deborah Bevvino (Lanham, MD：Rowman & Littlefield, 2015).

17. Rosenthal 博士的两本书都包含了在校内采用禅定冥想的相关讨论，在 *Transcendence* 一书的第 8 章 "An Island of Safety in a Sea of Trouble," 讨论了已在全国多所低收入学校实施的静谧时光项目所取得的显著效果。在 *Super Mind* 一书中，他讨论了最近对大学和军校里的学生所进行的研究。对于静谧时光项目所取得的更多效果，可以参考 Jennie Rothenberg Gritz, "Mantras Before Math Class," *Atlantic*, November 10, 2015,www.theatlantic.com/education/archive/2015/11/mantras-before-math-class/412618/.

第 7 章　睡眠：最彻底的停工期

1. K. M. Keyes et al., "The Great Sleep Recession: Changes in Sleep Duration Among U.S. Adolescents, 1991-2012," *Pediatrics* 135, no. 3 (March 2015)：460-68, doi:10.1542/peds.2014-2707.

2. Brown University, "Early School Start Times Pit Teens in a Conflict Between Society, Biology," Brown.edu, *News from Brown*, April 12, 2017, news.brown.edu/articles/2017/04/teens.

3. Valerie Strauss, "Teens Waking Up to Unique Sleep Needs," *Washington Post*, January 10, 2006.

4. Craig Lambert, "Deep into Sleep: While Researchers Probe Sleep's Functions, Sleep Itself Is Becoming a Lost Art," *Harvard Magazine*, July-August 2005, 25-33.

5. Bruce McEwen with Elizabeth Norton Lasley, *The End of Stress As We Know It* (Washington, DC: National Academies Press, 2012).

6. A. N. Goldstein and M. P. Walker, "The Role of Sleep in Emotional Brain Function," *Annual Review of Clinical Psychology* 10 (2014): 679–708. 还可参考另外两篇 Yasmin Anwar 所写的关于 Walker 研究的文章:"Sleep Loss Linked to Psychiatric Disorders," Berkeley.edu, *UC Berkeley News*, October 22, 2007 以及 "Tired and Edgy? Sleep Deprivation Boosts Anticipatory Anxiety," News.Berkeley.edu, *Berkeley News*, June 25, 2013. 此外,还可参考 Jill Suttie 对 Matthew Walker 的采访,"Why You Should Sleep Your Way to the Top," *Greater Good*, University of California, Berkeley, December 14, 2013.

7. Juliann Garey, "Teens and Sleep: What Happens When Teenagers Don't Get Enough Sleep," *Child Mind Institute*, childmind.org/article/happens-teenagers-dont-get-enough-sleep/.

8. Robert Stickgold, "Beyond Memory: The Benefits of Sleep," *Scientific American*, September 15, 2015.

9. Seung-Schik Yoo et al., "The Human Emotional Brain Without Sleep—A Prefrontal Amygdala Disconnect," *Current Biology* 17, no. 20 (October 23, 2007): 877–78.

10. Goldstein and Walker, "The Role of Sleep in Emotional Brain Function."

11. Po Bronson and Ashley Merryman, *NurtureShock: New Thinking About Children* (New York: Twelve Books, 2009), 41.

12. N. K. Gupta et al., "Is Obesity Associated with Poor Sleep Quality in Adolescents?," *American Journal of Human Biology* 14, no. 6 (November–December 2002), 762–68, doi:10.1002/ajhb.10093.

13. N. F. Watson et al., "Transcriptional Signatures of Sleep Duration Discordance in Monozygotic Twins," *Sleep* 40, no. 1 (January 2017), doi:10.1093/sleep/zsw019.

14. American Cancer Society, "Known and Probable Human Carcinogens," Cancer.org (November 3, 2016), www.cancer.org/cancer/cancer-causes/general-info/known-and-probable-human-carcinogens.html.

15. Avi Sadeh et al., " The Effects of Sleep Restriction and Extension on School-Aged Children: What a Difference an Hour Makes," *Child Development* 74, no. 2 (March/April 2003): 444-55.

16. Indre Viskontas, "9 Reasons You Really Need to Go to Sleep," *Mother Jones* (January 16, 2015), 278 www.motherjones.com/environment/2015/01/inquiring-minds-matt-walker/.

17. Matthew Walker et al., "Practice with Sleep Makes Perfect: Sleep-Dependent Motor Skill Learning," *Neuron* 35, no. 1 (July 3, 2002): 205-11, walkerlab.berkeley.edu/reprints/Walker%20et%20al._Neuron_2002.pdf.

18. Amy R. Wolfson et al., " Understanding Adolescents' Sleep Patterns and School Performance: A Critical Appraisal," *Sleep Medicine Reviews* 7, no. 6 (2003): 491-506, doi:10.1053/smrv.2002.0258.

19. Mark Fischetti, "Sleepy Teens: High School Should Start Later in the Morning," August 26, 2014, blogs.scientificamerican.com/observations/sleepy-teens-high-school-should-start-later-in-the-morning/. Kyla Wahlstrom, " Changing Times: Findings from the First Longitudinal Study of High School Start Times," *NASSP Bulletin* 86, no. 633 (December 1, 2002): 3-21.

20. Suttie, "How Sleep Makes You Smart."

21. National Sleep Foundation, " National Sleep Foundation Recommends New Sleep Times," February 2, 2015, sleepfoundation.org/press-release/national-sleep-foundation-recommends-new-sleep-times.

22. Personal communication with The Stixrud Group, September 8, 2011.

23. 一项针对 ADHD 儿童的研究发现，50% 的儿童出现过睡眠呼吸紊乱的相关迹象；N. Golin et al., " Sleep Disorders and Daytime Sleepiness in Children with Attention-Deficit/Hyperactivity Disorder," *Sleep* 27, no. 2 (March 15, 2004): 261-66.

24. Kyla Wahlstrom, " Later Start Times for Teens Improve Grades, Mood, Safety" *Phi Delta Kappan*, kappanonline.org.

25. Helene A. Emsellem, *Snooze...or Lose!: 10 "No-War" Ways to Improve Your Teen's Sleep Habits* (Washington, DC: Joseph Henry Press, 2006).

26. Ned 不止一次地让学生们在他们的大考那周早点上床睡觉。每当比尔谈到睡眠时，父母们经常会告诉他，合理的睡眠时长往往与奖励相关。

27. Jennifer L. Temple, "Caffeine Use in Children: What We Know, What We Have Left to Learn, and Why We Should Worry," *Neuroscience Biobehavioral Reviews* 33, no. 6 (June 2009): 793–806, doi:10.1016/j.neubiorev.2009.01.001.

28. B. E. Statland and T. J. Demas, "Serum Caffeine Half-Lives. Healthy Subjects vs. Patients Having Alcoholic Hepatic Disease," *American Journal of Clinical Pathology* 73, no. 3 (March 1980): 390–93, www.ncbi.nlm.nih.gov/pubmed/7361718?dopt=Abstract.

29. Cheri Mah et al., "The Effects of Sleep Extension on the Athletic Performance of Collegiate Basketball Players," *SLEEP* 34, no. 7 (July 1, 2011): 943–50, doi:10.5665/SLEEP.1132. 在 2016 年接下来的采访中，Mah 一直在给世界级冠军队伍金州勇士队提供咨询服务，并建议精英运动员每晚要睡八到十个小时。Alec Rosenberg, "How to Sleep Like a Pro," University of California, News, www.universityofcalifornia/news/how-sleep-pro-athlete.

第 8 章　把控制感带进学校

1. Ellen Skinner and Teresa Greene, "Perceived Control: Engagement, Coping, and Development," in *21st Century Education: A Reference Handbook*, vol.1, ed. Thomas L. Good (Newbury Park, CA: Sage Publications, 2008).

2. Denise Clark Pope 在其重要著作 *Doing School*. 中也提到了同一观点。Pope 追踪了五个动机很强的学生，他们都来自于洛杉矶富裕郊区的一所高中。这五个学生都告诉她，自己正在"求学"，因为他们只是致力于和学校相关的任务，而这有助于让他们获得好成绩，或者利于他们在学习方面有更好的积累。Pope, *Doing School: How We Are Creating a Generation of Stressed-Out, Materialistic, and Miseducated Students* (New Haven, CT: Yale University Press, 2003).

3. Richard M. Ryan and Edward L. Deci, "Promoting Self-Determined School Engagement: Motivation, Learning, and Well-Being," in *Handbook of Motivation at School*, ed. Kathryn R. Wentzel and Allan Wigfield (New York:

Routledge, 2009).

4. Dinah Sparks and Matt Malkus, "Public School Teacher Autonomy in the Classroom Across School Years 2003-04, 2007-08, and 2011-12," U.S. Department of Education, National Center for Education Statistics (December 2015), 4.

5. David Diamond, "Cognitive, Endocrine and Mechanistic Perspectives on Non-Linear Relationships Between Arousal and Brain Function," *Nonlinearity in Biology, Toxicology, and Medicine* 3, no. 1 (January 2005): 1-7, doi:10.2201/nonlin.003.01.001.

6. 科学家们已得出结论：自控、工作记忆和认知灵活度是三个核心执行功能，因为它们是人在生命早期最明显的执行功能。我们通常不会考虑评估婴儿的组织能力或计划能力，但即使在生命的第一年，我们也能看到他们的自控行为，记住想法或形象的能力也会有所提高，同时还会尝试用不同的方法来解决某个方法一开始解决不了的问题。Adele Diamond and Kathleen Lee, "Interventions Shown to Aid Executive Function Development in Children 4-12 Years Old," *Science* 333, no. 6045 (August 2011): 959-964, doi:10.1126/science.1204529.

7. Tracy and Ross Alloway, *New IQ: Use Your Working Memory to Work Stronger, Smarter, Faster* (New York: Fourth Estate, 2014).

8. 对于想为孩子提供健康的学术环境的父母来说，这是一个很好的资源：Stanford University's Challenge Success Web site: www.challengesuccess.org/parents/parenting-guidelines/.

9. F. Thomas Juster et al., "Changing Times of American Youth: 1981-2003," University of Michigan Institute for Social Research, ns.UMich.edu, *University of Michigan News* (November 2004), ns.umich.edu/Releases/2004/Nov04/teen_time_report.pdf.

10. Robert M. Pressman et al., "Homework and Family Stress: With Consideration of Parents' Self Confidence, Educational Level, and Cultural Background," *American Journal of Family Therapy* 43, no. 4 (July 2015): 297-313.

11. Mollie Galloway et al., "Nonacademic Effects of Homework in Privileged, High-Performing High Schools," *Journal of Experimental Education* 81, no. 4 (2013): 490-510.

12. Harris Cooper et al., "Does Homework Improve Academic Achievement? A Synthesis of Research, 1987–2003," *Review of Educational Research*, 76, no. 1 (2006), doi:10.310/00346543071001001. See also Alfie Kohn, *The Myth of Homework* (Cambridge, MA: Da Capo Press, 2007).

13. A. V. Alpern, "Student Engagement in High Performing Urban High Schools: A Case Study," (PhD diss., University of Southern California, 2008).

14. Pasi Sahlberg, *Finnish Lessons: What Can the World Learn from Educational Change in Finland?* (New York: Teachers College Press, 2011). Ellen Gamerman, "What Makes Finnish Kids So Smart?," *Wall Street Journal* (February 29, 2008), www.wsj.com/articles/SB120425355065601997. Amanda Ripley, *The Smartest Kids in the World* (New York: Simon & Schuster, 2014).

15. Sahlberg cited the Organization for Economic Cooperation and Development (OECD) for this finding.

16. Sahlberg, *Finnish Lessons*.

17. 参考 Maryanne Wolf, *Proust and the Squid* (New York: Harper Perennial, 2008): 94–96.

18. Donna St. George, "Three Out of Four High Schoolers Failed Algebra 1 Final Exams in Md. District," *Washington Post*, July 22, 2015.

19. Jessica Lahey, "Students Should Be Tested More, Not Less," *Atlantic*, January 21, 2014, www.theatlantic.com/education/archive/2014/01/students-should-be-tested-more-not-less/283195/.

20. Bill 最近与人合著了一本关于将艺术融入教学的好书，其中有这样一章：William Stixrud and Bruce A. Marlowe, "School Reform with a Brain: The Neuropsychological Foundation for Arts Integration," in *Arts Integration in Education*, ed. Gail Humphries Mardirosian and Yvonne Pelletier Lewis (Bristol, UK: Intellect Ltd., 2016).

21. Jennie Rothenberg Gritz, "Mantras Before Math Class," *Atlantic,* November 10, 2015, www.theatlantic.com/education/archive/2015/11/mantras-before-math-class/412618/.

第 9 章　全天候在线：驯服技术的野兽

1. Amanda Lenhart, " Teens, Social Media & Technology Overview 2015, " Pew Research Center, April 9, 2015, www.pewinternet.org/2015/04/09/a-majority-of-american-teens-report-access-to-a-computer-game-console-smartphone-and-a-tablet/.

2. Aric Sigman, " Time for a View on Screen Time, " *Archives of Disease in Childhood* 97, no. 11 (October 25, 2012), adc.bmj.com/content/97/11/935.

3. Amanda Lenhart, " Teens, Smartphones & Texting, " Pew Research Center, March 19, 2012, www.pewinternet.org/2012/03/19/teens-smartphones-texting/.

4. Kaiser Family Foundation, " Daily Media Use Among Children and Teens Up Dramatically from Five Years Ago, " KFF.org, January 10, 2010, kff.org/disparities-policy/press-release/daily-media-use-among-children-and-teens-up-dramatically-from-five-years-ago/.

5. 在马里兰大学国际媒体和公共议程中心的一项研究中，研究者要求 200 名学生弃用一整天的媒体和博客。以下博客传达了他们对切断感觉的焦虑；Philip Merrill College of Journalism, " Merrill Study: Students Unable to Disconnect, " University of Maryland, Merrill.umd.edu, merrill.umd.edu/2010/04/merrill-study-college-students-unable-to-disconnect/.

6. Adam Alter, *Irresistible: The Rise of Addictive Technology and the Business of Keeping Us Hooked* (New York: Penguin Press, 2017).

7. Nick Bilton, " Steve Jobs Was a Low-Tech Parent, " *New York Times*, September 10, 2014, www.nytimes.com/2014/09/11/fashion/steve-jobs-apple-was-a-low-tech-parent.html?_r=0.

8. Larry D. Rosen, *Rewired* (New York: St. Martin's Griffin, 2010).

9. Tracy Hampton, "Can Video Games Help Train Surgeons?," Beth Israel Deaconess Medical Center, bidmc.org, March 2013, www.bidmc.org/YourHealth/Health-Notes/SurgicalInnovations/Advances/VideoGames.aspx.

10. Daphne Bavelier and C. Shawn Green, " Brain Tune-up from Action Video Game Play, " *Scientific American*, July 2016.

11. 当密歇根州立大学的一项研究的参与者在执行任务时被中断 2.8 秒时，他们犯错的可能性提升到了没中断情况下的两倍。Harvard Business Review Staff, "The Multitasking Paradox," *Harvard Business Review*, March 2013, hbr. org/2013/03/the-multitasking-paradox; MSU Today, "Brief Interruptions Spawn Errors," msutoday.msu.edu, msutoday.msu.edu/news/2013/brief-interruptions-spawn-errors/.

12. Jane McGonigal, "Gaming Can Make a Better World," TED Talk, February 2010, www.ted.com/talks/jane_mcgonigal_gaming_can_make_a_better_world# 11825.

13. Michael S. Rosenwald, "Serious Reading Takes a Hit from Online Scanning and Skimming," *Washington Post*, April 6, 2014, www.washingtonpost.com/local/serious-reading-takes-a-hit-from-online-scanning-and-skimming-researchers-say/2014/04/06/088028d2-b5d2-11e3-b899-20667de76985_story.html?utm_term=.63a22afe15f7.

14. Larry Rosen, *Rewired*. Ian Jukes et al., *Understanding the Digital Generation: Teaching and Learning in the New Digital Landscape* (Thousand Oaks, CA: Corwin, 2010).

15. George Beard, *American Nervousness: Its Causes and Consequences—A Supplement to Nervous Exhaustion (Neurasthenia)* (South Yarra, Australia: Leopold Classic Library, 2016).

16. Lisa Eadicicco, "Americans Check Their Phones 8 Billion Times a Day," *Time*, December 15, 2015, time.com/4147614/smartphone-usage-us-2015/.

17. Kelly Wallace, "Half of Teens Think They're Addicted to Their Smartphones," CNN, July 29, 2016, www.cnn.com/2016/05/03/health/teens-cell-phone-addiction-parents/.

18. Larry D. Rosen et al., "Media and Technology Use Predicts Ill-Being Among Children," *Computers in Human Behavior* 35 (June 2014): 364–75, doi:10.1016/j.chb.2014.01.036. Sigman, "Time for a View on Screen Time."

19. 当在 2014 年的讲座中被问及技术是否会引起种种问题，以及有注意力和行为问题的孩子是否会更多地被技术所吸引，Larry Rosen 说他的研究和其他人的研究已经控制了很多变量，终归发现似乎还是新技术引发了问题。

20. Jean M. Twenge, "Have Smartphones Destroyed a Generation?" *The Atlantic*, September 2017.

21. Sigman, "Time for a View on Screen Time."

22. Teddy Wayne, "The Trauma of Violent News on the Internet," *New York Times*, September 10, 2016, www.nytimes.com/2016/09/11/fashion/the-trauma-of-violent-news-on-the-internet.html.

23. H. B. Shakya and N. A. Christakis, "Association of Facebook Use with Compromised Well-Being: A Longitudinal Study," *American Journal of Epidemiology* 185, no. 2 (February 1, 2017): 203-211.

24. Jessica Contrera, "13, Right Now," *Washington Post*, May 25, 2016, www.washingtonpost.com/sf/style/2016/05/25/13-right-now-this-is-what-its-like-to-grow-up-in-the-age-of-likes-lols-and-longing/.

25. Larry Rosen, *iDisorder: Understanding Our Obsession with Technology and Overcoming Its Hold on Us* (New York: St. Martin's Press, 2013).

26. MTV Networks, "MTV's 'The Millennial Edge: Phase 3,'" *Consumer Insights*, Viacom, March/April 2011, www.viacom.com/inspiration/ConsumerInsight/VMN%20Consumer%20In

27. Amanda Lenhart et al., "Teens and Mobile Phones—Chapter Three: Attitudes Toward Cell Phones," Pew Research Center, April 20, 2010, www.pewinternet.org/2010/04/20/chapter-three-attitudes-towards-cell-phones/.Peter G. Polos et al., "The Impact of Sleep Time-Related Information and Communication Technology (STRICT) on Sleep Patterns and Daytime Functioning in American Adolescents," *Journal of Adolescence* 44 (October 2015): 232-44, www.ncbi.nlm.nih.gov/pubmed/26302334.

28. Douglas Gentile, "Pathological Videogame Use Among Youth 8-18: A National Study," *Psychological Science* 20, no. 5 (May 2009): 594-602. Gentile et al., "Pathological Videogame Use Among Youth: A Two-Year Longitudinal Study," *Pediatrics* 127, no. 2 (February 2011): e319-e329.

29. Ben Carter et al., "Association Between Portable Screen-Based Media

Device Access or Use and Sleep Outcomes," *JAMA Pediatrics* 170, no. 12 (December 2016): 1202-8.

30. Nicholas Bakalar, "What Keeps Kids Up at Night? Cellphones and Tablets," *New York Times,* October 31, 2016, www.nytimes.com/2016/10/31/well/mind/what-keeps-kids-up-at-night-it-could-be-their-cellphone.html.

31. Sara Konrath et al., "Changes in Dispositional Empathy in American College Students over Time," *Personality and Social Psychology Review* 15, no. 2 (May 2011): 180-98.

32. John Bingham, "Screen Addict Parents Accused of Hypocrisy by Their Children," *Telegraph*, July 22, 2014, www.telegraph.co.uk/technology/news/10981242/Screen-addict-parents-accused-of-hypocrisy-by-their-children.html.

33. Beard, *American Nervousness*.

34. 关于让孩子们在学校附近接触绿化设施：Olga Khazan, "Green Space Makes Kids Smarter," *Atlantic*, June 16, 2015, www.theatlantic.com/health/archive/2015/06/green-spaces-make-kids-smarter/395924/. 关于成年人：Ruth Ann Atchley et al., "Creativity in the Wild: Improving Creative Reasoning through Immersion in Natural Settings," *PLoS One* 7, no. 12 (December 12, 2012), journals.plos.org/plosone/article?id=10.1371/journal.pone.0051474; C. J. Beukeboom et al., "Stress-Reducing Effects of Real and Artificial Nature," *Journal of Alternative and Complementary Medicine* 18, no. 4 (2012): 329-33; and Byoung-Suk Kweon et al., "Anger and Stress: The Role of Landscape Posters in an Office Setting," *Environment and Behavior* 40, no. 3 (2008): 355.

35. Yalda T. Uhls et al., "Five Days at Outdoor Education Camp Without Screens Improves Preteen Skills with Nonverbal Emotion Cues," *Computers in Human Behavior* 39 (October 2014): 387-92.

36. Rosen, "Media and Technology Use Predicts Ill-Being Among Children."

37. Matt Richtel, "A Silicon Valley School That Doesn't Compute," *New York Times,* October 22, 2011, www.nytimes.com/2011/10/23/technology/at-

waldorf-school-in-silicon-valley-technology-can-wait.html?mcubz=0.

38. David Meyer 及其同事所发表的一个常被引用的文献是 J. S. Rubinstein, D. E. Meyer, & J. E. Evans, (2001). "Executive Control of Cognitive Processes in Task Switching," *Journal of Experimental Psychology: Human Perception and Performance*, 27(4), 763-97.

　　Meyer 及其同事的工作也在大众媒体的一些文章中得到了讨论，例如可参考："Study: Multitasking Is Counterproductive (Your Boss May Not Like This One)" CNN.com, August 7, 2001; Robin Marantz Heing, "Driving? Maybe You Shouldn't Be Reading This," *New York Times*, July 13, 2004.

39. Christine Rosen, "The Myth of Multitasking," *New Atlantis* 20 (Spring 2008): 105-10.

40. Howard Gardner, *The App Generation* (New Haven, CT: Yale University Press, 2014).

41. Office for National Statistics, "Measuring National Well-Being: Insights into Children's Mental Health and Well-Being," ons.gov.uk, October 20, 2015, www.ons.gov.uk/peoplepopulationandcommunity/wellbeing/articles/meas 10-20.

42. Gentile, "Pathological Videogame Use among Youth 8-18: A National Study."

43. Aviv M. Weinstein, "New Developments on the Neurobiological and Pharmaco-Genetic Mechanisms Underlying Internet and Videogame Addiction," *Directions in Psychiatry* 33, no. 2 (January 2013): 117-34.

44. Allison Hillhouse, "Consumer Insights: New Millennials Keep Calm & Carry On," *Blog.Viacom*, October 8, 2013, blog.viacom.com/2013/10/mtvs-the-new-millennials-will-keep-calm-and-carry-on/.

45. Dan Steinberg, "College Kids Giving Up Their Cellphones: The Incredible Tale of the Maryland Women's Team," *Washington Post*, April 2, 2015, www.washingtonpost.com/news/dc-sports-bog/wp/2015/04/02/college-kids-giving-up-their-cellphones-the-incredible-tale-of-the-maryland-womens-team/.

第 10 章 锻炼大脑与身体

1. Sarah Ward 使用了她与波士顿 Cognitive Connections 的同事所开发的方法，改善了学生群体的执行功能，并就此组织了一次优质的研讨会。这种方法强调以心智作为出发点。

2. Alvaro Pascual-Leone et al., "Modulation of Muscle Responses Evoked by Transcranial Magnetic Stimulation During the Acquisition of New Fine Motor Skills," *Journal of Neurophysiology* 74, no. 3 (September 1995): 1037-45。本研究也在《时代周刊》杂志的一篇很棒的文章中得到探讨，该文谈到了大脑如何因人的经历而做出改变：Sharon Begley, "How the Brain Rewires Itself," *Time*, January 19, 2005.

3. Gabriele Oettingen and Peter Gollwitzer, "Strategies of Setting and Implementing Goals," in *Social Psychological Foundations of Clinical Psychology*, ed. James E. Maddux and June Price Tangney (New York: Guilford Press, 2010), 114-35.

4. Pamela Weintraub, "The Voice of Reason," *Psychology Today*, May 4, 2015, www.psychologytoday.com/articles/201505/the-voice-reason.

5. Kristin Neff, "Why Self-Compassion Trumps Self-Esteem," *Greater Good*, University of California, Berkeley, May 27, 2011, greatergood.berkeley.edu/article/item/try_selfcompassion.

6. Po Bronson and Ashley Merryman, "Why Can Some Kids Handle Pressure While Others Fall Apart?," *New York Times Magazine*, February 16, 2013, www.nytimes.com/2013/02/10/magazine/why-can-some-kids-handle-pressure-while-others-fall-apart.html.

7. John J. Ratey, MD, *Spark: The Revolutionary New Science of Exercise and the Brain* (New York: Little, Brown, 2008).

8. John J. Ratey, MD, *A User's Guide to the Brain: Perception, Attention, and the Four Theaters of the Brain* (New York: Vintage Books, 2002).

9. Robin Marantz Henig, "Taking Play Seriously," *New York Times Magazine*, February 17, 2008, www.nytimes.com/2008/02/17/magazine/17play.html.

第 11 章　学习障碍、注意力缺陷多动障碍及自闭症谱系障碍

1. Edward L. Deci et al., "Autonomy and Competence as the Motivational Factors in Students with Learning Disabilities and Emotional Handicaps," *Journal of Learning Disabilities* 25 (1992): 457–71.

2. N. M. Shea et al., "Perceived Autonomy Support in Children with Autism Spectrum Disorder," *Autism* 3, no. 2 (2013), doi:10.4172/2165–7890.1000114.

3. Margaret H. Sibley, "Supporting Autonomy Development in Teens with ADHD: How Professionals Can Help," *ADHD Report* 25, no. 1 (February 2017).

4. Institute of Education Sciences, "Children and Youth with Disabilities," U.S. Department of Education, National Center for Education Statistics, updated May 2017, https://nces.ed.gov/programs/coe/indicator_cgg.asp.

5. Centers for Disease Control and Prevention, "Autism Spectrum Disorder ASD)," www.cdc.gov/ncbddd/autism/index.html.

6. John Salamone and Mercè Correa, "The Mysterious Motivational Functions of Mesolimbic Dopamine," *Neuron* 76, no. 3 (November 8, 2012): 470–85, doi:10.1016/j.neuron.2012.10.021.

7. Sibley, "Supporting Autonomy Development in Teens with ADHD: How Professionals Can Help."

8. P. Shaw et al., "Development of Cortical Surface Area and Gyrification in Attention–Deficit/Hyperactivity Disorder," *Biological Psychiatry* 72, no. 3 (2012): 191, doi:10.1016/j.biopsych.2012.01.031. National Institutes of Health, "Brain Matures a Few Years Late in ADHD, but Follows Normal Pattern," News Release, November 12, 2007, www.nih.gov/news-events/news-releases/brain-matures-few-years-late-adhd-follows-normal-pattern.

9. Sarina J. Grosswald et al., "Use of the Transcendental Meditation Technique to Reduce Symptoms of Attention Deficit/Hyperactivity Disorder (ADHD) by Reducing Stress and Anxiety: An Exploratory Study," *Current Issues in Education* 10, no. 2 (2008). Frederick Travis et al., "ADHD, Brain

Functioning and Transcendental Meditation Practice," *Mind and Brain, the Journal of Psychiatry* 2, no. 1 (2011): 73–81.

10. Lisa Flook et al., "Effects of Mindful Awareness Practices on Executive Functions in Elementary School Children," *Journal of Applied School Psychology* 26, no. 1 (February 2010): 70–95, doi:10.1080/15377900903379125. Saskia van der Oord et al., "The Effectiveness of Mindfulness Training for Children with ADHD and Mindful Parenting for their Parents," *Journal of Child and Family Studies* 21, no. 1 (February 2012): 139–47, doi:10.1007/s10826-011-9457-0.

11. Sibley's STAND program is described in the new book: Margaret H. Sibley, *Parent-Teen Therapy for Executive Function Deficits and ADHD: Building Skills and Motivation* (New York: Guilford Press, 2016).

12. Tiziana Zalla, "The Amygdala and the Relevance Detection Theory of Autism," *Frontiers in Human Neuroscience* 30 (December 2013), doi:org/10.3389/fnhum.2013.00894.

13. 这些策略被包含在新的"Unstuck and On Target!"项目中，是由国家儿童医疗中心的自闭症专家 Lauren Kenworthy 和 Ivymount 学校的 Ivymount School's Model Asperger Program 的特殊教育从业者所开发的项目。这些方法和其他的方法在为专门教师所写的，和为父母所写的书中均有讨论。教师请参考: Lynn Cannon et al., *Unstuck & On Target!: An Executive Function Curriculum to Improve Flexibility for Children with Autism Spectrum Disorders*, research edition (Baltimore: Paul H. Brookes Publishing, 2011). 父母请参考: Lauren Kenworthy, *Solving Executive Function Challenges: Simple Ways of Getting Kids with Autism Unstuck & On Target* (Baltimore: Paul H. Brookes Publishing, 2014).

14. Molly Kenny 率先使用瑜伽作为治疗患自闭症谱系障碍的学生的工具。Kenny 在这里讨论了她的综合运动疗法与在学生中的应用: "Integrated Movement Therapy™: Yoga-Based Therapy as a Viable and Effective Intervention for Autism Spectrum and Related Disorders," *International Journal of Yoga Therapy* 12, no. 1, (2002): 71–79.

　　如要了解在患有自闭症谱系障碍的青少年及其护理人身上使用正念，请参考：Rebekah Keenan-Mount et al., "Mindfulness-Based Approaches for Young People with Autism Spectrum Disorder and Their Caregivers: Do These Approaches Hold Benefits for Teachers?," *Australian Journal of Teacher Education* 41, no. 6 (2016), doi:/10.14221/ajte.2016v41n6.5. See also Nirbhay N. Singh et. al., "A Mindfulness-Based Strategy for Self-Management of Aggressive Behaviors in Adolescents with Autism," *Research in Autism Spectrum Disorders* 5, no. 3 (2011): 1153-58, doi:10.1016/j.rasd.2010.12.012.

　　关于让注意力缺陷多动障碍患儿练习禅定冥想，有一系列的相关研究已经发表：Yvonne Kurtz, "Adam, Asperger's Syndrome, and the Transcendental Mediation Technique," *Autism Digest* (July/August 2011): 46-47, www.adhd-tm.org/pdf/aspergers-JulAUG2011.pdf; David O. Black et al., "Transcendental Meditation for Autism Spectrum Disorders? A Perspective," *Cogent Psychology* 2, no. 1 (2015), doi:org/10.1080/23311908.2015.1071028.

　　后一篇论文由国家心理健康研究所的自闭症研究员 David Black，以及精神病学家兼研究员 Norman Rosenthal 合作撰写，讨论了六名患有自闭症谱系障碍的青少年和年轻成年人，他们学会了每天冥想和禅定两次，并坚持得很好。六名受试者都报告（他们的父母也证实了），压力感和焦虑感减少了，行为和情绪调节得到改善，效率提高，以及在应对变化和过渡时，有了更强的灵活性。他们的父母还报告说，自己孩子愿意承担更多的责任，并在经历紧张之后缩短了恢复时间。除此之外，还报告了专注度和睡眠的改善，在考试中也减少了焦虑和发怒，还有在生理上较少的压力状态。

15. 关于 Stephen Porges 认为社会参与系统在自闭症谱系障碍中所扮演的角色，在 Porges 博士的书中有进一步讨论。*The Polyvagal Theory: Neurophysiological Foundations of Emotions, Attachment, Communication, Self-Regulation* (New York: W. W. Norton, 2011).

16. Nicole M. Shea et al., "Perceived Autonomy Support in Children with Autism Spectrum Disorder," *Autism* 3, no. 114 (2013), doi:10.4172/2165-7890-1000114.

17. Ibid.

18. 这些干预措施包括由 Stanley Greenspan 开发的 DIR Floortime 模型和通过 ABA 开发的 Pivotal Response Treatment，其中包括要强调儿童选择，以及根据儿童的内在兴趣或愿望使用自然而直接的强化。

19. Marsha Mailick Seltzer et al., "Maternal Cortisol Levels and Behavior Problems in Adolescents and Adults with ASD," *Journal of Autism and Developmental Disorders* 40, no. 4 (April 2010): 457–69, doi: 10.1007/s10803-009-0887-0.

第 12 章　SAT、ACT 和另外四个字母

1. Valerie Strauss, "Five Reasons Standardized Testing Isn't Likely to Let Up," *Washington Post*, March 11, 2015, www.washingtonpost.com/news/answer-sheet/wp/2015/03/11/five-reasons-standardized-testing-isnt-likely-to-let-up/? utm_term=.aad3311ed86d.

2. Rick Reilly, "An Ad Doesn't Take Care of Everything," ESPN.com, March 28, 2013, www.espn.com/espn/story/_/id/9112095/tiger-ad-way-bounds.

3. Joshua Aronson tells this story in an article called "The Threat of Stereotype" in *Educational Leadership* 2, no. 3 (2004): 14–19.

4. Geoffrey Cohen et al., "Reducing the Racial Achievement Gap: A Social-Psychological Intervention," *Science* 313, no. 5791 (September 1, 2006): 1307–10, doi:10.1126/science.1128317.

5. Benedict Carey, "In Battle, Hunches Prove to Be Valuable," *New York Times*, July 27, 2009, www.nytimes.com/2009/07/28/health/research/28brain.html?emc=eta1.

第 13 章　准备好去上大学了吗

1. Amy R. Wolfson and Mary A. Carskadon, "Sleep Schedules and Daytime Functioning in Adolescents," *Child Development* 69, no. 4 (1998): 875–87. R.

Hicks et al., "Self-Reported Sleep Durations of College Students: Normative Data for 1978-79, 1988-89 and 2000-01," *Perceptual and Motor Skills* 91, no. 1 (2001): 139-41.

2. Craig Lambert, "Deep into Sleep: While Researchers Probe Sleep's Functions, Sleep Itself Is Becoming a Lost Art," *Harvard Magazine*, July-August 2005, 25-33.

3. J. F. Gaultney, "The Prevalence of Sleep Disorders in College Students: Impact on Academic Performance," *Journal of American College Health* 59, no. 2 (2010), 91-97.

4. Alexander McCormick 及其同事在一项面向全美学生的调查中，对超过四千名学生进行的一项调研发现，大学生平均每周学习 15 个小时。National Survey of Student Engagement, "Fostering Student Engagement Campuswide: Annual Results 2011," (Bloomington, IN: Indiana University Center for Postsecondary Research, 2011), nsse.indiana.edu/NSSE_2011_Results/pdf/NSSE_2011_AnnualResults.pdf Lindsey Burke 及其同事则进行了另一项研究，发现学生们平均每周花费 19 个小时从事与教育有关的活动；Lindsey Burke et al., "Big Debt, Little Study: What Taxpayers Should Know About College Students' Time Use," Heritage Foundation, July 19, 2016, www.heritage.org/education/report/big-debt-little-study-what-taxpayers-should-know-about-college-students-time-use.

5. H. Weschler and T. F. Nelson, "What We Have Learned from the Harvard School of Public Health College Alcohol Study: Focusing Attention on College Student Alcohol Consumption and the Environmental Conditions That Promote It," *Journal of Studies on Alcohol and Drugs* 69 (2008): 481-90.

6. Department of Health and Human Services, "Results from the 2005 National Survey on Drug Use and Health: National Findings" (Rockville, MD: Substance and Abuse and Mental Health Services Administration, 2005).

7. S. A. Morris et al., "Alcohol Inhibition of Neurogenesis: A Mechanism of Hippocampal Neurodegeneration in an Adolescent Alcohol Abuse Model," *Hippocampus* 20, no. 5 (2010): 596-607.

8. Barbara Strauch, *The Primal Teen: What the New Discoveries About the Teenage Brain Tell Us About Our Kids* (New York: Doubleday, 2003).

9. C. S. Barr et al., "The Use of Adolescent Nonhuman Primates to Model Human Alcohol Intake: Neurobiological, Genetic, and Psychological Variables," *Annals of the New York Academy of Sciences* 1021 (2004): 221-23.

10. T. Johnson, R. Shapiro and R. Tourangeau, "National Survey of American Attitudes on Substance Abuse XVI: Teens and Parents," National Center on Addiction and Substance Abuse at Columbia University, August 2011, www.centeronaddiction.org/addiction-research/reports/national-survey-american-attitudes-substance-abuse-teens-parents-2011.

11. J. I. Hudson et al., "The Prevalence and Correlates of Eating Disorders in the National Comorbidity Survey Replication," *Biological Psychiatry* 61, no. 3 (February 1, 2007): 348-58.

12. The Renfrew Center Foundation for Eating Disorders, "Eating Disorders 101 Guide: A Summary of Issues, Statistics, and Resources," September 2002, revised October 2003, www.renfrew.org.

13. A.A. Arria et al., "Nonmedical Prescription Stimulant Use Among College Students: Why We Need to Do Something and What We Need to Do," *Journal of Addictive Diseases* 29, no. 4 (2010).

14. Morgan Baskin, "Overhauling 'Band-Aid Fixes': Universities Meet Growing Need for Comprehensive Mental Healthcare," *USA Today*, January 30, 2015, college.usatoday.com/2015/01/30/overhauling-band-aid-fixes-universities-meet-growing-need-for-comprehensive-mental-healthcare/.

15. Richard Kadison, MD, and Theresa Foy DiGeronimo, *College of the Overwhelmed: The Campus Mental Health Crisis and What to Do About It* (San Francisco: Jossey-Bass, 2004).

16. S. A. Benton et al., "Changes in Counseling Center Client Problems Across 13 Years," *Professional Psychology: Research and Practice* 34, no. 1 (2003): 66-72.

17. J. H, Pryor et al., *The American Freshman: National Norms for Fall 2010* (Los Angeles: University of California Press Books, 2011).

18. Robert P. Gallagher, "National Survey of Counseling Center Directors 2010," Project Report, International Association of Counseling Services, Alexandria, VA. 此外，最近对普林斯顿大学和康奈尔大学学生的一项研究发现，近18% 的学生报告有过自伤史。(J. Whitlock et al., "Self-Injurious Behaviors in a College Population," *Pediatrics* 117, no. 6 [2006]: 1939-48).

在缺少精神障碍诊断，同时压力管理和应对挫折能力有限的学生中，经常会出现自伤现象。

19. Arum and Roksa, *Academically Adrift: Limited Learning on College Campuses* (Chicago: University of Chicago Press, 2011).

20. D. Shapiro et al., "Completing College: A National View of Student Attainment Rates—Fall 2009 Cohort" (Signature Report No. 10), National Student Clearinghouse Research Center, Herndon, VA, November 2015.

21. Center for Interim Programs, "5 Types of Students Who Choose a Gap Year," www.interimprograms.com/2015/10/5-types-of-students-who-choose-gap-year.html.

22. Katherine Engman, "Why I Chose to Take a Gap Year," Center for Interim Programs, November 30, 2105, www.interimprograms.com/2015/11/why-i-chose-to-take-gap-year-by.html.

23. Center for Interim Programs, "Facts and Figures," www.interimprograms.com/p/facts-and-figures.html.

第 14 章　替代路线

1. Karen Arnold, *Lives of Promise: What Becomes of High School Valedictorians* (San Francisco: Jossey-Bass, 1995).

2. Malcolm Gladwell, *Outliers: The Story of Success* (New York: Little, Brown, 2008).

3. Howard Gardner, *Frames of Mind: The Theory of Multiple Intelligence* (New York: Basic Books, 1983).

4. Mike Rowe WORKS Foundation, "Are You Profoundly Disconnected?, " Profoundlydisconnected.com.

5. Belinda Luscombe, "Do We Need $75 000 a Year to Be Happy?, " Time.com, September 6, 2010, content.time.com/time/magazine/article/0,9171,2019628,00. html.